R. J. Stewart:
Merlin

Das Leben eines sagenumwobenen Magiers

Aus dem Englischen von Clemens Wilhelm

Esoterik

Herausgegeben von Gerhard Riemann

Wenig ist vom historischen Merlin bekannt. Doch es ist überliefert, daß er als »Dämonen«-Kind von einer Feenjungfrau geboren wurde. Bereits als Kind war er für seine Gabe der Prophetie bekannt und besuchte mit fünf Jahren den Hof Vortigerns. Berühmt wurde er durch seine Vision vom roten und vom weißen Drachen. Den roten Drachen, den er mit Vortigern identifizierte, sah er vom weißen Drachen besiegt, was er als Vortigerns Tod interpretierte. Seine Prophezeiung traf ein, und er diente dem nachfolgenden König: Uther Pendragon. Er erzog den jungen Thronfolger Artus, der von der Herrin des Sees das magische Schwert Excalibur erhielt. Eine ebenbürtige Partnerin erhielt Merlin in der Zauberin Vivian, in die er sich verliebte. Von ihr wurde er so betört, daß er ihr die mächtigste seiner Zauberformeln anvertraute. Sie dankte es Merlin, indem sie ihn in den Schlaf des Vergessens im Brocliande-Wald versenkte.

Robert John Stewart greift die faszinierende Geschichte Merlins auf und rankt um sie herum die Weltsicht und den Schöpfungsmythos des Keltentums.

Deutsche Erstausgabe 1988
© 1988 Droemersche Verlagsanstalt Th. Knaur Nachf., München
Titel der Originalausgabe »The Mystic Life of Merlin«
© R. J. Stewart 1986
Umschlaggestaltung Dieter Bonhorst
Satz IBV Satz- und Datentechnik GmbH, Berlin
Druck und Bindung Ebner Ulm
Printed in Germany   5   4   3   2   1
ISBN 3-426-04190-1

Inhalt

Vorwort

Alle diese Dinge werden drei Zeitalter dauern, bis die
Könige in ihren Särgen in der Stadt London der Öffentlichkeit gezeigt werden.

Prophetiae Merlini

Dieses Buch hat eine bestimmte und bewußt begrenzte Ziel-
setzung: Es möchte innere Symbolgehalte und Verfahren der
transpersonalen Entwicklung aufzeigen, die in dem Werk
Vita Merlini (Das Leben Merlins) aus dem 12. Jahrhundert
enthalten sind. Magie, Psychologie, Mythos und Legende,
aber auch bleibende spirituelle und zeitlose Weisheit sind in
diesem Werk zu entdecken; und ich denke, daß ein jeder sich
in einem der dort miteinander verwobenen Themen wieder-
finden kann. Denn hier sind gegensätzliche und komplemen-
täre Weltsichten einander gegenübergestellt. Sie reichen von
der Verdienstlichkeit des großen weltlichen Herrschers bis
zum inspirierten Wahnsinn des Wilden Mannes in den Wäldern, von der sinnlichen Schönheit des natürlichen Weibes bis
zur intellektuellen und progressiven Entwicklung einer
emanzipierten und intelligenten Frau.
Diese polaren und sich gegenseitig im Lot haltenden Charaktere wirken über die zentrale Gestalt Merlin aufeinander ein,
dessen Bewußtsein durch seine Erlebnisse schließlich völlig
transformiert wird. Auf dem langen, einer Spirale gleich verlaufenden Weg durch diese Abenteuer erwarten den Leser der
Vita eine Fülle von Informationen – kulturelle Überlieferungen, Poesie, Kosmologie, Geographie, Analyse der Psyche,
magische Lehren – wie auch ein großer Schatz verborgener
Symbolik, die dicht unter der Oberfläche des Textes erkennbar wird. Vor allem diesen letzteren Aspekt wollte ich heraus-

stellen und einem Publikum zugänglich machen – ähnlich wie die in Westminster begrabenen Könige der Öffentlichkeit gezeigt wurden, was Merlin in seinen Prophezeiungen viele Jahrhunderte zuvor geweissagt hatte.

Das Fundament der Vita ist klassisches beziehungsweise nachklassisches Wissen, wie es den mittelalterlichen Gelehrten geläufig war, das in einer eigentümlichen und recht geschickten Art mit britisch-keltischen Legenden verschmolzen wurde. Sowohl das Element der Legende als auch die klassischen Züge enthalten psychologische und magische Symbole von zeitlosem Wert; die Deutung solcher Symbole mag von Jahrhundert zu Jahrhundert, von Mensch zu Mensch variieren, doch sind sie in jedem Fall Schlüssel zum imaginativen Bewußtsein.

Ich habe diese Studien bewußt auf die Muster und Symbole beschränkt, die für den heutigen Leser die wichtigsten zu sein scheinen, weil sie direkt verwertbar und zeitlos interessant sind. Dabei geht es insbesondere, aber nicht ausschließlich, um solche keltischen oder westlichen Ursprungs. Die Analyse erhebt daher keinerlei Anspruch auf Vollständigkeit oder Endgültigkeit, und sie ist kein Lehrbuch und keine Textkritik im akademischen Sinne. Bewußt übergangen habe ich vieles, was aus literarischer und linguistischer Sicht interessant, aber bereits den entsprechenden Sekundärtexten zu entnehmen ist; ebenso die meisten Bezüge auf klassische Quellen, für die es heute eine umfassende Spezialliteratur gibt. Darüber hinaus werden die politischen Prophezeiungen in der Vita hier nicht wiedergegeben. Der geneigte Leser findet in den Anmerkungen am Ende dieses Buches Hinweise auf die vollständigen Übersetzungen der *Vita Merlini*.

Um einige grundsätzliche Dinge in der Vita besser verstehen zu können, ist es nützlich, wenn der Leser mit der Symbolik der *Prophetiae Merlini* – ein Text, der einige Jahre vor der Vita erschien – vertraut ist. Doch ist dies für die psychologischen, transformativen und magischen Themen der individuellen Entwicklung und Reife, die den Kern der Erzählung ausmacht, nicht von ausschlaggebender Bedeutung.

Die *Vita Merlini* wurde von Geoffrey of Monmouth zusammengestellt. Sie enthält eine Reihe subtiler Späße und einige vorzüglich gezeichnete Charaktere, welche hinter den langen Passagen des Wissens und der Weisheit hervortreten, die den heutigen Leser so geheimnisvoll anmuten. Da der Text offensichtlich aus verschiedenen anderen Gedichten, bardischen Überlieferungen und klassischen Fragmenten zusammengefügt ist, die häufig sehr nahe am Original wiedergegeben sind, erschien es mir durchaus legitim, diese Einzelelemente wieder zu trennen und mit Untertiteln zu versehen, um den Text insgesamt zugänglicher zu machen.

Viele der Eigenschaften und Rollen, die Merlin annimmt, stehen in einem deutlichen Zusammenhang mit der keltischen Mythologie und einer heidnischen Religion oder einem magischen System, und sie sind meist von ganz anderer Art als diejenigen, die ihm die populäre Literatur späterer Jahrhunderte zudachte. Es ist noch nicht entschieden, ob diese Eigenschaften ursprüngliche Eigenschaften Merlins waren oder ob Geoffrey of Monmouth seine zentrale Gestalt aus Gründen der Vollständigkeit mit ihnen ausstattete, wobei er sich – vertraut mit walisischen, bretonischen Erzählungen, Liedern und Rezitationen – der keltischen Tradition im allgemeinen bediente. Geschlossenheit war im mittelalterlichen Leben eine wichtige Forderung; das geozentrische System, die Hierarchie in Kirche und weltlicher Herrschaft, die Vision einer Zukunft und einer Wiederauferstehung – alles war von einer sinnvollen Ordnung und klaren Zusammenhängen bestimmt. Im Kontrast hierzu stehen die chaotischen Visionen der heidnischen Seher, die proteische Gestalten aufsteigen lassen aus einer mystischen Weltsicht, die im Laufe der Jahrhunderte an Gestalt gewann. Diese Weltsicht leitete sich allerdings aus einer sehr ausgereiften Metaphysik her, welche die Gelehrten der mittelalterlichen Kultur über die klassischen Quellen stark beeinflußte.

In der Vita sind die beiden Strömungen, die symbolische und die philosophische, zusammengeführt; manchmal wechseln sie einander ab, so wie auch der Barde Taliesin in einem der letzten Kapitel die magischen Flüsse der Welt als einander abwechselnd beschreibt; manchmal verbinden sich auch diese Strömungen zu einem so fruchtbaren und untrennbaren Ganzen, daß man eine dritte Quelle jenseits dieser beiden zu spüren glaubt, eine Quelle im geheimnisvollen Jenseits.

Um weiteres Anschauungsmaterial zu den aufgezeigten poetischen und imaginativen Elementen zu bieten, habe ich in den Anhang eine Reihe von Gedichten und anderes Material aufgenommen. Bei diesen »Zugaben« handelt es sich hauptsächlich um alte walisische Verse, die eine erstaunliche Ähnlichkeit mit Bildern aus der Vita aufweisen, oder um Auszüge aus früheren Erzählungen, mit deren Inhalt Geoffrey und vor allem auch sein Publikum gut vertraut waren. Um nicht in einer Fülle von Fußnoten die Datierung und den Ursprung dieser Überlieferungen belegen zu müssen, habe ich mich darauf beschränkt, gegebenenfalls die wichtigsten einschlägigen Werke anzugeben, in denen die genauen Belege zu finden sind. Es genüge hier die Feststellung, daß die verschiedenen Verse und Erzählungen nicht notwendigerweise von der Vita abgeleitet sind und daß die Vita nicht unbedingt von diesen oder verlorengegangenen »Originalen« abgeleitet ist. In einer Tradition, die überwiegend auf der mündlichen Überlieferung beruht, gibt es keine Originale; solche Etikettierungen sind der geschriebenen Literatur vorbehalten. Gleichzeitig möchte ich natürlich Fälschungen und Rekonstruktionen ausschließen; deshalb sind nur Texte aufgenommen, die von den maßgeblichen Autoritäten als echt anerkannt sind.

Die Vita ist ein vielschichtiges Werk. Ich nehme nicht in Anspruch, alle Tiefen ausgelotet zu haben, jedoch habe ich versucht, an einigen Stellen ein Relief des Untergrunds zu zeichnen. Die Anwesenheit komplexer und harmonischer transformativer Themen (Magie und Protopsychologie) ist an sich schon erstaunlich: Sah Geoffrey das alte Wissen als ein zusammenhängendes Muster? Verstanden seine adligen und meist analphabetischen Zuhörer, die überwiegend normannischer Herkunft waren, die Feinheiten der keltischen Anspielungen? Verstanden die bardischen Quellen, auf die die legendarischen, magischen und prophetischen Themen zurückgingen, deren Tiefe? Das waren vor allem die Fragen, die mich beschäftigten, als ich mit der Arbeit an diesem Buch begann. Einige der Antworten werden in den folgenden Kapiteln ausführlich behandelt, während ich andere dem Leser zur eigenen Beurteilung überlassen muß.

Eines steht fest: Ich begann die Arbeit an der Vita in der Meinung, daß es sich hierbei um eine ebenso bunte wie beliebige Zusammenfügung von Teilen alter Folklore und Magie handelt, versetzt mit ein wenig politischer Prophezeiung – eine Art Zweitausgabe von Geoffreys »Bestseller« *Prophetiae Merlini,* deren Erfolg er damit »ausschlachten« wollte. Erst als ich die Themen genauer zu untersuchen begann, entdeckte ich, wie eng sie untereinander verknüpft sind und mit welcher Tiefe und Subtilität sie behandelt sind. Diese Tiefe geht dem heutigen Leser unter anderem wegen der langen, belehrenden Abschweifungen – wie beispielsweise die Aufzählungen von Geschöpfen, Quellen, Vögeln und so fort – teilweise verloren. Unsere Konzentrationsspanne reicht nicht mehr so weit wie diejenige der Menschen früherer Jahrhunderte, und wir empfinden solche Einschübe vielleicht als störend oder auch irrelevant. Ich habe versucht zu zeigen, daß sie gerade für die tiefste spirituelle Entwicklungsthematik von höchster Bedeutung sind, wobei ich allerdings nur einige herausgriff.

Geoffreys dichterischer Text ist die erste literarische Fassung eines alten umfassenden Erzählepos, genannt die Erschaffung der Welt und die Abenteuer des Ersten und Letzten Menschen: eines Ur-Jedermann, personifiziert durch Merlin. Es ist auch die letzte Version dieser umfassenden organischen Art der Erzählung, denn es legte damit das Thema literarisch fest, wodurch es die gesamte spätere Literatur entscheidend beeinflußte. Diese Aussage gilt auch für die *Historia Regum Britanniae* (Geschichte der Könige von Britannien), in der die Prophetiae enthalten sind; beide sind Wasserscheiden beim Übergang von der mündlichen Tradition zur geschriebenen Literatur, auch wenn sie aus historischer Sicht nicht zu den ersten Werken zählen, die Erzählungen in schriftliche Chroniken überführten. Es ist der Stil und vor allem der Inhalt, der diese Werke auszeichnet, und nirgendwo findet man die Protopsychologie, Magie und das spirituelle Thema der Entwicklung klarer ausgeführt als in der Vita.

Merlin wächst schließlich sogar über seine eigenen prophetischen Kräfte hinaus; er wendet sich ganz der spirituellen Betrachtung zu, und die Vision eines dem Göttlichen zugewandten Lebens beschließt den Text nach ausführlichen, hauptsächlich heidnischen Darlegungen und Abenteuern. Manche Gelehrte sind der Ansicht, die Wahl des Schlußthemas hinge mit Geoffreys Ernennung zum Bischof etwa zur Zeit der Niederschrift zusammen und er habe sich dichterisch von seinen früheren heidnischen Merlin-Visionen im Buch über die Prophezeiungen ablösen wollen. Ich meine allerdings, die Vita ist ein Werk von solcher Tiefe, daß dieser Grund doch etwas zu trivial scheint, um Merlins endgültige Hinwendung zum Leben des Geistes und seine Gebete an eine transzendentere Gottheit als die Mächte der Unterwelt und den wilden Gott des Waldes erklären zu können. Die Schlußszene der Vita hat eine spirituelle Auflösung zum Inhalt, die ganz und gar im Einklang mit den großen Philosophien und Religionen der Welt steht: Das Unbewußte will sich mit dem Göttlichen, dem Unbekannten, dem Schöpfer, dem Urgrund verbinden. Magische Kräfte sind nur ein Weg zur Versöhnung oder »Ver-Sühnung« mit dem Göttlichen, aber ebendiesen Weg schlägt Merlin ein, und die *Vita Merlini* ist ein großartiges Modell für das innere Leben der sich entwickelnden Psyche.

Schließlich möchte ich noch darauf hinweisen, daß die Vita einfach auch ein herrliches Stück Erzählkunst ist. Hier finden wir aktive Träume, und es werden Saiten angeschlagen, die uns immer wieder an fast entschwundene, aber niemals ganz vergessene Melodien erinnern. Wenn wir uns in die Vita einlesen und einleben, beginnen wir, diese Träume zu träumen, diese Melodien des Jenseits zu hören, die Visionen zu sehen, die Merlin und Taliesin so klar beschreiben. Mehr noch: Wir fügen ihnen etwas hinzu, wir erschaffen sie neu, und vielleicht erfüllen wir ihre zeitlosen Verheißungen nicht nur in unserem Innern, sondern auch in der äußeren Welt, die wir durch unsere Imagination schaffen.

Hinweise für den Leser

Die *Vita Merlini* erscheint dem heutigen Leser, der sich zum erstenmal mit ihr befaßt, kompliziert. Da es sich um einen initiatorischen, magisch-spirituellen Text handelt (und man könnte diesem zentralen Thema des inneren Wachstums noch viele andere Attribute oder Kategorien zuordnen), wird er erst dann mit einemmal klar und verständlich, wenn man seine Grundlagen erkannt hat.

Um sowohl mir selbst als auch dem Leser die Auseinandersetzung mit diesen Grundlagen zu erleichtern, habe ich eine gewisse Gliederung vorgenommen und ein einfaches Verfahren zum Studium der Vita entwickelt, das sowohl dem Erstleser als auch denjenigen helfen soll, die den Text bereits kennen. Es empfiehlt sich folgendes Vorgehen:

1. Lesen Sie die Schlußfolgerungen (Kapitel 16) vor der Lektüre des Textes. Wenn Sie das ganze Buch gelesen haben, werden sie natürlich wieder in einem anderen Licht erscheinen, jedoch hat man hier zunächst einen Ankerplatz, bevor man sich in unbekannte Tiefen wagt.

2. Lesen Sie als nächstes Anhang 2, Personen, um für die recht ungewöhnliche und vielseitige Charakterisierung der Hauptgestalten im Text gerüstet zu sein, und fahren Sie fort mit der Einleitung und Kapitel 1.

3. Lesen Sie die kurze Zusammenfassung am Anfang eines jeden Kapitels, in der die Handlung der Vita in ganz groben Zügen wiedergegeben ist. Die Zitate unter den Kapitelüberschriften sind nicht als Querverweise gedacht, sondern sollen auf den nächstfolgenden Abschnitt der Vita einstimmen. (Der hier in der Übersetzung wiedergegebene Originaltext der Vita ist in *Kursivschrift* gedruckt.)

Dann können Sie sich entscheiden, ob Sie zuerst den über-setzten Text oder den Kommentar lesen möchten. Beide sind gleich wichtig, denn der Text wirkt subtil und traumartig auf tiefe und regenerationsfähige Bewußtseinsebenen; dies kann eine bloße Zusammenfassung oder ein Kommentar nicht lei-sten. Der Kommentar und der Anhang können jedoch unse-rem Verstand einige Fixpunkte geben. Wie Barinthus, der ge-heimnisvolle Führer, der »das Meer und die Sterne kennt« (siehe Anhang 2), können die Punkte der Vita, die wir ver-standen haben, zu unserem Fährmann werden, der uns zum Jenseits führt, wo wir Transformation und Offenbarung fin-den.

In den Anmerkungen wird unter anderem auf Literatur zur weiteren Vertiefung verwiesen; ich habe mich dabei bemüht, die Anzahl der Anmerkungen auf ein Mindestmaß zu be-schränken.

DIE ABBILDUNGEN

Es gibt zwei Arten von Abbildungen in diesem Buch, nämlich Skizzen oder »Pläne« und Bildsymbole. Beide sind in der Art der traditionellen magischen oder initiatorischen Embleme ausgeführt, weil solche Verfahren für die Übertragung von Bildinhalten auf die Seele seit jeher bewährt sind. Im Osten würde man sie Mandalas nennen, und die Grundmuster – wie beispielsweise das Rad des Lebens – sind seit den ältesten Zei-ten in der ganzen Welt bekannt.

Die Illustrationen können auf zweierlei Art benutzt werden: zum einen als Verständnishilfen für das im Text Gesagte, zum anderen als selbständige meditative Darstellungen. Dieses zweite Verfahren ist für jene Leser gedacht, welche die prakti-schen Anwendungen der Vita in ihre eigene Meditationsar-beit aufnehmen wollen, wofür wiederum das zuerst genannte

Verfahren eine gute Grundlage bildet. In Anhang 1 sind auch einige Allegorien zusammengestellt, die bei der Lektüre des Textes mit geringem Aufwand bildhaft für die Phantasie lebendig werden. Die Erarbeitung der Vita hat einen bemerkenswerten Effekt auf die Phantasie; in diesem Sinne ist es ein wirklich magisch hochwirksames Buch, denn es wirkt direkt auf unser bildschaffendes Bewußtsein.

Natürlich spricht nichts dagegen, das Buch einfach vom Anfang bis zum Ende zu lesen, da es ganz dem bewährten Schema folgt, nach dem der zentrale Gedanke von Kapitel zu Kapitel fortschreitend entwickelt wird. Weil in der Vita eine Vielzahl von Motiven und Elementen in einer harmonischen, aber nicht linearen Art miteinander zusammenspielen, kommt man bei einer Analyse des Textes jedoch nicht umhin, immer wieder nach vorn und nach hinten zu blättern, um die Verknüpfungspunkte der Gedanken besser aufzuspüren. In früheren Kulturen war das Erinnerungsvermögen weitaus ausgeprägter als dasjenige der Menschen unserer Tage, die sich der verschiedensten Hilfsmittel zur Entlastung des Gedächtnisses bedienen können. Wer seinerzeit magischen Erzählungen lauschte, war wohl in der Lage, eine Vielzahl von Verbindungen herzustellen, die wir heute nur mühsam nachvollziehen. Gewiß entdeckte er auch Zusammenhänge, die mir zweifellos entgangen sind, die aber vielleicht der geneigte Leser auffinden wird.

Danksagung

Die diesem Buch zugrunde liegende (englische) Übersetzung der *Vita Merlini* basiert auf der Arbeit von John Jay Parry (University of Illinois, 1925) und einer Reihe von Änderungen aufgrund meiner eigenen Lektüre des lateinischen Textes nach der Ausgabe von Basil Clarke (University of Wales, 1973). Clarkes Buch ist die neueste und umfassendste Studie und Übersetzung der Vita, und sowohl bei Parry als auch bei Clarke finden sich zahlreiche Literaturhinweise und kurze wissenschaftliche Kommentare zu unklaren Textstellen. Die übrigen englischen Übersetzungen, zum Beispiel die Verse aus den *Prophetiae Merlini* oder der *Historia Regum Britanniae,* stammen von J. A. Giles (1848–1896), soweit nicht anders angegeben. Die Gliederungen, Untertitel, Überleitungen und Änderungen der übersetzten Passagen stammen von mir; die Gliederung ist nur für die Zwecke dieses Buches gedacht und nicht als Verbesserungsvorschlag.

Mein Dank gilt A. T. Mann und Tony Willis für die Erörterung astrologischer und astronomischer Passagen des Textes; John und Caitlín Matthews für die Erläuterung der Personen im *Mabinogion;* Felicity Bowers für die Originalillustrationen auf der Grundlage meiner eigenen groben Skizzen. Dankbar bin ich auch den vielen Freunden und Mitarbeitern, die mir im vielfältigen Erfahrungsaustausch bei der Erarbeitung der Vita halfen. So konnte es gelingen, die wissenschaftlichen literarischen Quellen mit Leben zu erfüllen und das Buch mehr im menschlich-persönlichen Bereich anzusiedeln.

MERLIN RUFT BARINTHUS AN

Wer kennt den Weg auf dem Meer und unter den Sternen?
Wer die starke Hand am Steuerruder?
Wer lenkt den Kiel, der durch die Tiefen pflügt?
Erster Fährmann, letzter Lichtbringer,
Blauer Mantel, weißes Haar;
Wellenkämme sind dein Pfad,
Sternenlicht dein Kompaß.
Ich, der ich in deinem Boot war,
Nicht einmal, sondern viele Male von Stern zu Stern,
Heiße dich eintreten.
Ältester der führenden Götter,
Weisester der Herrn der Tiefe,
Ewiger Herrscher der Meere.
Offen ist das Tor des Westens,
An dem die versammelte Gemeinde der Welten
Den erwartet, den du herüberbringst.

R. J. Stewart, 1985

Einleitung

Er gab die folgenden Erläuterungen unter der Anleitung Minervas.

Vita Merlini

INNERE TRANSFORMATION
UND DIE
VITA MERLINI

Die westlichen esoterischen Traditionen bergen kraftvolle Methoden der magischen und spirituellen psychischen Transformation. Einsicht und Weisheit dieser Art sind keineswegs eine Domäne der östlichen Kulturen, wie in mancher Schule der modernen Psychologie und der transpersonalen Entwicklung fälschlicherweise angenommen und gelehrt wird. Allerdings bedürfen die Weisheitslehren des Westens einer Neubewertung sowohl ihres Vokabulars als auch ihrer Anwendungstechniken für einzelne oder Gruppen, die eine innere Transformation anstreben.

Niemand repräsentiert diese Weisheit exemplarischer als Merlin, der Urseher, Prophet und erleuchtete Weise der britischen, der westlichen Legenden überhaupt. Wenn wir ein praktikables westliches System psychischer Entwicklung wiederaufbauen wollen, das auf überliefertem Wissen beruht, können uns gerade die Symbole, die Merlin, seine Prophezeiungen und sein Leben begleiten, unschätzbare Dienste leisten.

Aus der Feder des Geschichtsschreibers und Mythographen Geoffrey of Monmouth[1], der im 12. Jahrhundert lebte, stam-

---

[1] Anmerkungen siehe Seite 295

men zwei literarische Kostbarkeiten, die *Prophetiae Merlini* und die *Vita Merlini*. Die Prophetiae sind eine Mischung aus politischen und zeitüberschreitenden Visionen, während sie gleichzeitig einen Grundriß der Bewußtseinsbereiche zum Inhalt haben, aus denen die Kraft der Prophetie selbst entspringt.[2]

Die *Vita Merlini* ist die Urbiographie Merlins, die als Hintergrund der vielen Erzählungen, Legenden und phantasievoll ausgeschmückten Werke dient, die im Laufe der Jahrhunderte folgen sollten. Sowohl die Vita als auch die Prophetiae sind bemerkenswerte Bücher, denn sie enthalten dunkle, aber eherne Traditionen: die Weisheitslehren des Westens, in denen der Schlüssel zu dem uns innewohnenden spirituellen Erbe liegt. Dies findet in der Dichtung, der bildenden Kunst, in Musik und Literatur, die sich mit dem Themenkreis um Merlin und Artus befassen, deutlichen Ausdruck, reicht jedoch erheblich tiefer als die berühmten Meisterwerke selbst: Es gibt uns die Möglichkeit, spirituelle Erleuchtung und Erweiterung des Bewußtseins durch sehr spezifische Methoden zu erlangen. Da die Methoden der westlichen Psyche urverwandt sind, ist ihre Anwendung außerordentlich effektiv und liefert unmittelbare, manchmal verblüffende Ergebnisse für unser Bewußtsein.

Bei Neubewertung westlicher Techniken und Symbole der inneren Transformation und des inneren Wachstums spielt die *Vita Merlini* eine entscheidende Rolle. Wir werden den Inhalt der eigentümlichen Biographie Geoffreys prüfen und feststellen, wie dieser Inhalt zu vielen Symbolen, Bildern, Methoden und Bewußtseinsarten in Beziehung steht. Es wird uns gelingen, viele der unverständlichen und unwirksamen Elemente der modernen esoterischen oder okkulten Literatur durch Erarbeitung der *Prophetiae Merlini* und der *Vita Merlini* aufzuhellen. Gerade letzteres Werk ist in diesem Zusammenhang besonders wertvoll.

Das von Geoffrey vorgelegte Material ist weder eine Biographie im modernen Sinne, noch war es jemals als solche gedacht. Es ist eine Sammlung von Überlieferungen, Bildern, Gedichten und ursprünglich lose zusammenhängenden Themen, die um die zentrale Gestalt Merlin zu einem einheitlichen Ganzen verwoben wurden. Unser mittelalterlicher Text ist ein einzigartiges Stück Literatur, das allerdings nicht dem Bereich der Fiktion zuzuordnen ist. Der Inhalt der *Vita Merlini* geht vielmehr auf eine Reihe von Quellen zurück, die weit in die Vergangenheit zurückreichen; es ist eine Anthologie.[3] Die Aneinanderreihung und Verflechtung der verschiedenen Elemente ist außerordentlich subtil und wirkt auf vielen unterschiedlichen Ebenen, die wir näher betrachten werden, wenn wir den Inhalt im einzelnen untersuchen. Darüber hinaus entstand durch die Zusammenfassung dieser diffusen, aber in einem harmonischen Zusammenhang stehenden Elemente durch die Hand eines Autors, nämlich Geoffrey, so etwas wie ein gegen die Zeit gekapselter »Kassiber«. Es erreicht uns über die Jahrhunderte hin das grundlegende Wissen um eine bis dahin nur mündlich weitergegebene Weisheitstradition, ein Wissen, das zu einem Zeitpunkt zusammengefaßt wurde, als diese Tradition verblaßte, aber noch keineswegs verloschen war.

Die Bilderwelt, die magischen und psychischen Erkenntnismethoden und der spirituelle Standpunkt der Vita entspringen zweifellos uralter Tradition. Zwar sind die Weisheitslehren häufig durch viele Übersetzungen – aus dem Walisischen oder Bretonischen in das Lateinische und weiter in verschiedenen Versionen in das moderne Englisch oder Deutsch – verdunkelt und mit sekundärem oder auch irrelevantem Material des mittelalterlichen Geisteslebens vermischt; dennoch kann man sie mit gutem Recht als »druidischen« Ursprungs bezeichnen. Darunter soll zu verstehen sein, daß sie auf die ursprünglichen Lehren der Urreligionen des Westens zurückgehen, insbesondere diejenige der Kelten, deren kultische Praktiken formal unter der Leitung der Druiden standen. Diese druidischen und keltischen Überlieferungen sind mit Elementen der griechischen und römischen Antike vermischt, wenn dies auch weitgehend als literarische Konvention Geoffreys und nicht unbedingt als kulturelle oder magische Linie überdauernder Symbole zu betrachten ist.

Das Wissen Merlins entstammt einer mündlichen Tradition, in der das geschriebene Wort zunächst unbekannt war und später als schädlicher Einfluß auf das Bewußtsein abgelehnt wurde. Bis zum 12. Jahrhundert, als sowohl Geoffrey of Monmouth und Gerald of Wales keltische Prophezeiungen sammelten, waren die alten Gedichte noch weit verbreitet, wenn auch ziemlich verfälscht und teilweise ihres Sinns beraubt. Gerald of Wales berichtet, daß er niemanden finden konnte, der eine angemessene Übersetzung einer schriftlichen Sammlung der Weissagungen hätte anfertigen können, die mündlich unter den walisischen Barden weitergegeben wurde.[4] Geoffreys Muttersprache allerdings war Walisisch oder Bretonisch – wobei die beiden Sprachen im 12. Jahrhundert sehr ähnlich, wenn nicht identisch waren –, und die Auseinandersetzungen über seine Quellen halten an. Er selbst beruft sich auf ein großes Buch »in britischer Sprache«.

Die mündliche Überlieferung ist im wesentlichen praktischer und persönlicher, nicht intellektuell oder formell erzieherischer Natur im modernen Sinne. Viele der spirituellen oder Weisheitselemente haben sich in Gedichten, Liedern, Erzählungen und Gebräuchen erhalten, die nicht nur bis ins Mittelalter überdauerten, sondern auch Veränderungen der Kultur und der Sprache überlebten und in verdichteter Form bis in das 20. Jahrhundert hineinreichen. Solche Traditionen klingen zu uns aus einer heroischen »schamanistischen« und mystischen Kultur herüber, in der die unergründlichen Tiefen der kollektiven und individuellen Imagination durch die reiche Bildersprache miteinander verknüpfter Symbole anschaulich gemacht wurden.

Ein großer Teil dieser Kultur, die wir im weiteren Sinne als keltisch bezeichnen, hat bis auf den heutigen Tag überdauert, und wir sollten sie nicht etwa als Kuriosität oder als eskapistische Phantasie betrachten, deren Objekt eine verlorene Vergangenheit ist. Die mächtigen Motivationen unserer Vorfahren leben in uns weiter und können lebendig werden, um unser Bewußtsein zu transformieren. Auffallend ist, daß es sich bei dieser Transformation um einen wechselseitigen Austausch handelt: Indem wir die alten Schlüssel zu einem transformierten Bewußtsein aktivieren, verfeinern wir auch die atavistischen Elemente, die den Ursymbolen innewohnen. Sie geben uns Energie; wir reinigen und tragen sie weiter in eine vereinte Zukunft. Durch ebendiese Erfahrung wurde Merlin befähigt, Ereignisse präzise vorherzusagen.[5]

Viele der Hauptsymbole der *Vita Merlini* sind heute noch auf dem in Verwirrung geratenen Feld des literarischen Okkultismus vorhanden, der sich weitgehend aus dem komplexen Aufblühen des Interesses an esoterischen Dingen im ausgehenden 19. und im 20. Jahrhundert nährt. Ein Teil dieses zeitgenössischen Materials gründet sich auf Alchimie, die Kabbala, die Renaissance-Theosophie (im Gegensatz zu der entsprechenden Bewegung des 19. Jahrhunderts) und überdauernde Traditionen, in denen klassische und nichtklassische Religion, Magie und Metaphysik zusammenflossen. Kaum ein literarisches Werk über westliche esoterische Verfahren beruft sich jedoch auf Merlin, die fundamentale Quelle, ja, die Prophetiae und die Vita sind weitgehend unbekannt. Ein gutes Beispiel für überdauernden Symbolismus findet sich in Kapitel 5. Dort wird gezeigt, daß die Tarot-Karte des Gehenkten eindeutig in Beziehung zu einem Thema der Vita steht. Dieses wiederum hat seine Wurzeln in einem alten Opfermotiv, das sich durch viele Religionen und mystische Visionen hindurchzieht.

Geoffrey of Monmouth beschreibt in seiner Erläuterung mündlich überlieferter Erzählungen oder Gedichte aus der keltischen Tradition eindeutig eine Reihe von Karten aus der Großen Arcana.[6] Diese Bilder der Tarot-Karten sind also in der kollektiven Imagination und in den Lehren der Druiden mindestens schon im 5. bis 12. Jahrhundert vorhanden, demjenigen Zeitraum, der nach Ansicht der Gelehrten den Hintergrund für Geoffreys einheimische Quellen bildet. Die kulturellen Muster sind natürlich älter und waren den Griechen und Römern bereits vor Beginn der christlichen Ära als typisch keltisch bekannt.

In der *Vita Merlini* finden wir viele unabhängige Episoden, die aus der mündlichen Überlieferung stammen; Geoffrey hat sie wohl als Gedichte, Lieder, Epen oder Erzählungen vorgefunden, die in den keltischen Gebieten von Britannien, Wales, Schottland und dem Westen Englands verbreitet waren. Sie bilden offenkundig eine Biographie Merlins und enthalten Einzelheiten über seine Weissagungen, seine Anfälle prophetischer Glut, seine ritualistischen und mystischen Handlungen und Gespräche.

In gewissem Sinne ist die Vita ein keltisches Gegenstück zum christlichen Neuen Testament, während Geoffreys *Historia Regum Britanniae* (Geschichte der Könige von Britannien), welche die Prophetiae enthalten, das Äquivalent zum Alten Testament bilden. Dieser Vergleich ist keineswegs anmaßend, denn die Vita beschreibt die Lehren, Aussprüche und die Lebensgeschichte des größten Propheten der westlichen Welt, und in der Historia wird die Stammesmythologie über die Entwicklungsgeschichte seines Volks dargelegt.

Diese Analogie sollte jedoch auch nicht zu eng aufgefaßt werden. Dann in das keltische Bewußtsein hatte das Christentum bereits zu einem sehr frühen Zeitpunkt Eingang gefunden, noch bevor sich die römische Kirche entwickelte; und die christliche spirituelle Erleuchtung ist Teil des vereinigten Bewußtseins, das dem Sucher des Grals zugänglich ist. Diese Vereinigung, bei der heidnische Magie und christliche Vision in eins zusammenfließen, ist das tiefste Merkmal der keltischen und westlichen Erleuchtung.[7]

Wir werden daher eine Bilder- und Parabelwelt mit einem belehrenden Element zu betrachten haben, das aber nicht in den orthodoxen Rahmen einer bestimmten Religion eingespannt ist. Ebenso werden auch die Visionen, Gedichte, Fragmente und Allegorien niemals als dogmatische Aussagen aus dem Munde eines Meisters dargestellt. Denn sie sind von einem Chronisten in loser Folge zu einem Text zusammengefügt, wenn auch Merlin oder einer seiner Verwandten oder Verbündeten in der ersten Person spricht. Trotzdem ist es Merlin, in dem sich diese Elemente im westlichen Bewußtsein durch langwährende traditionelle Assoziation als Leitfigur all jener verdichten, die innerlich durch mystische Kraft transformiert werden.

Bevor wir uns der praktischen Anwendung von Merlins Wissen zuwenden, müssen wir uns erst darüber im klaren sein, daß er seine heidnische Magie nicht zum Zweck der Selbsterhöhung anwendet. Er ist kein »Adept« im modernen Sinne des Übermenschen Friedrich Nietzsches oder Aleister Crowleys und nicht von jener elitären Art, wie man sie häufig bei geheimen »magischen Zirkeln« findet. Wir müssen uns vollständig von solchen Vorstellungen frei machen, wenn wir zu wahrer Einsicht und Transformation gelangen wollen. Die Erzählungen, die Merlin umgeben, und die größeren Zyklen des Sagenkreises um Artus und den Gral lassen sehr deutlich die verschiedenen Meilensteine auf dem spirituellen Weg erkennen. Da wir uns auf eine bestimmte und primäre Erleuchtung konzentrieren wollen, diejenige Merlins, wird der größere Teil der Artuserzählungen bewußt beiseite gelassen, sofern sie nicht für einen bestimmten Aspekt unserer Betrachtungen von besonderer Bedeutung sind.

Sowohl die Vita und die Prophetiae als auch das biographische Material in der Historia lassen erkennen, daß Merlins Fähigkeiten nichts mit gewöhnlicher Zauberei zu tun haben. Sie sind zyklisch, von den Energien des Landes abhängig, zuzeiten sogar für den Propheten selbst mysteriös, und sie dienen seinem Volk. Wir werden uns mit diesen Aspekten im einzelnen in den folgenden Kapiteln befassen, wenn sie bei der Analyse der Hauptthemen und -motive in der Vita auftauchen. Mögen auch die Bilderwelt und die Methoden gelegentlich denjenigen des westindischen Medizinmanns oder des sibirischen Schamanen ähneln, so sind es doch die mystische Einsicht und das mit spiritueller Klarheit verknüpfte prophetische Wissen, die den Charakter Merlins prägen. Er ist ein spirituelles Wesen, aus dem menschlichen Zustand in eine höhere Art des Bewußtseins transformiert, aber er bleibt auch Mensch.

Gemäß den Weisheitslehren sind wir alle spirituelle Wesen, jedoch vollziehen die meisten von uns nicht im aktiven Bewußtsein den Übergang von unserem derzeitigen begrenzten Zustand zu demjenigen der inneren Freiheit. Merlin ist nicht einfach ein Zurschausteller paranormaler Fähigkeiten, und wer sich seinen Erleuchtungsmethoden in dieser Weise nähert, riskiert den Wahnsinn – dies ist eine der ganz klaren Parabeln, die uns bald begegnen werden.

So wie sich Merlins Magie sehr deutlich von dem heutigen sogenannten Okkultismus unterscheidet, so ist auch sein Wahnsinn etwas völlig anderes als dasjenige, was wir mit Begriffen wie »Verrücktheit« oder »Geistesgestörtheit« verbinden. Wenn wir Merlins radikale Bewußtseinsveränderung in einen modernen Kontext bringen wollen, müssen wir sie unter zwei Betrachtungsweisen stellen, die jeweils nicht unbedingt etwas mit wirklichen Gesundheitsstörungen oder sozialer Auffälligkeit zu tun haben. Zunächst einmal ist Merlin ein symbolisches Modell transformierten Bewußtseins; seine

Bewegungen und seine Äußerungen sind in hohem Maße übersteigert, sogar übertrieben archetypisiert. Zum zweiten wirkt er durch diese Darstellung als Orientierungshilfe für die individuelle oder kollektive innere Analyse; wir sind nicht »verrückt«, weil wir unirdische Ziele verfolgen oder unser Bewußtsein transformieren, sondern wir folgen dem Weg Merlins. Wer meditiert, mit gesteigerter Imaginationsfähigkeit wahrnimmt oder tatsächlich den Rückzug aus der Gesellschaft anstrebt (ein seltenes Vorkommnis im Westen), wird nach landläufiger Meinung freilich dennoch als »verrückt« bezeichnet. Wie wir bald sehen werden, erging es einem solchen Menschen auch im Mittelalter ähnlich; und wer im Zustand der spirituellen Entrückung oder eines gesteigerten Bewußtseins angetroffen wurde, galt traditionell als »tot« – das heißt für eine Welt gestorben, für eine andere jedoch lebendig.

Wie jedes konzentrierte Transformationsverfahren, sei es physischer, emotioneller oder transpersonaler und metaphysischer Natur, können die Initiationsverfahren irritierend und schwierig sein. Das Leben selbst ist irritierend und schwierig; während jedoch die Prüfungen des menschlichen Lebens in einem geschlossenen Kreis ablaufen, entwickeln sich die Prüfungen der Initiation in einer Spirale. Dieses Thema taucht mehrfach exemplarisch in Merlins eigenem Leben auf, der durch seinen Schmerz zum Wahnsinn fortschreitet und durch seinen Wahnsinn zu einer spirituellen Reife und einer neuen Form geistiger Gesundheit gelangt. Wir sollten daher nicht fürchten, daß die traditionellen Verfahren der Bewußtseinsumwandlung uns in instabile Gesundheit oder unangepaßtes Verhalten führen, denn diese Methoden weisen uns gerade einen klaren und eindeutig orientierten Weg, der zu einem stabilen und transformierten Bewußtsein führt. Merlin demonstriert jede Stufe dieser inneren Reise durch seine eigenen Abenteuer.

Der Wahnsinn Merlins ist nur eine Stufe, durch die er hindurchgeht, und er ist bedingt durch seinen Zustand des Kummers, des Leids, der Schuld oder des Mitgefühls. Sein Wahnsinn ist daher eine Generalisierung unseres fortgesetzten kollektiven Wahnsinns, durch den wir nie die wahren Fragen stellen, die das Leben betreffen, und daher unsere Torheiten unaufhörlich wiederholen. Einige dieser Fragen werden in der Vita ausgesprochen und beantwortet, wenn auch die Antworten häufig überraschend und vielschichtig sind. Die Erregung innerer Energien spielt in Merlins Transformationszyklus eine wichtige Rolle; nicht weniger wichtig ist jedoch die Auflösung, Polarisierung und Harmonisierung dieser Energien.

Wir sollten die *Vita Merlini* als Becken oder Quell der Erleuchtung und Inspiration betrachten; wie beim Kessel des Jenseits oder den magischen Quellen der Kelten (ein Thema, das sowohl in der Vita als auch den Prophetiae direkt angesprochen wird) kann ihr Inhalt sowohl töten als auch heilen. Wenn er in richtiger Weise aufgenommen wird, kann er zu psychischem und spirituellem Wachstum führen; bei falscher Anwendung ist er Quell tödlicher Zersetzung und eines inneren Todes. Zu unserem Glück sind die Anweisungen für den sicheren und maßvollen Gebrauch beigegeben, sozusagen am Rand des Kessels eingraviert. Wenn wir sie ignorieren wollen, ist es unsere eigene Torheit und nicht Schuld des Gefäßes.[8]

In diesem Becken von Motiven, fragmentarischen Weisheitslehren sowie klar definierten magischen Methoden und Visionen sind Elemente aus diffusen Quellen enthalten. Zu einigen gibt es Parallelen in den magischen Traditionen und Religionen der Welt, denn sie sind gemeinsamer Besitz des menschlichen Bewußtseins; sie alle sind jedoch von einem typischen westlichen Merkmal geprägt. Dieses eindeutige und unfehlbar zu erkennende Merkmal lautet: *Spirituelles Wachstum ist eine individuelle und nichtreligiöse Transformation.*

Wie oben angedeutet, schließt dies das Christentum oder eine andere Religion in keiner Weise aus; es ist aber das zentrale Verfahren der inneren Entwicklung innerhalb der westlichen Mysterien. Merlin ist der Großmeister dieser Mysterien, das endgültige Bildnis und das innenweltliche Wesen in einem ganzheitlichen Muster harmonischen Bewußtseins, das sich über alle unsere psychischen Konstrukte, Bilder, Archetypen, Ahnen und hoch aufgeladenen imaginativen Kontakte mit innenweltlichen Mittlern und spirituellen Lehrer erstreckt.

Bevor wir uns in die bemerkenswerte imaginative Landschaft von Merlins magischem Wales begeben – ein gleichermaßen historisches wie symbolisches Wales –, müssen wir uns darüber im klaren sein, daß wir dort kein ganzes oder abgeschlossenes System vorfinden. Die Ergänzung liegt in uns selbst, und Ganzheit entsteht in einem Prozeß, der sich bei jedem von uns anders entwickelt. Daß Geoffreys Bücher und sein Material über Merlin unvollständig und paradox sind, hat nicht nur mit dichterischer Unklarheit zu tun, wiewohl dies sicher auch eine Rolle spielt. Es handelt sich hier vielmehr um eine Eigentümlichkeit aller spirituellen oder mystischen Entwicklung, denn *wir* sind das Endergebnis, *wir* vollziehen die Lehren nach und gelangen dabei zur Ganzheit; jene können und wollen uns nicht nach einem sterilen dogmatischen Muster in ganz bestimmter Weise formen.

Diese Neuschöpfung unserer selbst, die Neuschöpfung der Welt – in der Sprache der Religion die Wiederkunft des Erlösers –, steht im Mittelpunkt der Weisheit Merlins. In seinen Prophezeiungen finden wir die dramatische apokalyptische Vision vom Ende des Sonnensystems; in der Vita finden wir eine klare Beschreibung der Schaffung der Welten, vom Firmament und den vier Urelementen bis hin zum Erscheinen von Erde und Menschheit. Beide Visionen stehen mit den orthodoxen Anschauungen des Mittelalters völlig im Einklang, und ihre Anwesenheit in einer Sammlung legendarischer Geschichte oder prophetischer Literatur ist weiter nicht erstaunlich. Unorthodox sind allerdings der Gehalt, der Ton und die religiöse Haltung. Beide Bücher kann man nur bedingt als »christlich« bezeichnen, während die Vision vom Ende der Zeiten in den Prophetiae einen vollkommen heidnisch-keltischen und semiklassischen Symbolismus aufweist.[9]

Die Schöpfungsvision aus der Vita liegt bemerkenswert nahe an bestimmten esoterischen Lehren über die Natur der Welten; sie wird unter der Anleitung Minervas ausgesprochen, der klassischen Göttin der Kultur, gesellschaftlichen Entwicklung, Musik, der wissenschaftlichen Erfindungen, die schließlich auch vielen bedeutenden Helden bei ihrer magischen und spirituellen Suche beisteht. Wie wir noch sehen werden, ist Minerva lediglich das vordergründige magische oder Göttinnenbild für eine wichtige Sequenz weiblicher innenweltlicher Kräfte, und im Gebrauch ihres Namens drückt sich eine Konvention aus, durch die eine tiefere und kulturell weitverbreitete Gottheit angesprochen wurde.[10]

Wenn wir auch die Welten gemäß dem Weg Merlins neu schaffen, können wir dies doch nicht willentlich tun. Die innere Bewegung und Transformation wird in den westlichen Mysterien durch Bilder aus der kollektiven Imagination katalysiert; wir kennen sie unter den Gestalten Merlins, Artus', des Turms, des Drachens, der Quelle und vieler anderer mehr. Einige dieser Bilder stellen wirkliche historische Personen dar, während andere rein archetypisch sind; alle symbolisieren jedoch eine beachtliche Kraft, die in uns erweckt werden will.[11]

Diese katalysierenden Bilder wirken auf bestimmte kombinierte Elemente der Imagination und der Lebensenergie. Eine einfache Darstellung der Wechselwirkungen ist kaum zu geben, da viele Variablen eingehen. Doch braucht der einzelne die stützende Struktur der Tradition; diese Struktur wirkt wie ein umhüllendes Gefäß für das Bewußtsein. In der Alchimie sind die Materialien für das *Magnum Opus*, das Große Behältnis, aufbewahrt – und hierin liegen Parallelen zum mystischen Bewußtsein.[12] Es ist die Einhüllung in das angewandte Erbe der westlichen esoterischen Tradition, welche die Matrix oder das Gefäß bildet, das zur Befreiung führt. Eine solche Gesetzmäßigkeit fand bereits zu Lebzeiten des Pythagoras, vermutlich schon lange davor, Anwendung als Unterweisungsrichtschnur in den Mysterien. Um die Parallelen aufzuzeigen, verwendeten die Alten die Gesetze der Geometrie, der Akustik und anderer physikalischer Phänomene, die in ihrem Kulturkreis bekannt waren.[13] Wie auch immer das Modell aufgebaut wird, die Analogie ist klar: *Das Bewußtsein gelangt durch bestimmte harmonische Beschränkungen zur Freiheit.*

Dies sind die grundlegenden Disziplinen, die für Meditation, Visualisierung, gesunde Lebensführung und Selbstbeschränkung erforderlich sind. Jedoch ist dies nur die erste, nach außen gerichtete Stufe der steuernden Struktur. Das Äußere kommt aus einer inneren und imaginativen Welt, die immer und überall durch kollektive Traditionen repräsentiert wird, die weit in die menschliche und Umweltmatrix hineinreichen, wo die poetische Vergangenheit die potentielle Zukunft schafft.[14]

Die westliche Psyche wird am aktivsten durch die natürliche Matrix des Westens transformiert; ebendiese Matrix finden wir in den Merlin-Traditionen.

Anders ausgedrückt: Wir müssen die traditionellen Symbole, Bilder, Muster, Bewußtseinsformen akzeptieren, nach ihnen leben, sie einatmen und uns, wann immer möglich, durch Meditation, Imagination und kreatives Tun in sie hineinbegeben.

Dies scheint auf den ersten Blick eine gewaltige Anforderung an den Menschen der heutigen Zeit zu sein, der in vielerlei

Verpflichtungen und beruflich eingespannt ist und in einer lärmenden Stadt lebt. Der erste schmale Pfad zur Befreiung ist jedoch stets derjenige der Selbstdisziplin. Wenn wir regelmäßig nur ein klein wenig Zeit aufbringen können, in der wir uns den Traditionen der Transformation zuwenden – durch Lesen, Musik, Gedichte, Betrachtungen und Meditationen –, werden diese Traditionen in erstaunlich kurzer Zeit in unserem Bewußtsein lebendig. Dieser schnelle Erfolg beruht auf der einfachen Tatsache, daß wir nur etwas erwecken, was in unserer psychischen und spirituellen Natur schlummert, und wir machen damit den Anfang zu einer bemerkenswerten und befreienden Sequenz von Erfahrungen.[15]

Diese Erfahrungen bleiben nicht auf die Imagination beschränkt: Da die Imagination die äußere Welt erschafft, wird unsere Beziehung zu den Mysterien auch unser äußeres Leben verändern.

KAPITEL I

Die äußere Struktur und die innere Natur der Vita Merlini

Die *Vita Merlini* kann man zunächst einmal als eine exoterische oder scheinbar äußerliche Unterhaltung definieren, die einen esoterischen oder inneren Gehalt aufweist, der als Fundament für das rein erzählerische Moment dient. Die Beziehung zwischen äußerer Struktur und innerer Natur ist jedoch organischer Art; man kann nicht einfach die äußere Schicht entfernen und dadurch das Innere sichtbar machen. Bevor wir uns dem Text im einzelnen zuwenden, können wir eine vorläufige Trennung dieser beiden Ebenen vornehmen; dabei müssen wir jedoch stets im Auge behalten, daß diese Unterscheidung lediglich ein zwar zweckmäßiger, aber doch künstlicher Ausgangspunkt ist, eine erste Fühlungnahme, bevor wir tiefer in die Vita selbst eindringen.

Wenn Merlin in einem späteren Kapitel fragt: »Was ist die Bedeutung des Wetters?«, ist die Antwort eine Beschreibung des gesamten Kosmos, so daß wir, wenn wir nach der Bedeutung der Vita fragen, die diese Frage einschließt, kaum eine einfache Antwort erwarten können. Der Text ist wie viele mystische Texte voller Beziehungen: Symbole und Zusammenhänge, die wiederum zu weiteren Zusammenhängen führen. Natürlich ist es der Kosmos, der das Wetter hervorbringt, aber als Bewohner eines einzelnen Planeten, der Erde, brauchen wir zunächst irdische Orientierungspunkte, damit wir die größere Vision der Realität fassen können.

Die Struktur der *Vita Merlini* ist komplex: Die Dichtung enthält eine Reihe pseudohistorischer Ereignisse, Personen und Orte, die mit magischen und mystischen Motiven verwoben sind. Wenn man die feinen Wurzeln ihrer Bedeutung fassen will, genügt es nicht, nur die Hauptmotive herauszuarbeiten und zu analysieren; viele der aussagekräftigsten Symbole sind nur beiläufig erwähnt.

Wir werden den Inhalt aus psychologischer, magischer und mystischer Sicht betrachten, das heißt, die historische und literarische Diskussion wird nur herangezogen, wenn dies für ein bestimmtes Thema von direkter Bedeutung ist. Die Vita beginnt zum Beispiel mit einer Schlacht zwischen den Nordwalisern und den Schotten; den historischen Hintergrund hierzu bildet nach den Erkenntnissen der Wissenschaft die Schlacht von Arderydd, die etwa um das Jahr 575 n. Chr. bei Carlisle geschlagen wurde. Die psychologischen und magischen Aspekte der Schlacht sind für uns jedoch wichtiger als der historische Kontext, denn bei dieser Auseinandersetzung wurde Merlin vom Wahnsinn befallen. Der Wahnsinn ist ein häufig wiederkehrendes Thema in der keltischen Tradition, und er hat dort nicht das Stigma der Verrücktheit, das dem Wort heute anhaftet. Der Zusammenbruch der regulären chronologischen Wahrnehmung ist Teil der mystischen Erkenntnis, und die historische Schlacht ist in diesem Zusammenhang nur sinnfällige Allegorie für ein allgemeines Motiv, nach dem der Zusammenprall einander entgegengesetzter Energien eine radikale Bewußtseinsveränderung bewirkt.

Etwas ausführlicher wird dieses Thema in der Historia wiederholt, kurz bevor Merlin seine Prophezeiungen ausspricht. Die widerstreitenden Kräfte werden durch zwei Drachen repräsentiert, die wiederum für die Briten und die Sachsen stehen, jedoch eindeutige Bezüge zu Energien sowohl aus dem

Inneren der Erde als auch aus den Tiefen der menschlichen Psyche haben. Auch hier ist das historische Element gegeben, denn die Sachsen drangen tatsächlich in Britannien ein, jedoch sind die metaphysischen Realitäten stets als Grundlage der äußeren physischen und historischen Erscheinungen erkennbar.[1]

Wenn wir die Zusammenhänge zwischen äußerer Manifestation und poetischen oder mystischen Kräften so weit durchschaut haben, stellen wir fest, daß diese Verflechtung von Geschichte und Metaphysik ein Grundmuster der Bücher Geoffreys ist, und dies ist eindeutig kein Kunstgriff, sondern eine Eigentümlichkeit des traditionellen Stils, den er auf seinen lateinischen Text anwendet. Vereinfacht ausgedrückt, schaffen die poetischen Kräfte Geschichte: Die prophetische Schau wird nicht einfach durch genau eintreffende Ereignisse »bestätigt«; sie ist mit diesen Ereignissen in einer Dimension oder einem Zustand verbunden, in dem der chronologische Zeitablauf aufgehoben ist. Die Imagination schafft sich stets eine äußere Manifestation; so gelangen wir schließlich zu der Erkenntnis, daß die Geschichte lediglich die Realität des inneren Bewußtseins bestätigt – und nicht umgekehrt.

Diese wichtige Lehre findet sich überall in der Vita, den Prophetiae und der Historia; sie hat ihren Ursprung in der für die Kelten typischen Weltsicht und ist ein Kernstück der westlichen Mysterien.

In diesem weiteren Rahmen einer physischen und poetischen Interaktion können wir uns nun der *Vita Merlini* zuwenden und einige der wirksamsten magischen Bilder und Techniken herausarbeiten, die zu mystischer Erkenntnis führen. In allen dargestellten Beispielen ist die magische Operation – beziehungsweise die psychologische Transformation – ein Mittel zur mystischen oder spirituellen Erleuchtung; sie ist niemals beliebig oder nur experimentell, sondern stets zielgerichtet und klar umrissen. Merlin macht einige verheerende Lebenserfahrungen durch; er wird mit Wahnsinn geschlagen, er muß in den winterlichen Wäldern ohne Nahrung auskommen, sein Weib verläßt ihn, viele seiner Begleiter kommen durch den Mißbrauch magischer Kräfte um. Diese und anderen Themen werden noch im einzelnen behandelt; im Grunde geht es jedenfalls stets um Kräfte, die den regulären Bewußtseinsstrom transformieren und verstärken. In diesen Motiven ist nichts von einer irgendwie moralisch begründeten Bestrafung zu sehen; Merlin durchlebt zyklische Veränderungen, und die Erzählungen, die diese Zyklen beschreiben, sind als Allegorien unseres inneren Zustands zu lesen.

Als Ausgleich für diese scheinbar negativen Erfahrungen finden wir, daß Merlin die Gaben der Weitsicht, Weissagung, Dichtkunst, Astrologie besitzt und daß er schließlich die geheimen Kräfte der Erde versteht, die sich in Quellen, Bäumen, Steinen und Wäldern äußern. Auch hier müssen wir nicht nur das physische Bild, sondern seinen psychischen und spirituellen Ursprung sehen.

Viele der wesentlichen Elemente in der Vita waren offensichtlich unabhängige Bilder oder Erzählungen, bevor sie von Geoffrey zusammengefügt wurden; einige von ihnen sind in einer Weise mit der Person Merlins verknüpft, die auf den ersten Blick künstlich erscheint.[2] In manchen Fällen steht in der magischen und mystischen Handlung nicht Merlin im Mittelpunkt, sondern es treten andere Charaktere der Dichtung hervor, die relativ unbedeutend sind oder auch anonym scheinen. Der Faden, der diese Bruchstücke zu einem Ganzen zusammenwebt, ist Merlins prophetische Glut, sein sporadisch auftretender Wahnsinn. Merlin ist daher ein machtvolles, das Bewußtsein integrierendes Element.

Wie bereits gesagt wurde, lautet die zentrale These der westlichen Mysterien, daß der Urgeist die äußere Realität durch Imagination schafft. Im Individuum findet dies seinen dramatischen Ausdruck in der prophetischen Schau, die Zeit und

Ereignisse zusammenfallen läßt. Wenn wir Beispiele hierfür in Geoffreys Werk zuhauf finden, ist dies nicht nur ein literarischer Kunstgriff, sondern poetischer Ausdruck einer mystischen Weltsicht; Inspiration schafft Realität durch Imagination.

Dieses Denkmodell sollte nicht vorschnell dazu benutzt werden, Merlin zu einer gottähnlichen Gestalt zu erheben; nichts rechtfertigt die Annahme, daß die Vorhersagung zukünftige Ereignisse erzwingt. Die prophetischen oder seherischen Gaben sind nicht auslösend und stehen nicht unter der Kontrolle des einzelnen. Merlin spielt nicht Schicksal, wenn er den Dreifachen Tod eines jungen Mannes am Hofe von König Rhydderch vorhersagt.[3] Er verleiht einer spirituellen und imaginativen Matrix verbalen Ausdruck, die die chronologische Zeitwahrnehmung transzendiert; diese Matrix ist es, die sowohl das »Ereignis« als auch das »Sehen« des Ereignisses schafft.

Diese Einsicht oder Weitsicht umfaßt sowohl faktische und irdisch-konkrete Muster als auch dunkle symbolische Beziehungen. Denn beides leitet sich aus der gleichen inneren Quelle her. Die Geschichte ist Ausdruck der Dichtkunst, nicht umgekehrt.

In dem Beispiel vom mysteriösen Schicksal des jungen Mannes bildet die Geschichte von einer untreuen Ehefrau und der Prüfung der Fähigkeiten eines Sehers den Rahmen für eine magische und spirituelle Urszene. Merlins Weissagung ist daher nur der Anlaß für eine traditionelle Weisheitserzählung oder ein initiatorisches Thema; dieses kann jedoch wiederum auf einen älteren, heute verlorenen Erzählzyklus zurückgehen, in dem Merlin eine spezifischere Rolle spielt. In den Prophetiae dagegen finden wir ein starkes faktisches Element, wobei wirkliche Ereignisse und historische Personen suggeriert werden. Solche Prophezeiungen sind auch Teil der Vita.

Wenn in der Vita pseudohistorische Vorhersagen oder Retrospektiven erscheinen, benutzt sie Geoffrey als Bekräftigung und »Beweis« für die Wahrheit seiner Biographie. Solche Passagen lockern auch den poetischen Erzählfluß auf und bilden den Unterbau für Themen, die sich eindeutig im Reich des Mythos oder der Magie bewegen, wodurch traumhafte Motive – wie beispielsweise der Aufenthalt Artus' auf der Insel der Seligen – einen scheinbar faktischen Gehalt bekommen.[4] Wir sollten diese prophetischen Passagen zwar nicht als bloße Füllsel betrachten, jedoch sind sie für uns weniger wertvoll als das traditionelle Material, in das sie eingefügt sind.

Mit den Prophetiae ist dem längeren Text der *Historia Regum Britanniae* ein chaotischer und ausufernder Bilderbogen mystisch-apokalyptischer sowie pseudohistorischer Verse säuberlich abgegrenzt eingegliedert, der gewissermaßen als Fundament für die Historia dient. Die Prophetiae enthalten aber auch viele esoterische, visionäre und astrologische Symbole, die in der Historia keinerlei Rolle spielen. In der Vita bieten uns die transpersonalen magischen Abenteuer und Transformationen Merlins eine Allegorie, in der die Symbole der Prophetiae auf das menschliche Leben angewandt sind. Der mächtige und häufig verwirrende Gehalt der prophetischen Kraft wird zugänglicher durch ihre Wirkung in Merlins eigenem Leben.

Die prophetischen Verse in der Vita sind nur ein Teilaspekt des Spektrums der Prophetiae, und die verschiedenen Verse, die Geoffrey aus der mündlichen Überlieferung und seinem eigenen Wissen zusammengestellt hat, könnten ohne weiteres auch ohne die prophetischen Einschübe bestehen. Was allerdings wichtig ist für die Erzählung, wichtiger für die Entwicklung Merlins in Richtung eines reifen spirituellen Bewußtseins als der Gehalt jeder Pseudogeschichte, die er äußert, ist die *Tat* der Prophezeiung.

Viele der historischen Aussagen hängen mit Vorkommnissen

zusammen, die vielleicht für Geoffreys Zuhörer von großem Interesse waren, aber hinsichtlich ihres psychologischen oder magischen Symbolismus keine Bedeutung haben. Sie sind freilich zeitgeschichtlich interessant für den Historiker oder Literaturwissenschaftler. Allerdings enthalten solche Passagen Bilder, die aus Überlieferungen genommen sind oder diese stützen, so daß wir keinen Teil der Vita ohne weiteres übergehen können; sie ist ein komplexes organisches Werk, in dem sich auf verschiedenen Ebenen ständig Wechselwirkungen vollziehen.

Bei der *Vita Merlini* handelt es sich daher um eine Sammlung sowohl überlieferter als auch literarischer Fragmente, die sorgfältig zu einem organisch zusammenhängenden Text gefügt sind. Wir können darin zuweilen die Handschrift Geoffreys of Monmouth erkennen, wenn er ganz offenkundig für sein Publikum schreibt und Themen wiederholt, von denen er weiß, daß sie populär und politisch bedeutsam sind. Insgesamt gesehen ist das Werk jedoch eine schriftlich zusammengefaßte epische Erzählung oder Ballade, wie sie zu Unterhaltungszwecken dargeboten wurden; solche Unterhaltungen hielten die Gesellschaft durch die gemeinsam empfangenen Bilder und die vertraute ethische und traditionelle Unterweisung im Inneren zusammen. Dieser Aspekt der Vita kann nicht nachdrücklich genug betont werden. Der heutige Leser sollte die außerordentliche Bedeutung der mündlichen Kommunikation und Überlieferung in dieser weit zurückliegenden Zeit nicht unterschätzen; es war nur eine kleine Oberschicht, der Geoffrey natürlich angehörte, die des Lesens und Schreibens kundig war.

Nicht vergessen sollten wir auch, daß die spirituellen Aspekte des Textes expressis verbis auch belehrend gemeint sind; die Vita ist nicht nur eine lustige Sammlung alter Geschichten, deren innerer Wert durch moderne Analysen zutage gefördert wird. Die Dichtung war exemplarisch oder bewußt belehrend für Geoffreys Publikum, und darin lag für den mittelalterlichen Zuhörer zu einem guten Teil ihr Wert und Reiz. Viele Aspekte dieses offenkundigen spirituellen Symbolismus werden in den folgenden Kapiteln behandelt, jedoch ist der wichtigste, daß Merlin schließlich von seinem prophetischen Wahnsinn geheilt wird und sich in ein Leben der spirituellen Verehrung zum Lobe des Schöpfers zurückzieht.

Wenn dies nun alles wäre, was sich in der Vita abspielt, könnte man wohl von einer Neubewertung absehen; innerhalb des offenkundig spirituellen Tons liegt jedoch eine große Fülle von altem Wissen, magischem Symbolismus und ganz praktischen Verfahren der psychischen Transformation, die möglicherweise ein Wesenszug der Quellen waren, aus denen Geoffrey schöpfte. Über seine Gründe, dieses Material darzulegen, können wir nur Mutmaßungen anstellen; sie sind vielleicht poetischer und intuitiver Natur und weniger rein intellektuell-analytisch begründet. Ähnliche magische Themen sind in volkstümlichen Balladen zu finden, die mündlich bis in das 20. Jahrhundert überliefert wurden; sie blieben lebendig wegen ihrer urtümlichen Kraft und ihrer träumerischen Visionen.

Die Vita enthält jedoch nicht nur Visionen aus dem Sammelbecken der kollektiven Träume, sondern Themen, Motive und Ausdrücke der keltischen Sprache, die eindeutig auf die Existenz eines zusammenhängenden Weisheitssystems hinweisen, eines Systems, das wahrscheinlich zum Teil auf die Druiden zurückgeht.[5] Bemerkenswert ist, daß dieser Zusammenhang durch Geoffreys lateinische Textmontage hindurchscheint, wiewohl es unwahrscheinlich ist, daß er das Werk im klaren Bewußtsein eines solchen Zusammenhangs geschrieben haben könnte. Die äußere Struktur und die Handlung der Vita sind voller harmonisch zusammenhängender und polar entgegengesetzter Beziehungen und Szenen; sie liegen im Text ganz offen zutage und bedürfen eigentlich keiner Hervorhebung mehr, um offenkundig zu werden. Ihre Grundlage ist die Substanz, die unter der Ebene des Textes liegt, der innere Symbolismus, der in den keltischen Namen hervortritt, die eigenartigen Verhaltenszweideutigkeiten und die Schlüsselbedeutung scheinbarer Nebenfiguren, um die sich das Geschehen an bestimmten Stellen der Handlung dreht.

DIE INNERE NATUR

Die *Vita Merlini* ist ein Kompendium mystischer Psychologie. Anders als ihr »Begleitbuch«, die Prophetiae, enthält sie keine chaotischen kosmischen Visionen und stellt keine dramatischen magischen Paradoxien auf: Sie entwickelt sich in geregelten Bahnen, fast zwangsläufig, und überläßt sehr wenig dem Zufall. Sie ist geladen mit der Poesie und Bilderfülle der Beziehung zwischen der spirituellen, jenseitigen Welt und der persönlichen Psyche; es ist eine mystische Psychologie, die Vita demonstriert mittels der Abenteuer Merlins ein tiefes und wirkungsvolles Verständnis der menschlichen Seele.

Selbst wenn wir uns nur mit der Betrachtung der grundlegenden psychischen und persönlichen Probleme zufriedengäben, die dargestellt und charakterisiert werden, böte die Vita bereits bemerkenswerte Einsichten. Es ist eines der ersten Bücher über das Wachstum und die Harmonisierung der elementaren Psyche; es zeigt ein Wechselspiel von Zusammenbruch und Wiederaufbau im engen Zusammenhang mit individuellen, sexuellen und sozialen Problemen, die zu allen Zeiten eine bedeutende Rolle in der menschlichen Kultur gespielt haben.

Wir sehen die Gestalt Merlin als Symbolfigur für die wilden und unvorhersagbaren Aspekte der menschlichen Natur, und doch wird genau diese Unvorhersagbarkeit zum Weg zur genauen Prophezeiung. Anders als bei den Prophetiae spielen die Weissagungen hier eine untergeordnete Rolle und haben nur die Aufgabe, die Entwicklung des Handlungsablaufs zu stützen und verschiedene Motive der Schwachheit in der menschlichen Seele zu illustrieren. Hauptthema der Vita ist der spiralförmig verlaufende Weg zur inneren Reife, wobei an verschiedenen Stellen des Weges immer wieder eine Rückkehr zu inneren und äußeren Situationen sowie zu bestimmten Orten erfolgt. Diese Reife wird schließlich auf einer erhöhten Ebene erreicht. Merlin gelangt über Kummer, Mitleid und über die Befreiung von sexuellen Verhaltensnormen zur genauen Vorhersage und schließlich zu einem geordneten begrifflichen Modell des Kosmos, worin mystische Vision, Mythos und physischer Ausdruck zu einem harmonischen Ganzen verschmelzen. Nachdem er diesen Zustand erreicht hat, ist sein ursprüngliches Ungleichgewicht geheilt, und er verzichtet auf alle seine übernormalen Kräfte. Diese letzte Handlung Merlins ist bedeutsam: Die übernormalen Aspekte des Bewußtseins sind nur Nebeneffekte und haben ihren Zweck nicht in sich selbst.

Die ursprüngliche Quelle des Merlin-Stoffs ist westlich, hauptsächlich keltisch, jedoch können wir verblüffende Parallelen zwischen dieser Darstellung individuellen Bewußtseins und den zentralen Themen des Buddhismus finden. Die Ähnlichkeiten beruhen auf gemeinsamen Bewußtseinsinhalten, die in den Mythen und Religionen der Welt enthalten sind. Wie Buddha stehen Merlin alle materiellen Annehmlichkeiten zur Verfügung; er wird bei einer furchtbaren Schlacht durch Kummer und Mitleid in die Wälder getrieben; er sucht Antworten auf die grundlegenden ewigen Fragen. Wie Jesus wird er hinweggeführt und von einer höchst weltlichen und verführerischen Macht in Versuchung geführt, die zu akzeptieren er sich weigert: Er verschmäht die oberflächlichen Aspekte der Sinnlichkeit.[6] Merlin erreicht dafür eine harmonische polarisierte Beziehung zu weiblichen Prinzipien, und dies ist ein Hauptthema der Vita. Wie Mohammed hat er Visionen, die Zeit und Raum überschreiten. Es wäre leicht, noch viele solcher Vergleiche zu ziehen, doch beweisen sie nichts weiter als die bekannte Tatsache, daß solche Traditionen einer transpersonalen und spirituellen Entwicklung oder Bildung in jeder Religion, in jedem Glauben und in jedem psychologischen System vorhanden sind.

Wegen der uralten keltischen Themen, auf deren reichem Fundament die Vita aufbaut, könnten auch Vergleiche mit primitiven magischen Praktiken gezogen werden, die man in anderen frühen Texten, Volkstraditionen und in vielen anthropologischen Studien findet. Manche Autoren sahen sich veranlaßt, insbesondere in jüngster Zeit, aufgrund der obenerwähnten Ähnlichkeiten das magische Wissen der Kelten und die Gestalt Merlin mit »Schamanismus« in Zusammenhang zu bringen. Einer solchen Etikettierung steht allerdings die komplexe Natur der Vita entgegen, und sie führt zudem leicht auf Abwege. Wenn das Wissen Merlins, wie Forschungsergebnisse der letzten Jahre belegen wollen, sehr viel mit Schamanismus zu tun hat, dann gilt dies für alle Religionen, alle Kulte, alle magischen Praktiken. So gesehen ist der Vergleich wertlos, weil er trivial ist. Schamanismus im strengen Sinne hat zudem zu keinem Zeitpunkt diejenigen Bereiche eingeschlossen, die in der Vita ausführlich behandelt werden, wenn es auch einige Übereinstimmungen gibt, die im Haupttext analysiert werden.[7]

Im wesentlichen wird die Vita durch die Verschmelzung zweier Hauptelemente geprägt: das Keltisch-Heidnische und das Klassisch-Heidnische. Dies mag zunächst überraschen, da das 12. Jahrhundert die Zeit intensiver religiöser Orthodoxie ist und im Text sowohl der Vita als auch der Prophetiae sehr wenig christlicher Symbolismus oder Dogmatismus zu finden ist. Beide Ursprungslinien, das Keltische und das Klassische (hauptsächlich das Griechische), haben gewisse Themen gemeinsam, und beide reichen in einen langen Zeitraum der kulturellen Entwicklung, Blütezeit und des Niedergangs zurück. Viele Einflüsse werden in der Vita wirksam, jedoch sind alle auf ein einziges Ziel gerichtet, einer ganz bestimmten und systematischen mystischen Psychologie untergeordnet. Sie zielen auf die Reife Merlins, und zwar in jeder Bedeutung des Wortes.

Das Ergebnis ist ein »Handbuch«, ein Leitfaden, der auch für den Menschen in unserer Zeit, wenn er psychische Transformation anstrebt, viele Einsichten und Beispiele für die Anwendung in der Praxis enthält.

Die *Vita Merlini* ist keinesfalls eine obskure literarische Kuriosität; sie ist eine der großen psychologischen und spirituellen Darstellungen, die über kulturelle und geographische Grenzen hinausreichen. Sie spricht zu uns in der gleichen zeitlosen Sprache und hat in gleicher Weise wirkungsvolle Methoden zum Inhalt wie andere Weisheitstexte, die größere Publizität genießen.

In der Gesamtschau ist die Vita eine bemerkenswerte Synthese aus mystischem Symbolismus und mystischer Praxis, die über jede religiöse Orthodoxie hinausgeht. Merlin, das Urbild des heidnischen Sehers, wächst über die paranormalen Kräfte seines Sehertums hinaus und gelangt zu einem integrierten Verständnis des Universums. Daraufhin erklärt er, er wolle sein Leben der spirituellen Meditation widmen und die Gabe der Prophezeiung habe ihn verlassen. Für den heutigen Menschen, der die Vita als Handbuch der inneren Entwicklung benutzen möchte, findet sich hier eine Fülle praktischen, mystischen, magischen und psychologischen Wissens. Dieses Material geht aus einer Verschmelzung heidnischer und christlicher Glaubensvorstellungen hervor und weist in der gleichen Weise über sektiererische Beschränkungen hinaus, wie die großen Lehren Christi oder Buddhas weltweit Widerhall fanden. Auch dies ist kein überzogener oder enthusiastischer Anspruch: Merlins Weisheitslehre ist nicht weniger umfassend als diejenigen, die seit jeher als Wege zur Wahrheit galten.

Die Bedeutung für den heutigen Schüler der inneren Disziplin oder den nach Erleuchtung Suchenden liegt darin, daß die Methoden Merlins in ein rein westliches Vokabular und eine rein westliche Bilderwelt eingebettet sind. Sie sind Teil unseres natürlichen kollektiven Unbewußten und stellen die Mittel bereit, mit deren Hilfe das Bewußtsein individuell und in einem weiteren Rahmen umgewandelt werden kann.

Um diese wertvollen Elemente aus der Vita herausfiltern zu können, müssen wir den Text durcharbeiten, der sich in eine Sequenz miteinander verbundener Teile zerlegen läßt. Wir werden jeweils Zwischenbetrachtungen vornehmen, um die bedeutsameren Symbole und ihre Wechselbeziehungen im Rahmen einer einfachen, aber außerordentlich wichtigen Nachzeichnung von Merlins Reisen durch sein mythisches Land zu untersuchen – Merlin und das Land, die Metaphern für die Menschheit und das Bewußtsein.

KAPITEL 2

Merlin und der Wahnsinn.
Die Schlachtklage

> Deshalb werden die Berge den Tälern gleichgemacht
> werden, und die Flüsse der Täler werden Blut führen.
>
> *Prophetiae Merlini*

Merlin ist ein König, ein guter Herrscher, der die Gabe der Weissagung besitzt und dem Volk von Südwales Gesetze gibt. Er nimmt an einem Krieg zwischen den Walisern und den Schotten teil; viele Männer bleiben auf dem Felde, darunter drei Brüder des Königs Peredur, Merlins nordwalisischem Verbündeten.

Von Kummer erfüllt, beklagt Merlin den Tod der jungen Männer und wird darüber geistig verwirrt. Er flieht in die Wälder, wo er als Wilder lebt und alle gesellschaftlichen Bindungen vergißt.

Merlin und der Wahnsinn

Ich will das Lied vom Wahnsinn des prophetischen Barden singen und ein fröhliches Gedicht über Merlin. Berichtige du mein Lied, Robert, Ruhm der Bischöfe, indem du meine Feder zügelst. Wir wissen, daß die Philosophie über dich ihren göttlichen Nektar ausgegossen und dich in allen Dingen ruhmreich gemacht hat, auf daß du der Welt Beispiel, Führer und Lehrer sein kannst. Sei du daher meinem Unternehmen gewogen, und blicke gnädigst mit größerer Gunst auf den Dichter als derjenige, dessen Nachfolge du eben angetreten hast, zu einer Ehre erhoben, die du verdienst. Denn in der Tat haben dich dein Betragen, dein vorbildlicher Lebenswandel, deine Geburt, deine Eignung für die Position, haben dich die Geistlichkeit und das Volk für dieses Amt auserkoren, und aus diesen Umständen wird nun das glückliche Lincoln bis zu den Sternen erhoben. Daher sähe ich dich gern mit einem passenden Lied umkleidet, doch bin ich der Aufgabe nicht gewachsen, selbst wenn Orpheus und Camerinus, Mater, Marius und Rabirius mit mächtiger Stimme durch meinen Mund sängen und alle Musen mich begleiteten. Doch wohlan, Schwestern, die ihr gewohnt seid, mit mir zu singen: Laßt uns zum Gesang anheben und die Zither erklingen.[1]

Wohlan, nachdem viele Jahre unter vielen Königen vergangen waren, war Merlin, der Britannier, hoch angesehen in der ganzen Welt. Er war König und Prophet. Dem stolzen Volk der Südwaliser gab er Gesetze, und den Häuptlingen weissagte er die Zukunft. Nun geschah es, daß sich zwischen verschiedenen Fürsten des Königreichs Streit erhob, und überall in den Städten überzogen sie das unschuldige Volk mit blutigem Krieg. Peredur, der König der Nordwaliser, erklärte Gwenddolau den Krieg, der über das Königreich Schottland herrschte; schon war der für die Schlacht festgesetzte Tag angebrochen, die Führer standen im Felde bereit, und die Truppen kämpften und fielen zu beiden Seiten in einem beklagenswerten Gemetzel. Merlin war gegen Peredur zu Felde gezogen und mit ihm Rhydderch, König der Cumbrer, beides wilde Männer. Sie schlugen den Feind, der sich ihnen entgegenstellte, mit ihren grimmigen Schwertern, und drei Brüder des Fürsten, die ihm in allen seinen Kriegen unermüdlich kämpfend zur Seite gestanden waren, durchbrachen die Schlachtreihen und sprengten sie auseinander. Dann eilten sie mit solchem Ingrimm durch die dichten Reihen, daß sie bald selbst gefällt dahinsanken.

*Bei diesem Anblick bekümmertest du dich sehr, Merlin, klag-
test voll Trauer laut im Heer und brachst in diese Worte aus:
»Kann ein schändliches Schicksal so niederträchtig sein, so
viele und so große Kampfgefährten von mir zu nehmen, vor
denen noch gestern so viele Könige und so viele entfernte Kö-
nigreiche gezittert haben? O ungewisses Los der Menschheit!
O allzeit naher Tod, der du die Menschen immer in deiner
Gewalt hast, sie mit deiner verborgenen Geißel schlägst und
ihnen das erbärmliche Leben aus dem Leibe jagst! O ihr
ruhmreichen Jünglinge, wer wird mir nun in Waffen zur Seite
stehen und mit mir die Häuptlinge zurückschlagen, die mir
übelwollen, und die Feinde, die auf mich eindringen? Ihr küh-
nen jungen Männer, euer Mut hat euch um eure frohen Jahre
und eure frohe Jugend gebracht! Ihr, die ihr soeben noch in
Waffen durch die Truppen eiltet, zu beiden Seiten jene nieder-
hauend, die sich euch entgegenstellten, ihr krallt euch nun in
die Erde und seid rot von rotem Blut!« So klagte er in strömenden Tränen mitten unter den Feinden und trauerte um die
Männer, während die wilde Schlacht weitertobte. Die Reihen
rannten gegeneinander an, Feinde wurden von Feinden erschlagen, Blut floß überall, und Menschen starben zu beiden
Seiten. Schließlich zogen die Britannier ihre Truppen aus allen
Windrichtungen zusammen, gemeinsam warfen sie sich in ihren Waffen gegen die Schotten, verwundeten sie und hieben
sie nieder; und sie ruhten nicht, bis die feindlichen Reihen sich
umwandten und auf unbegangenen Wegen flohen.
Merlin rief seine Gefährten aus der Schlacht zurück und hieß
sie die Brüder in einer reichbemalten Kapelle begraben; er be-
weinte die Männer und hörte nicht auf, sie zu beklagen; er
streute Staub auf sein Haar und zerriß seine Kleider, er warf
sich auf den Boden und wälzte sich hin und her. Peredur versuchte ihn zu trösten, ebenso die Edlen und die Fürsten, aber*

er wollte sich nicht trösten lassen und ihren Zuspruch nicht an-
nehmen. Er hatte nun drei volle Tage geklagt und jede Nah-
rung verweigert, so groß war der Schmerz, der ihn verzehrte.
Nachdem er die Luft mit so vielen und so großen Klagen er-
füllt hatte, ergriff ihn neue Raserei, und er ging heimlich weg;
er floh in die Wälder und vermied es, sich bei seinem Weggang
sehen zu lassen. Er zog in den Wald ein und erfreute sich
daran, verborgen unter den Eschen zu liegen; er staunte über
die wilden Tiere, die sich vom Gras der Lichtungen ernährten;
er jagte hinter ihnen her und eilte an ihnen vorbei; er lebte von
den Wurzeln der Kräuter und vom Gras, von den Früchten
der Bäume und den Maulbeeren des Dickichts. Er wurde ein
Waldmensch, wie wenn er sich den Wäldern geweiht hätte.
Einen ganzen Sommer lang nach diesen Ereignissen blieb er
wie ein wildes Tier in den Wäldern verborgen, von nieman-
dem aufgefunden, seiner selbst und der Seinen nicht geden-
kend.

MERLIN UND DER WAHNSINN

Ich will das Lied vom Wahnsinn des prophetischen Barden
singen und ein fröhliches Gedicht über Merlin.
Fatidici vatis rabiem musamque iocasam Merlini cantare paro
(Vita Merlini, Anfangszeile).

Es sind zwei Einleitungselemente vorangestellt, bevor wir
zum Hauptthema von Merlins prophetischem Wahnsinn
kommen: das traditionelle Element in der Anfangszeile mit
einer persönlichen Widmung an Robert, Bischof von Lincoln, und eine der Klassik nachempfundene Anrufung der
Musen. Nach dieser unerläßlichen Widmung beginnt Geoffrey mit der Erzählung. Das Muster läßt wieder an die Quelle
einer mündlichen Überlieferung denken, aus der ein großer
Teil der Vita geschöpft zu sein scheint.

Die Überlagerung von Wissen aus den keltischen Traditionen und Geoffreys eigener großer Belesenheit und Imagination hat zu einer schwer zu durchschauenden wechselseitigen Beeinflussung geführt; bei bestimmten Abschnitten ist es jedoch eindeutig, daß sie auf einheimische Quellen zurückgehen. Wir müssen annehmen, daß Geoffrey sich nicht nur auf Chroniken und klassische Quellen verließ (über die wir teilweise nicht mehr verfügen), sondern auch die Lieder fahrender Barden hörte und aufschrieb, die, wie sowohl er als auch Gerald of Wales berichten, lustige Geschichten, Lieder und Prophezeiungen bewahrten und zum besten gaben. In diesem Sinne ist Geoffrey einer der ersten britischen »Volkskundler«, der Material sammelte, das von späteren Fachleuten bisher nicht in gebührendem Maße ausgelotet wurde.

Merlin wird hier als unabhängiger König und Prophet bezeichnet, womit wir eine völlig andere Tradition vor uns haben als diejenige, die in der Geschichte der Könige von Britannien wiedergegeben wird und die Merlin und Artus in einen Zusammenhang bringt. Auch dies zeugt wohl von einer einheimischen Tradition oder einer Kombination von Traditionen.

Wohlan, nachdem viele Jahre unter vielen Königen vergangen waren, war Merlin, der Britannier, hoch angesehen in der ganzen Welt. Er war König und Prophet.

Diese Zeilen erinnern sehr stark an ähnliche Sätze, wie man sie in Volkssagen auf der ganzen Welt findet. Sie sind eine Art Standarderöffnung, ähnlich wie auch die Märchen mit der altvertrauten Formel »Es war einmal …« beginnen. Hier wird der Ausgangspunkt geschaffen für den plötzlich und dramatisch auftretenden Wahnsinn sowie für bestimmte Motive oder Ereignisse, die später in dem Gedicht aus dem Spannungsverhältnis zwischen Merlins königlichem Status und seinen Wahnsinnsanfällen geboren werden.

Der Wahnsinn ist Reprise oder alternative Darstellung der gleichen prophetischen Glut, die in der Geschichte der Könige von Britannien in der Szene mit den zwei Drachen aufscheint, in welcher der junge Merlin, Kind eines Edelfräuleins und eines Dämons, seine Gaben unter Beweis stellt. Wenn es auch zunächst so aussieht, als schmiede Geoffrey hier zwei Traditionen zusammen – wie es von vielen Gelehrten angenommen wird –, haben wir es in Wirklichkeit mit dem doppelten Ausdruck eines einzigen Themas zu tun: Das Bewußtsein wird transformiert durch ein Wechselspiel von Kräften, durch Polarität, und gelegentlich durch die Erfahrung schwerer Konflikte. Die Drachen wie die Schlacht in der Vita repräsentieren wesentliche Grundlagen für die prophetische Glut beziehungsweise für den Wahnsinn. Infolge scheinbar unauflöslicher Konflikte geht Merlin des »normalen« Bewußtseins verlustig und taucht ein in das Reich geheimnisvoller Wahrnehmungen und Aktivitäten.

Das Thema der Polarität steht zentral in allen mystischen, magischen, psychologischen, metaphysischen und physikalischen Aussagen oder Systemen, die den Kosmos, das Bewußtsein, die Realität betreffen. Das direkte Einbezogensein in ein Wechselspiel zwischen zwei polaren Kräften – die zwei Drachen, die beiden Schlachtfronten, Gut und Böse, Sinnlichkeit und Zucht – läßt eine dritte ursprüngliche Seinsform oder eine dritte Kraft entstehen. In der Physik zeigt sich dies materiell am Ergebnis, das man bei der Kombination von Faktoren bei einem Experiment erhält; bei der Meditation oder in der Metaphysik zeigt es sich durch die Erlangung einer bis dahin nicht gekannten Qualität oder Stufe der Wahrnehmung.

Damit konstatieren die Merlin-Traditionen eine grundlegende Wahrheit, daß nämlich sein prophetischer Wahnsinn aus dem persönlichen Erlebnis des Wechselspiels entgegengesetzter Kräfte entspringt.

Es gibt allerdings ein progressives Element in der Vita, das in der Darstellung Merlins in der Historia und den Prophetiae nicht vorhanden ist. In der Vita entwickelt sich Merlin spirituell von einer Person, die durch die Unfähigkeit, das Geschehene zu begreifen, und Kummer in die Wildnis getrieben wird, zu einem Propheten, der eine geordnete Zurückgezogenheit einem königlichen Leben in Macht und Ehren vorzieht.

Das Fortschreiten kommt nicht nur durch die allgemeine Entwicklung in Geoffreys lose aneinandergefügtem Text zum Ausdruck, sondern auch durch eine Anzahl eingegliederter, jedoch recht individueller Gedichte oder Lieder. Sie stammen vermutlich aus bestehenden Erzählungen, Balladen und deklamierten Gedichten über Merlin – oder, anders ausgedrückt, über die allgemeine Steigerung der inneren Wahrnehmung, wie sie durch Merlin symbolisiert wird.

Dieser fortschreitende, geradezu erzieherische Entwicklungsfluß dürfte wohl kaum das Ergebnis von Geoffreys eigener kreativer Imagination sein. Er bewegt sich hier einfach in einer Tradition, in der Weisheit oder spirituelles Wachstum an der Lebensgeschichte eines einzelnen Menschen exemplarisch dargestellt wird. Schließlich handelt diese Tradition von Merlin und war zur Zeit Geoffreys in vielen Gedichten oder Liedern lebendig. Wir können überall in der Welt Parallelen zu dieser mündlichen, erzieherischen, spirituellen Matrix finden, und wir müssen uns ganz darüber im klaren sein, daß es sich im magischen oder psychologischen Sinne um ein sehr spezifisches Denkbild handelt.

Man kann die alten Erzählungen in verschiedene Gruppen gliedern, von den kosmischen oder Urmythen bis hin zu den semihistorischen Heldenzyklen, die mit der Urmythologie in Zusammenhang stehen, aber nicht notwendigerweise mit ihr identisch sind. Merlins innerer Entwicklungszyklus gehört wieder einer anderen Kategorie an, nämlich der der Initiation oder Erweiterung des Bewußtseins, exemplarisch dargestellt an einem Seher, Magier, Barden, Schamanen oder Medizinmann. Merlin (oder andere Personen in der ganzen Welt, die eine ähnliche Rolle spielen) ist das energiegeladenste, konzentrierteste und stilisierteste Beispiel eines Systems der inneren Transformation, das uns allen nicht nur zugänglich, sondern sogar der Natur unseres Bewußtseins immanent ist.

DIE SCHLACHTKLAGE

Merlin reagiert in zweierlei Weise auf den Konflikt: persönlich und als Mitmensch. In beiden Fällen zeigt er die typisch menschliche Reaktion auf Katastrophen und Kriege. Erstens fragt er: Warum gerade ich? Und zweitens beklagt er die gefallenen Helden, die in der Schlacht umkamen. In der Vita wird dies durch ein Gedicht in Form einer Klage, die typisch ist für die keltische Heldentradition, klar ausgesprochen.

Dies ist natürlich nicht der Merlin der großen Weisheit und Weitsicht; es ist ein ganz »normaler« Mensch, der von Kummer und Leid heimgesucht wird. Die Schlacht ist der offenkundigste Ausdruck eines Konflikts zwischen widerstreitenden Mächten. Wir sollten uns stets darüber im klaren sein, daß solche Konflikte in der äußeren Welt Ausdruck kleinerer, aber keineswegs geringerer Interaktionen in uns selbst sind sowie auch gewaltiger Interaktionen im Sternenuniversum, ein Thema, das von Merlin und Taliesin in ihrer Lehre über die Schöpfung[2] und von Merlin in den Prophetiae angesprochen wird, wenn er das Ende des Sonnensystems plastisch und unmißverständlich beschreibt.

Es genügt jedoch nicht, solche pauschalen Zusammenhänge herzustellen; damit wird die persönliche Reaktion auf die

Schrecken des Bösen oder der Konflikte in der Welt nicht erklärt. Der Prozeß der Veränderung und der Entwicklung zu einer höheren Bewußtseinsstufe ist ein Prozeß, der sich schrittweise vollzieht – wie Merlins manchmal sogar retrograde Bewegung hin zu einer reifen Erleuchtung zeigt.

In der Vita steht der Tod der drei Brüder Peredurs, des Fürsten der Nordwaliser, im Mittelpunkt von Merlins Gram. Zwar hat der Konflikt eine gewisse historische Basis, jedoch finden wir hier auch ein Fragment einer anderen Erzählung, die lose in Geoffreys Vita und die Historia eingeflochten ist, nämlich derjenigen der oder des erschlagenen Helden, der wieder auferstehen wird.

Die drei Brüder werden in einer Kapelle begraben, deren Bau Merlin in seinem Kummer angeordnet hat, und dieses winzige Motiv erinnert an die Gralssage, in der ein Ritter, König oder Held in einer magischen Kapelle ruht, um dereinst wiederzukehren. Im Volk gibt es ähnliche Sagen über die großen prähistorischen Grabhügel, in denen Könige oder Riesen aus längst vergangenen Zeiten schlafen sollen. Später in der Vita findet sich der klassische Hinweis auf Artus, der auf die geheimnisvolle Insel der Äpfel oder Insel der Seligen gebracht wird, wo er lange Zeit bleiben wird, um Pflege und Heilung zu finden.

Merlins Wahnsinn wird durch seinen anhaltenden Kummer katalysiert; er gerät aus einem klaren Zustand des Beweinens und Klagens (in dem er den Bau der Kapelle anordnet und die Schlachtklage vorträgt) in eine »neue Raserei« *(novas furias)*. In einer Reihe ähnlicher Erzählungen wird dieser Wahnsinn als Strafe für die Verfehlungen des Titelhelden rationalisiert; dies ist jedoch in der Vita nicht der Fall. Allerdings kann man häufig beobachten, daß nichtchristliche Weisheitserzählungen und Gesänge von späteren Chronisten und Kommentatoren, die den Kontakt zu den Wurzeln des Materials verloren haben oder dieses vielleicht sogar bewußt christianisieren wollten, gerne in eine Schuld-und-Sühne-Ethik umgedeutet wurden. Sowohl beim Merlin-Stoff als auch bei den verwandten Erzählungen *Lailoken* und *Suibhne* finden wir eine Mischung aus Rationalisierung und direkter Wiedergabe alter Überlieferungen;[3] für unsere Zwecke ist es jedoch wichtiger, den Wahnsinn selbst und das Fortschreiten des Titelhelden durch diesen Wahnsinn hin zu einer neuen Ordnung auf höherer Ebene in den Mittelpunkt zu stellen.

DER WILDE MANN IN DEN WÄLDERN

Schließlich flieht Merlin in die Wälder, wo er als Waldmensch oder der Wilde Mann lebt. Dieser Aspekt der Erzählung ist mehrschichtig und ein beliebtes Thema in der Mythologie und bei magischen Praktiken. Wir können drei verschiedene Ebenen unterscheiden, die fast unmerklich ineinander übergehen:

1. *Psychologisch oder persönlich.* Die Flucht zurück zur Natur und die Abkehr von den Menschen sind ein bekanntes und dauerhaftes Phänomen, das bei Personen auftreten kann, die im Krieg in unerträglichem Maße belastet wurden. Es gibt beispielsweise in den Vereinigten Staaten eine Reihe von Vietnam-Veteranen, die bis heute in der Wildnis leben, ähnlich wie Geoffrey es von Merlin berichtet. Der Schock und das Entsetzen darüber, daß sie in einen grauenvollen, unmenschlichen Krieg hineingerissen wurden, haben es ihnen unmöglich gemacht, innerhalb der menschlichen Gesellschaft jemals wieder ein ruhiges Dasein zu führen; sie kehren nicht im idealistischen oder pseudomystischen Überschwang in den Schoß der Natur zurück, sondern getrieben von einem unüberwindlichen Bedürfnis, allein in der Wildnis zu sein.

Hierbei handelt es sich nicht um ein bloßes Vergessenwollen, sondern um eine sehr starke Polarisierung der Seele nach der Seite des Urlebens, um das Gleichgewicht wiederherzustellen, das durch die Schrecken des Krieges zerstört wurde. Solche Menschen gab und gibt es in jedem Land nach jedem Krieg. Nach dem Ersten Weltkrieg lebte in Großbritannien eine Vielzahl von Kriegsteilnehmern, die in den Wäldern schliefen und sich von dem ernährten, was das Land ihnen gab oder was sie sich erbettelten. Sie waren keinesfalls Vagabunden im üblichen Sinne; es waren Menschen, die das Bombardement erlebt hatten und fortan nur mehr unter freiem Himmel und nahe den natürlichen Lebensquellen leben konnten; manche von ihnen hatten sogar Anspruch auf Offizierspensionen.

Man könnte noch weitere Beispiele anführen, doch geht es nun darum, die persönliche und direkte Ebene von Merlins Wahnsinn nicht in den tieferen Bedeutungssphären des Mythos oder der Magie verlorengehen zu lassen. Die meisten Menschen haben, wenn auch in geringem Maße, irgendwann einmal einen Schock oder etwas unerträglich Erschütterndes erlebt, wodurch das normale Denken und Fühlen aus dem Gleichgewicht geriet – in diesem Sinne ist Merlins Wahnsinn die letzte Stufe der durch ein Trauma verstörten Seele.

2. *Transpersonal oder magisch.* Ein Mensch kann auch durch neu hereindringende Bewußtseinsinhalte, durch eine gesteigerte geistige Wahrnehmung, die in das Alltagsleben hereinbricht, dazu veranlaßt werden, sich von der Zivilisation abzuwenden. Traditionellerweise wird der Seher, Magier oder Inspirierte in der Wildnis – in Höhlen, in den Bergen, zuweilen auch im Wald – Erleuchtung suchen und bestimmte dramatische Transformationen erleben. Merlin hält sich an allen drei Orten auf.

Der Magier sucht wie der Heilige die natürliche Umgebung, um keine menschlichen Kontakte zu haben und sich auf die inneren Kräfte der Erleuchtung konzentrieren zu können. Darüber hinaus gibt es eine lange Tradition des Kontakts mit Naturenergien oder nichtmenschlichen Wesen, den man in den elementarsten Umgebungen erlangt: an der Meeresküste, im Urwald, auf Berggipfeln. Die keltischen Seher, die sich den Geistern der Natur oder des Jenseits zu nähern versuchten, indem sie sich von der menschlichen Gesellschaft zurückzogen, sind die direkten Vorläufer der geheimnisvollen Eremiten, die bei der Suche nach dem Heiligen Gral spirituelle Wegleitung geben.

3. *Mythisch.* Bei der letzten und umfassendsten Auffassung des Themas sehen wir Merlin einem weitverbreiteten heidnischen Gottesbild angenähert. Bei dieser Feststellung ist allerdings Vorsicht angebracht, denn die drei beschriebenen Ebenen sind miteinander verwoben wie die verschiedenen Töne eines Akkords.

Bei seinen Handlungen als Wilder Mann in den Wäldern – sowie als Herr der Tiere,[4] wie wir bald sehen werden – repräsentiert Merlin einen schemenhaften, aber mächtigen keltischen Gott, der als Cernunnos bekannt ist. Cernunnos wurde meist mit einem Hirschgeweih auf dem Kopf dargestellt; er symbolisierte wohl auch Unsterblichkeit und Verjüngung, versinnbildlicht durch das sich jährlich erneuernde Geweih. Bedauerlicherweise ist diese Symbolik, aus alten Mythen und Intuitionen abgeleitet, durch ihre Verwendung in der modernen Wiederbelebung des Heidentums in ihrer ursprünglichen Bedeutung verfälscht und sogar trivialisiert worden. Daß Merlin auf einem Hirsch reitet, begleitet von einem Wolf, und als Wilder Mann lebt, bedeutet nicht zwangsläufig, daß wir es hier eindeutig mit »Zauberei« zu tun haben.

Ähnliche Motive finden wir im *Mabinogion,* in den Artus-
sagen und anderen keltischen Erzählungen, die alle auf
eine Kultur zurückgehen, in der dasjenige, was man heute,
auch im orthodox-religiösen Sinne, unter Zauberei versteht, gerade nicht entwickelt wurde. Solche Gestalten
sind nicht einfach das Erbe einer heidnischen »Naturreligion«, wie oft behauptet wird; sie sind Bestandteil einer
hochentwickelten Metaphysik und Philosophie, die bis zu
einem gewissen Grade allen alten europäischen Kulturen
gemeinsam war. Wir neigen heute dazu, diese Elemente
aus ihrem kulturellen und religiösen oder metaphysischen
Zusammenhang herauszulösen.

Ein weiterer Aspekt Merlins als der mythische Wilde Mann
ist natürlich die wirklich spirituelle Analogie, die hergestellt
wird. Er durchläuft tatsächlich alle drei Stufen: persönlich,
magisch, mythisch/spirituell. Geoffreys Auflösung der Erzählung, die an vielen Stellen auf keltische Barden zurückgeht, ist spirituell. Diese gleiche spirituelle Qualität tritt in
den Rationalisierungen der Erzählungen *Lailoken* und
Suibhne auf, wo ein Heiliger dem wahnsinnigen Seher oder
König kurz vor dem Ende dessen a priori zum Scheitern ver-
urteilten Lebens Absolution erteilt. In der Vita dagegen fehlt
erstaunlicherweise jegliche christliche Apologetik oder Rationalisierung, und wir erinnern uns, daß dies in Geoffreys
Prophetiae ebenso der Fall ist.
Entweder hat Geoffrey alle christlichen Entwicklungen bewußt beiseite gelassen und den heidnisch-klassischen Symbolismus als Element einer gewollten Antiquität erhalten, oder
er überliefert tatsächlich frühere mündliche Formen, in denen
die orthodoxen Rationalisierungen einfach noch nicht vorhanden sind.
Merlin vollzieht seinen spirituellen Entschluß oder Rückzug
gemeinsam mit seiner Schwester,[5] ein Thema, dem wir uns an

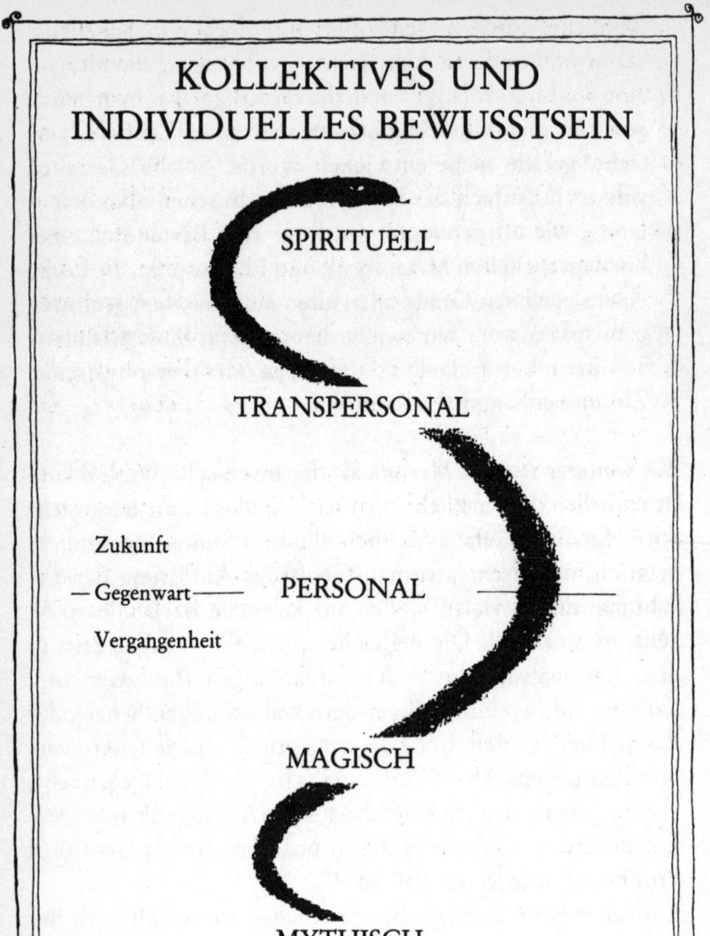

KOLLEKTIVES UND INDIVIDUELLES BEWUSSTSEIN

SPIRITUELL

TRANSPERSONAL

Zukunft

— Gegenwart—   PERSONAL

Vergangenheit

MAGISCH

MYTHISCH

Abbildung 1. Kollektives und individuelles Bewußtsein

entsprechender Stelle gegen Ende der Erzählung nochmals zuwenden werden. Dies zeigt zum einen die harmonische Einheit des männlichen und weiblichen Prinzips, zum anderen auch die Tatsache, daß Männer und Frauen gleichermaßen spirituell inspiriert sein können.

Man kann die drei Ebenen des Motivs vom Wilden Mann auch als drei Kulturstufen in der chronologischen oder pseudohistorischen Zeit sehen. Die psychologische oder persönliche Ebene entspricht der Gegenwart; die transpersonale oder magische Stufe entspricht den kollektiven Bardenkulturen des frühen Europa; das mythisch-spirituelle Bild entspricht der primitiven Urvergangenheit, in der die Lebenskraft nur als archetypische Form bekannt ist.

Wir können jedoch die gleiche Analogie auch in der polar entgegengesetzten Richtung im Hinblick auf die Zukunft aufzeigen (siehe Abbildung 1), wobei die persönliche Gegenwart in die transpersonale transformierende Zukunft führt, die wiederum in eine ferne, spirituelle Einheit verheißende Über-Zukunft übergeht.

KAPITEL 3

Die Winterklage

Der Wolf, der das Zeichen trägt, wird Anführer sein.

Prophetiae Merlini

Nachdem Merlin die warme Jahreszeit als Wilder Mann in der freien Natur zugebracht hat, bricht der Winter herein. Er beklagt das Fehlen von Früchten, Nüssen und Gras. In einem Gedicht, das traditionelle walisische Verse enthält, die von Ereignissen aus Merlins Leben berichten, spricht er insbesondere von Apfelbäumen.

Ein Wolf ist sein Begleiter, jedoch ist dieser dem Tode nahe. Ein Vorüberkommender hört zufällig Merlins Klage und gibt diese Neuigkeit an einen Boten weiter, den Ganieda, Merlins Schwester, ausgesandt hat, um den wahnsinnigen Seher zu suchen. Man findet Merlin am Gipfel eines Berges neben einer Quelle.

Die Winterklage

Als jedoch der Winter kam und alles Gras und die Früchte von den Bäumen wegnahm und er nicht mehr wußte, wovon er sich ernähren sollte, brach er mit erbärmlicher Stimme in folgende Klage aus:

»Christus, Herr des Himmels, was soll ich tun? Wo auf der Welt kann ich bleiben, da ich hier nichts mehr sehe, wovon ich mich ernähren könnte, weder Gras am Boden noch Eicheln an den Bäumen? Hier standen einst neunzehn Apfelbäume, die

jedes Jahr Äpfel trugen; nun stehen sie hier nicht mehr.[1] *Wer hat sie mir geraubt? Wohin sind sie so plötzlich verschwunden? Ich sehe sie – doch gleich sind sie meinen Blicken wieder entzogen! So wendet sich das Schicksal wider mich und mir wieder zu, denn es läßt mich sowohl sehen als auch nicht sehen. Nun fehlen mir die Äpfel und alles andere. Die Bäume stehen ohne Laub, ohne Früchte; beides peinigt mich, denn ich kann mich nunmehr weder mit dem Laub decken noch mich von den Früchten ernähren. Der Winter und der Südwind mit seinen Regenfällen haben mir alles genommen. Wenn ich glücklich einige Wurzeln tief in der Erde finde, eilen schon die hungrigen Schweine und die gefräßigen Eber herbei und entreißen sie mir, während ich sie aus dem Moorboden grabe. Du, o Wolf, mein lieber Gefährte, der du mit mir durch die geheimen Pfade der Wälder und Wiesen streiftest, kannst dich nun kaum mehr über die Felder bewegen; grimmiger Hunger hat dich und mich geschwächt. Du lebtest in diesen Wäldern vor mir, und das Alter hat deine Haare zuerst grau gefärbt. Du hast nichts zu essen und weißt nicht, wie du etwas finden kannst, worüber ich mich wundere, denn der Wald ist reich an so vielen Ziegen und anderen wilden Tieren, die du erjagen könntest. Vielleicht hat die verachtenswerte Bürde deiner Jahre dir deine Kraft geraubt und hindert dich, der Jagd nachzugehen. Nun, da dir das einzige genommen ist, erfüllst du die Luft mit Geheul, und ermattet auf dem Boden liegend, streckst du deine verbrauchten Glieder von dir.«*

Diese Worte stieß er im Unterholz und dichten Haselgezweig aus, als sie an das Ohr eines Vorübergehenden drangen, der seine Schritte dorthin lenkte, von wo er die Worte vernahm, und er fand den Ort und fand den, der so redete. Sobald Merlin ihn erblickte, eilte er davon, und der Reisende verfolgte ihn, doch gelang es ihm nicht, den Fliehenden einzuholen. Jener setzte daraufhin seine Reise fort und besorgte seine Angelegenheiten, vom Los des Entflohenen bewegt. Auf diesen

Reisenden traf nun ein Mann vom Hofe Rhydderchs, des Königs der Cumbrer, der mit Ganieda getraut und mit seinem schönen Weibe glücklich war. Sie war die Schwester Merlins und hatte, bekümmert über das Los ihres Bruders, ihre Bediensteten in die Wälder und in ferne Gefilde geschickt, um ihn zurückzubringen. Einer dieser Bediensteten traf nun den Reisenden, und dieser ging sofort auf ihn zu, und sie knüpften ein Gespräch an. Derjenige, der ausgesandt war, Merlin zu suchen, fragte, ob der andere ihn in den Wäldern oder den Sümpfen gesehen hätte. Dieser bejahte, daß er einen solchen Mann in den buschreichen Sümpfen des Caledonischen Waldes erspäht habe, daß jener jedoch, als er mit ihm sprechen und sich zu ihm setzen wollte, eilends zwischen den Eichen entfloh. Diese Dinge berichtete er, und der Bote schied von ihm und machte sich auf in den Wald. Er durchsuchte die tiefsten Täler und überschritt hohe Berge; überall suchte er Merlin, und er ging durch düstere Orte. Am Gipfel eines Berges war nun ein Quell, der ringsum von Haselbüschen und dichtem Gehölz umgeben war. Dort hatte sich Merlin niedergelassen, und von dort aus beobachtete er in den Wäldern umher die wilden Tiere, wie sie liefen und spielten. Dorthinauf kletterte der Bote, und mit leisem Schritt stieg er auf die Höhe, um nach jenem zu suchen. Schließlich erblickte er den Quell und Merlin, der dahinter im Grase saß und seine Klage ausstieß.

DIE WINTERKLAGE

Die Winterklage ist nach innen gerichtet. Sie repräsentiert die typischen Fragen, die derjenige stellt, der nach innen blickt, der den Pfad zu einem transformierten Bewußtsein oder zur spirituellen Erleuchtung gehen möchte oder diesen bereits beschritten hat.

Merlin hat einen Sommer des Wahnsinns in den Wäldern verbracht, »*seiner selbst und der Seinen nicht gedenkend*«. Dieser erste Anfall von Raserei ist eine Art Fluch, ein kurzes Zaudern vor den quälenden Fragen, die in einem jeden auftauchen müssen, der die Problematik des menschlichen Lebens zu erfassen oder zu begreifen sucht. Mit dem Anbruch des Winters stellt Merlin die Frage erneut, zwar in anderer Form, jedoch grundsätzlich mit derjenigen in der Schlachtklage zusammenhängend. Er klagt darüber, daß die Jahreszeit zu ihrem normalen Zeitpunkt anbricht, und er fragt: Warum gibt es einen Winter? Sein suchendes Bewußtsein ist immer noch kindlich, ja kindisch. Er repräsentiert den Menschen ganz am Anfang seiner Suche, der nicht zu einer Anschauung gelangen kann, die Einsicht in die Probleme der negativen Polaritäten oder eine natürliche Widerstandskraft geben kann.

So wie seine erste Raserei und Unbändigkeit am Ende der Vita durch seinen spirituellen Rückzug – in Begleitung seiner Schwester, die seinen Platz als Prophetin einnimmt – ausgeglichen wird, so werden die Fragen dieser Klage später durch einen gelehrten Diskurs über die Welt, die Elemente, die Jahreszeiten und die seltsamen Ordnungen des Lebens von den Sternenwesen bis hin zu den Bewohnern der Unterwelt beantwortet. Bevor jedoch Merlin diese komplexen Weisheitslehren empfangen hat, muß er einige Prüfungen bestehen. Der Winter ist die erste von ihnen.

In den überdauernden esoterischen Traditionen wird die spirituelle Erkenntnis durch den Kreis oder das Rad des Lebens symbolisiert, das den vier Jahreszeiten entspricht. Die Jahreszeiten stehen in einer harmonischen Beziehung zu den vier Elementen und den vier Phasen eines menschlichen Lebenszyklus (siehe Abbildung 2). Der Winter ist die Jahreszeit der geistigen Schau, und die Erde ist das spirituellste Element für Entwicklung und Initiation. Der Schüler solcher Traditionen, ob sie nun religiös, mystisch oder magisch sind, wird meist vom Licht des Sommers angezogen, während der erfahrene

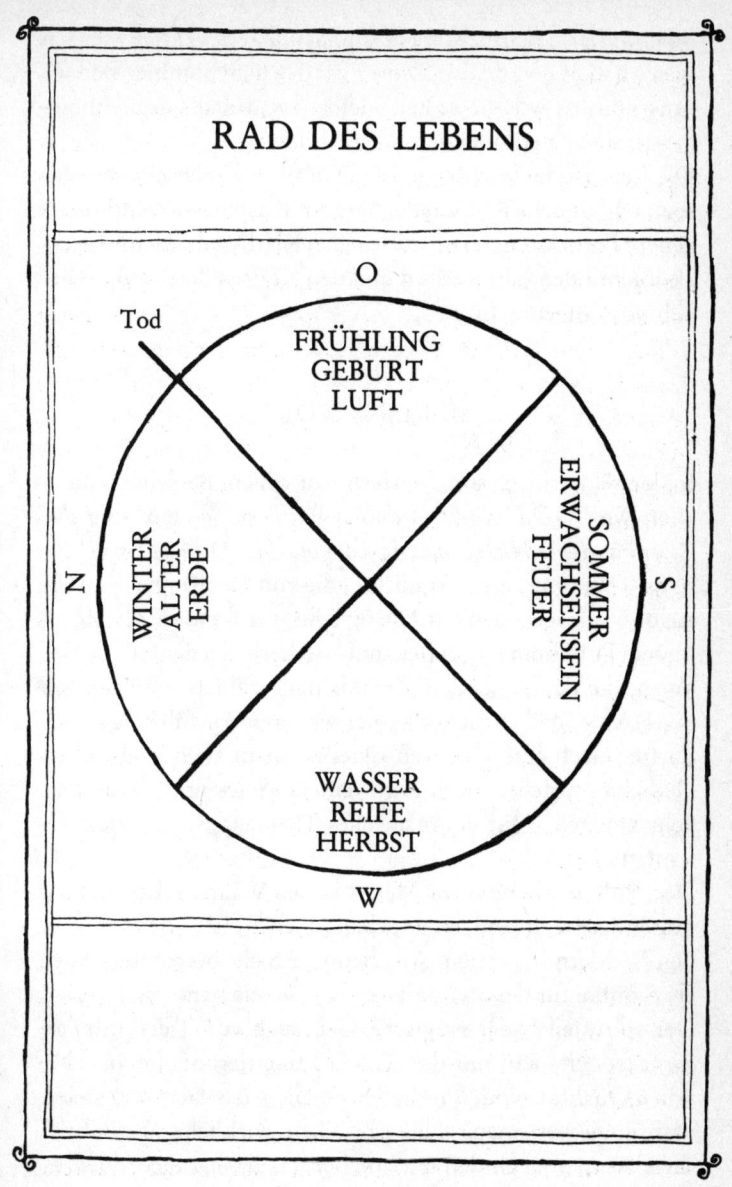

RAD DES LEBENS

O

Tod

FRÜHLING
GEBURT
LUFT

SOMMER
ERWACHSENSEIN
FEUER

N

WINTER
ALTER
ERDE

S

WASSER
REIFE
HERBST

W

Abbildung 2. Das Rad des Lebens

67

oder initiierte Barde, Seher, Prophet oder erleuchtete Mensch weiß, daß es gerade der Winter ist, der dem Sommer Bedeutung gibt, so wie die kalten Tiefen des Weltalls den Hintergrund für die strahlenden Sterne bilden.

Die Erde ist das wichtigste Element für das menschliche Dasein, und dies wird uns in der Vita am Beispiel von Merlins eigenem Fortschreiten zur spirituellen Klarheit durch die Interaktion mit den Jahreszeiten und den Kräften der Natur deutlich vor Augen geführt.

MERLINS WOLF

In der Winterklage spricht Merlin zu seinem Begleiter, einem alten Wolf: »*Du lebtest in diesen Wäldern vor mir, und das Alter hat deine Haare zuerst grau gefärbt.*« Dies ist ein geheiligtes Thema aus einer Tradition, die von Geoffrey kommentarlos wiedergegeben wird. Möglicherweise war dieses Motiv seinem Publikum so gut bekannt – sicherlich jedenfalls denjenigen, die den reisenden Geschichtenerzählern und Barden zuhörten –, daß es hierzu keiner weiteren Ausführungen bedurfte. Nach einer anderen Quelle, einem alten walisischen Gedicht, spricht Merlin zu einem Schwein; Wolf und Schwein stehen für ein magisches Thema, dasjenige des Totemtiers.[2]

Der Wolf war bereits *vor* Merlin in den Wäldern; deshalb repräsentiert er diejenigen ungebändigten Kräfte, die Merlin in den Wäldern begegnen. Aus heutiger Sicht betrachtet, ist er ein Symbol für das »wilde Tier« in *jeder* elementaren Psyche. Der spirituelle oder magische Gebrauch von Tiersymbolen dient jedoch nicht nur der bloßen Etikettierung von psychischen Qualitäten oder Verhaltensformen, das Tier ist in vielen ursprünglichen magischen Praktiken wirkliche Wesenheit. Tiere werden auch den christlichen Heiligen zugeordnet, es handelt sich keineswegs um einen rein heidnischen Symbolismus.

Bei der Entwicklung unserer Analyse der Vita finden wir eine Reihe von Parallelen zu Symbolen der traditionellen Tarot-Karten, einer Serie von Bildern unbekannten Ursprungs. Die ältesten bekannten Spiele stammen aus einer Zeit mindestens zweihundert Jahre nach Geoffrey of Monmouth, und doch tauchen in der Vita mehrfach Bilder auf, die auch auf Tarot-Karten erscheinen. Merlin und der ihn begleitende Wolf ähneln dem Narren mit seinem Hund. Beide Male wird die Menschheit auf der Suche symbolisch begleitet von einem hundeartigen Tier.

Die Standarddeutung dieser Symbolik besagt, daß der Wolf die ungebändigten Kräfte der Natur oder der Psyche repräsentiert, die im Dienste höherer Ziele unter Kontrolle gebracht werden, so wie der Hund einst wild lebte und sich zu einem zahmen und treuen Begleiter des Menschen entwickelt hat. Diese Deutung erscheint allerdings nicht ganz befriedigend, denn in dem Totemtier und dem magischen Tier ist weit mehr zu sehen als nur ein Bildnis für Evolution beziehungsweise Entwicklung.

Der Hund ist ein uraltes Symbol des Wächters der Unterwelt, steht zwischen Diesseits und Jenseits, und in der keltischen Religion und Mythologie spielen Rudel von Jagdhunden eine wichtige Rolle. Eine andere Gestalt der Vita wird auf der Hetzjagd mit seinen Hunden in einen ritualisierten Tod geführt (siehe Kapitel 5, Der Dreifache Tod). Der Zusammenhang zwischen Wolf, Hund und Hirsch verhüllt eine mit der Jagd in Verbindung stehende Initiationssequenz, die zweifellos ein Kernstück der Merlin-Sage war, aber bei Geoffreys Zusammenfassung des Materials – wahrscheinlich bewußt – in ihrer Bedeutung verringert wurde.[3]

Die Winterklage endet damit, daß Merlin seinem sterbenden Wolf zuspricht. An dieser Stelle hört ein Vorbeikommender zufällig die wilden Klagen und teilt dies dem Boten mit, den Königin Ganieda ausgesandt hat. Der Bote findet Merlin auf dem Gipfel eines Berges, an einer Quelle sitzend, die von Haselbüschen und dichtem Dorngestrüpp umgeben ist. Dies ist das dritte *Merlin-Bild*, das, wiewohl eigentlich nur eine Marginalie im Erzählfluß, bestimmte Schlüsselaspekte der keltischen magischen oder spirituellen Traditionen zum Ausdruck bringt. Bevor wir jedoch dieses Bild näher untersuchen, sollen kurz noch einmal diejenigen angeführt werden, die bisher erschienen:

1. Merlin, herrschend als König und Anführer von Kriegsscharen, bald vom Kummer befallen;
2. Merlin als Wilder Mann in den Wäldern, von einem Wolf begleitet;
3. Merlin, am Gipfel eines Berges an einer Quelle sitzend.

Es handelt sich hier um Topoi, »Gemeinplätze«, immer wiederkehrende Bilder, die man in vielen mittelalterlichen Gemälden und späteren alchimistischen oder mystischen Illustrationen finden kann:[4]

1. die Stadt und das Schlachtfeld;
2. die Wälder;
3. der heilige Berg, an dessen Gipfel eine Quelle entspringt (siehe Abbildung 3).

Mit fortschreitendem Wahnsinn dringt Merlin tiefer zu denjenigen Aspekten der Natur vor, die direkt seinen inneren Zustand repräsentieren. Die Quelle inmitten von Haselbüschen ist eines der keltischen Urbilder vom Ursprung allen Seins. Sie entspringt aus den geheimnisvollen Tiefen und steht für die körperliche wie auch geistige Reinigung und Stärkung. Die Haselnüsse, die in den Quell fallen, nähren ihn sozusa-

MERLINS LANDSCHAFT

Abbildung 3. Merlins Landschaft

gen; und das dichte (Dornen-)Gebüsch, ein anderes Ursymbol spiritueller oder magischer Potenz, schützt den Ursprung der Kraft und der lebensspendenden Energien vor dem Zutritt der Toren.[5]

Es ist bedeutsam, daß Merlin an der Quelle zum erstenmal geheilt und verlockt wird, zu den Siedlungen der Menschen zurückzukehren. Seine letzte Heilung erfolgt ebenfalls an einer magischen Quelle, jedoch erst nach einem Zyklus von Prüfungen und Einsichten und nachdem er sehr viel über die Natur der Welten, der irdischen Welt und über magische Quellen im allgemeinen gelernt hat.

KAPITEL 4

Die Frage der vier Jahreszeiten.
Klage um Guendoloena

Ihre Augen strahlten hell wie die Sterne der Nacht, Diamanten können so nicht glänzen.

Englisches Volkslied

Der Bote hört, wie Merlin eine der magischen Schlüsselfragen stellt und Einsicht in den Zyklus der Jahreszeiten begehrt. Merlin sehnt sich nach dem neuen Leben des Frühlings; der Bote singt und spielt für ihn und zeigt ihm, daß Guendoloena – Merlins Frau, die er verlassen hat – in der Tat die Essenz des Frühlings ist. Die Musik wirkt heilend, und Merlin kommt wieder zu Sinnen.

Die Frage der vier Jahreszeiten

Schließlich erblickte er den Quell und Merlin, der dahinter im Grase saß und seine Klage ausstieß: »O du, der du über alle Dinge herrschst, wie kommt es, daß die Jahreszeiten nicht alle gleich sind, nur durch ihre vier Zahlen voneinander geschieden? Nun bringt der Frühling nach seinen Gesetzen Blumen und Blätter; der Sommer gibt Früchte, der Herbst reife Äpfel; der eisige Winter folgt und verzehrt und verdirbt all das mit Regen und Schnee, und er hält die anderen Jahreszeiten fern und schreckt sie mit seinen Stürmen. Er läßt den Boden keine farbenprächtigen Blumen hervorbringen oder die Eiche Eicheln oder die Apfelbäume dunkelrote Äpfel. O daß es keinen

Winter oder Rauhreif gäbe! Daß Frühling oder Sommer wäre und daß der Kuckuck mit seinem Gesang zurückkehrte und die Nachtigall, die betrübten Herzen mit ihrem hingebungs-vollen Gesang Linderung bringt, und die Turteltaube, die ihre keuschen Gelübde hält, und daß im neuen Laub noch an-dere Vögel in lieblichen Rhythmen sängen und mich mit ihrer Musik entzückten, während eine neue Erde den Geruch neuer Blumen unter dem grünen Gras verströmte; daß die Quellen überall mit sanftem Murmeln flössen und in meiner Nähe un-ter den Blättern die Taube ihr beruhigendes Klagelied an-stimmte und den Schlummer herbeisänge.

Klage um Guendoloena

Der Bote lauschte dem Propheten und unterbrach sein Klagen mit Kadenzen auf der Zither, die er mitgenommen hatte, um den Wahnsinnigen auf sich aufmerksam zu machen und milde zu stimmen. Deshalb entlockte er seiner Zither klagende Töne und schlug gemessen die Saiten; er verbarg sich hinter ihm und sang mit verhaltener Stimme: »O die düsteren Klagen der trauernden Guendoloena! O die kummervollen Tränen der weinenden Guendoloena! Ich klage um die unglückliche ster-bende Guendoloena! Keine schönere Frau gab es unter den Walisern als sie. Ihre Schönheit übertraf diejenige der Göttin-nen und der Blütenblätter des Ligusters und der blühenden Rosen und der duftenden Lilien des Feldes. Die Glorie des Frühlings schien in ihr allein, und sie hatte den Glanz der Sterne in ihren Augen. Und wunderbares Haar, das wie Gold schimmerte. All dies ist vergangen; alle Schönheit hat sie ver-lassen, die Farbe und die Gestalt und auch die Herrlichkeit ih-res schneeweißen Leibes. Nun, da sie sich in unaufhörlichem Weinen verzehrt hat, ist sie nicht mehr, was sie war, denn sie weiß nicht, wohin der Fürst gegangen ist, ob er am Leben oder schon gestorben ist. So siecht die Unglückliche dahin und ist von ihrem langen Kummer völlig verzehrt. Ganieda stimmt in ihr Weinen ein und trauert ohne Trost um ihren verlorenen Bruder. Die eine weint um ihren Bruder, die andre um ihren Gatten, und beide sind ganz in ihr Weinen versunken und bringen ihre Zeit in Betrübnis zu. Keine Speise nährt sie, kein Schlaf erquickt sie, denn sie durchstreifen nachts das Gestrüpp, so groß ist der Kummer, der sie beide verzehrt. Nicht anders trauerte einst die sidonische Dido, als die Schiffe den Anker gelichtet hatten und Aeneas eilig aufbrach; so seufzte und weinte die allerunglücklichste Phyllis, als Demophon nicht zur versprochenen Zeit zurückkam; so weinte Briseïs um den fernen Achilles. So trauern Schwester und Weib zusammen und werden unaufhörlich und vollständig vom Feuer ihrer inneren Qualen verzehrt.«

So sang der Bote zu seinem klagenden Instrument, und seine Musik klang lindernd in den Ohren des Propheten, auf daß er sich besänftige und mit dem Sänger wieder fröhlich sei. Da erhob sich der Prophet und wandte sich an den Jüngling mit freundlichen Worten, und er bat ihn, noch einmal mit seinen Fingern über die Saiten zu streichen und sein Lied zu wiederholen. Dieser griff daher noch einmal in die Saiten und spielte das ganze erbetene Lied von vorne, und durch sein Spiel überwand er jenen, daß er Stück für Stück seinen Wahnsinn ablegte, gefesselt vom süßen Klang des Saitenspiels.

DIE FRAGE DER VIER JAHRESZEITEN

Wir kehren nun zurück zu Merlins Fragen, die das Leben betreffen, ein weiteres Teilgedicht im Gesamtzusammenhang von Geoffreys Versen. Zunächst handelt es sich hier wohl um den Abschluß der Winterklage, doch wird eine wichtige Frage gestellt, die zu gegebener Zeit der Barde Taliesin beantworten wird:[1] Wie kommt es, daß die Jahreszeiten nicht alle gleich sind?

Merlin zeigt gewisse Fortschritte auf seinem Weg um das Rad. Zu Beginn seiner Klage hadert er mit dem Winter, und sein Gefährte, der Wolf, stirbt Hungers; am Ende dieser Erfahrung hat er den mystischen Berg zur magischen Quelle erstiegen, kann allerdings noch nicht durch deren Wasser geheilt werden. Er stellt jedoch die richtige Frage, die lautet: Was ist die Natur des Rades?

Interessanterweise wird diese Frage durch seine Erlebnisse unmittelbar nach dieser Frage beantwortet, denn seine geistige Gesundheit wird vorübergehend wiederhergestellt, und er kehrt in die Zivilisation zurück. Die Natur des Rades ist, daß es sich dreht und wir dorthin zurückkehren, wo wir begannen.

Der Bote, den Merlins Schwester gesandt hat, praktiziert nun eine der altbewährten »Therapien«: die Musik. Er schlägt die *crwth* oder Zither, und durch diese klagenden Töne gelingt es ihm, die Aufmerksamkeit des Wahnsinnigen zu gewinnen.

Die Szene ist vielleicht ein Teil der sich entwickelnden Bilderfolge, denn wenn wir einmal von dem literarischen Kontext der Handlung absehen, der die traditionellen Gedichte zusammenhält, haben wir hier das Bild eines Wahnsinnigen oder Sehers vor uns, der von inneren Kräften oder überwältigendem Kummer zur Raserei getrieben und durch die Macht der Musik wieder beruhigt wird. Dies ist ein zeitloser Gedanke, der in vielen Kulturen zu finden war, und in den keltischen Traditionen wurde der Musik magische Kraft zugeschrieben.

DIE MACHT DER MUSIK

Musik galt in alten Zeiten als sinnlich wahrnehmbarer Ausdruck der Eigenschaften von Zahl und Ordnung, wobei die sieben Noten der Tonleiter den sieben Planeten entsprachen. Die Anwendung von Musik, um Merlin zu beruhigen und ihn dadurch auf die sich anschließende Klage um Guendoloena aufmerksam zu machen, zeigt uns daher ganz deutlich, daß hier die Ordnung des Kosmos benutzt wird, um die Unordnung der verwirrten elementaren Psyche zu korrigieren.

Während wir uns dies alles mit einiger Umständlichkeit erklären lassen müssen, wäre es für den einigermaßen gebildeten oder traditionell orientierten Zuhörer des Mittelalters selbstverständlicher Bestandteil seines Allgemeinwissens gewesen; dieses Allgemeinwissen war entweder von der Kirche und ihrem Erbe an klassischen Quellen einschließlich des Einflusses arabischen Wissens zu dieser Zeit vermittelt oder durch die traditionelle Macht, die den Barden durch lange Assoziation mit keltischen Praktiken zugeschrieben wurde, deren Ursprünge bis in die vorchristliche Zeit zurückreichten.

Auch hier finden wir eine auffällige Substruktur im Text und im Frage-und-Antwort-Muster, das bei den Techniken der mündlichen Weisheitsübermittlung eine so wichtige Rolle spielte. Merlin hat nach der Natur der Jahreszeiten gefragt, und während diese Frage später durch eine ausführliche Erläuterung des von einer Göttin inspirierten Barden Taliesin[2] beantwortet wird und ihren offensichtlichen Niederschlag in Merlins erster Rückkehr zur Zivilisation findet, wird ihm genau die gleiche Antwort unverzüglich auch in Form der Musik zuteil. Da Musik aus den vier Elementen und den sieben Sphären zusammengesetzt war, erhält Merlin die Antwort auf seine Frage – Was ist die Natur des Rades? – in sinnlich wahrnehmbarer Weise, auch wenn ihm das zu diesem Zeitpunkt nicht »bewußt« ist.[3]

Die Macht der Musik wird von dem Boten eingesetzt, um Merlin von seinem Wahnsinn zu befreien. In diesem Bild liegt eine ferne Erinnerung an die klassische wie auch die einheimische Mythologie, denn Botengötter haben mit der Erfindung von Musikinstrumenten (der Leier) zu tun wie auch der Täuschung oder Erheiterung erzürnter mächtiger Götter (Hermes und Apollon).[4]

Nachdem der Bote die Aufmerksamkeit des Propheten erlangt hat, beginnt er sogleich, von dessen klagender Frau Guendoloena zu sprechen. Es ist hier der Hinweis angebracht, daß Merlin in diesem frühen Teil der Erzählung noch keine Prophezeiungen kundgetan hat; er zeigt die Gabe der übersinnlichen Wahrnehmung noch nicht, bis er durch die Klage um den Kummer seiner Gattin und seiner Schwester wieder auf Rhydderchs Hof gelockt wird.

Die Qualität dieses Gedichts ist sehr interessant, da es liedhafter oder stilisierter zu sein scheint als andere Teile der Vita, mit Ausnahme vielleicht der Klage um Rhydderch, die in einem späteren Abschnitt folgt und von ähnlichem Symbolgehalt ist. Möglicherweise hat Geoffrey hier ein sehr bekanntes Gedicht aufgenommen und sich die Mühe gemacht, es in ein Latein zu fassen, das dem walisischen oder bretonischen Original adäquat ist; da sich die poetische Form beider Kulturen, der keltischen und römischen, in vielerlei Hinsicht unterscheidet, müssen wir uns mit den Bildern befassen, um möglicherweise ein verbindendes Thema finden zu können.

Es bestehen auffallende Ähnlichkeiten zwischen der Beschreibung von Merlins Gattin Guendoloena und traditionellen Versen, die eine einheimische weibliche Gottheit beschreiben: Dieses Thema findet sich auch im *Mabinogion* mit der magischen Erschaffung von Blodeuedd, der Blumenjungfrau. In schottisch-gälischen Überlieferungen gibt es Gedichte mit ähnlichem Symbolgehalt, und es ist wahrscheinlich, daß Geoffrey eine bestehende Form – die in keltischen Gebieten bis in das 18. Jahrhundert hinein Bestand hatte – oder ein Korpus beschreibender Symbole benutzt hat, die sich ursprünglich auf eine Blumenjungfrau oder eine Göttin des Frühlings und der Fruchtbarkeit bezogen.[5]

Wenn wir die Bilder in dieser Weise betrachten, können wir sofort die Beziehung zwischen Merlin – dem Wilden Mann im *Winter*, der sein Totem- oder ihn begleitendes Tier verliert, alleine lebt und die *kalte Jahreszeit* beklagt – und Guendoloena, dem *Frühling*, herstellen, die sich mit ihm wieder verbinden möchte.

Ihre Schönheit übertraf diejenige der Göttinnen und der Blütenblätter des Ligusters und der blühenden Rosen und der duftenden Lilien des Feldes. Die Glorie des Frühlings schien in ihr allein, und sie hatte den Glanz der Sterne in ihren Augen. Und wunderbares Haar, das wie Gold schimmerte.

Die traditionelle Symbolisierung der göttlichen weiblichen Macht durch Jungfrauen war zu Geoffreys Zeit keineswegs unterdrückt; sie sollte bald sogar eine Vielzahl von Büchern hervorbringen, die sich mit dem Gral befaßten und insbesondere mit dem Thema der höfischen Liebe. Auch Merlin gebraucht – in den *Prophetiae* – einige mächtige Allegorien, in denen eine Jungfrau sich verwandelt und die Göttin des Landes repräsentiert. Solche Bilder in Versform, Prosa oder als Lied waren vermutlich in Geoffreys Kreis der normannisch-keltischen Gesellschaft weit verbreitet.

Wenn, genauer gesagt, Geoffrey sich tatsächlich auf das Repertoire fahrender Barden stützt, die in Irland, Britannien und Schottland als Harfenspieler und Rezitatoren von Haus zu Haus zogen, um Edelleute wie auch das Volk zu unterhalten, und zwar bis mindestens in das 18. Jahrhundert hinein, dann nimmt er ein symbolisches Thema wieder auf, das in fragmentarischer Form mündlich überliefert wurde.

Dies bringt uns zu einem anderen Kunstgriff in der Gesamtstruktur der *Vita Merlini:* Sie verschmilzt Elemente, die in ihrer überlieferten Form vermutlich auseinandergerissen waren: die Reste eines ausgeklügelten Systems von Symbolen, das zwar mündlich gut erhalten, aber doch stark vom Untergang bedroht war. Wir müssen Geoffrey für diese Zusammenführung dankbar sein. Die Kombination von überliefertem Wissen und der imaginativen Neustrukturierung durch die Hand eines vielgelesenen und wortgewaltigen Dichters, nämlich Geoffrey, verschaffte den alten magischen Themen der Kelten plötzlich eine ungeahnte literarische Aktualität, die sie vorher in diesem Maße entbehrten. Die Wirkung auf die daraus hervorgehende Literatur und Kultur in der ganzen Welt soll hier nicht des breiteren dargelegt werden; es sei lediglich festgestellt, daß die Richtung und der Ton eines großen Teils der englischen Literatur durch die Geschichte der Könige von Britannien und das Leben Merlins vorgegeben wurden.

Guendoloena ist also in gewissem Umfang die Versinnbildlichung einer weiblichen Gottheit, auch wenn dies nur aus der Struktur der Vita herauszulesen ist. Sie ist Merlins vernachlässigte Gattin; sie ist die Macht des Frühlings und der kommenden Wiedergeburt und zugleich das weibliche Prinzip, das er in seinem Wahn verlassen hatte, um allein als Wilder leben zu können.

Wir werden sehen, daß diese beiden Themen sehr viel miteinander zu tun haben und sich im Verlauf der Vita weiterentwickeln; Merlin erlaubt seiner Gattin, sich wiederzuverheiraten, tötet jedoch ihren neuen Gatten. Er gewinnt sein weibliches Gleichgewicht nicht aus der geschlechtlichen Verbindung, der er im Verlauf der Entwicklung entwächst, sondern aus der polarisierten Gesellschaft seiner Schwester, die im

Klagegedicht des Boten ebenfalls Erwähnung findet. Auf den ersten Blick scheint diese »Verlagerung« der sexuellen Neigung einem christlichen Tugendideal zu entsprechen, jedoch verbergen sich dahinter eine tiefere, weitreichende spirituelle und psychologische Einsicht und Erfahrung.

Mit der Einführung Ganiedas werden beide Elemente von Merlins Beziehung zum Weiblichen genannt, und beide trauern:

Die eine weint um ihren Bruder, die andre um ihren Gatten, und beide sind ganz in ihr Weinen versunken und bringen ihre Zeit in Betrübnis zu. Keine Speise nährt sie, kein Schlaf erquickt sie, denn sie durchstreifen nachts das Gestrüpp, so groß ist der Kummer, der sie beide verzehrt.

Mythen, in denen es um die Trauer um eine(n) verlorene(n) Geliebte(n) geht, sind ein Grundelement des alten Naturverständnisses, jedoch sollten solche Themen nicht nur als Symbol für den Zyklus der Jahreszeiten oder das Wachsen und Vergehen von Früchten aufgefaßt werden. Die harmonische Verbindung zur menschlichen Seele, zu menschlichen Beziehungen und letztlich zu den spirituellen oder tief inneren Polaritäten der Natur des Seins wird durch die einfache sexuelle Symbolik zum Ausdruck gebracht.

Die Bilder der Klage beschreiben eine rohe Kraft, die sich in den Wäldern vergeudet (Merlin), und eine Geliebte, die im Frühling wartet (Merlins Gattin). Hinzu kommt, wenn das Hauptthema der Klage um die verlorene Liebe abgeschlossen ist, die nichtsinnliche weibliche Liebe (Merlins Schwester), die nachts als gleichberechtigte Partnerin neben der sinnlichen Liebhaberin auf dornigen Pfaden wandelt.

Dieses Bild kann in zweifacher Hinsicht wertvoll sein. Erstens wurden die Gattin und die Schwester in alten Kulturen durch zwei Aspekte einer weiblichen Macht repräsentiert, meist eine dreifache Göttin. Diese Göttin war traditionell eine Jungfrau, eine Liebende und eine alte Frau, wodurch drei Phasen der weiblichen Kraft allegorisiert wurden. Jede von ihnen wiederum übte bestimmte magische Kräfte aus, die in direkter Beziehung zur Entwicklung der menschlichen Kultur und zum individuellen menschlichen Bewußtsein standen. Die Polarität in der Merlin-Sequenz ist wahrscheinlich ein Überbleibsel oder eine Wiederbelebung dieser Bilder.

Die Jungfrau stand für Reinheit, unveränderliche Weisheit, kulturelle Entwicklung als Schutzpatronin bestimmter auserwählter Helden, deren Bestimmung es war, zum Nutzen der Menschen mythische und magische Abenteuer exemplarisch zu bestehen.

Die Liebende repräsentierte die polarisierten sexuellen Kräfte, Sinnlichkeit, Fruchtbarkeit des Landes, der Tiere und der Menschen.

Die Alte bedeutete Tod, Zusammenbruch, Kampf und die geheimnisvollen Kräfte der Unterwelt, die Grundlage allen Lebens und aller Erscheinungen.

Zu jedem dieser drei Aspekte des weiblichen göttlichen Prinzips gab es wiederum Parallelen in der Sternenwelt und in mythischen Sequenzen, durch die sie mit dem Lauf bestimmter Sterne, Planeten oder Konstellationen verbunden waren, die zu gewissen Zeiten des Jahres am Nachthimmel zu sehen waren.

Diese Elemente sind sämtlich in der Vita enthalten: die Liebende, die Schwester und eine geheimnisvolle Frau, die Wahnsinn und Tod bringt und immer wieder ein anderes Aussehen annimmt. Wir sollten allerdings nicht erwarten oder verlangen, daß die Triplizität der alten weiblichen Kraft in ihrer reinen Form oder archetypisch auftritt, denn dies ist in der frühen Literatur oder in Erzählungen und Balladen, die um dieses Thema kreisen, kaum jemals der Fall.

Die Verbindung zwischen Merlin, Sternenwissen und einer

weiblichen Kraft wird in den Prophetiae deutlich ausgesprochen, und in der später erschienenen Vita sind zwei Reprisen zu finden. Die augenscheinlichste ist die literarische Wiederholung (mit Abwandlungen) tatsächlicher Prophezeiungen, die von Geoffrey offensichtlich zur Bekräftigung eingefügt sind, wobei er sich auf die gefestigte Popularität seiner früheren Darstellung in der Geschichte stützt. Die zweite Wiederholung ist allerdings aus esoterischer oder psychologischer Sicht interessanter, denn sie bestätigt die Zusammenhänge zwischen Merlins spiritueller oder innerer Entwicklung und seiner Beziehung zu bestimmten Aspekten weiblicher Energie und weiblichen Bewußtseins; diese wiederum sind mit der Sternenbeobachtung und einer Art astrologischem Symbolismus verknüpft.

Die Tatsache, daß Merlins Schwester gleichzeitig die Gemahlin von König Rhydderch ist und bei ihrer ehebrecherischen Beziehung zu einem anderen Mann nicht wenig Findigkeit beweist, steht keinesfalls im Widerspruch zu dem Thema der Göttin, denn die Bilder und Aspekte gehen ineinander über.[6] In anderen Zweigen der Merlin-Tradition spielt seine Schwester eine etwas davon abweichende Rolle. Um diese fließende Wandlung von Themen und Polaritäten richtig zu verstehen, müssen wir uns stets darüber im klaren sein, daß wir es mit einer Symbolik aus einer diffusen Tradition zu tun haben, in der die magischen Urbilder erhalten geblieben sind, während die religiösen oder thematischen Rationalisierungen der heidnischen Kultur nur als Fragmente vorhanden sind.

Das zweite, wodurch die weiblichen Charaktere bedeutsam sind, ist ihre Funktion als direkte Embleme der weiblichen Aspekte in der individuellen Psyche. Im kulturellen oder religiösen Bereich erscheinen sie als alte Göttinnen, eine machtvolle Darstellung, die mit dem heutigen individuellen Bewußtsein in Interaktion treten kann und sowohl im wiederbelebten Heidentum, in der Verehrung der Jungfrau in christlichen Religionen und in den Urreligionen der ganzen Welt aktiv ist. Die polaren weiblichen Kräfte sind jedoch im Bewußtsein selbst vorhanden und werden seit vielen Jahrhunderten bei der Meditation, Visualisierung und bei transformativen Techniken eingesetzt.[7]

Die Vita ist daher ein gültiges psychologisches Dokument, das die Wechselwirkung zwischen den polarisierten Aspekten der Psyche aufzeigt und durch Ausgleich zu ihrer Vereinigung führt; die magischen Bilder und Kräfte verbinden sich organisch mit den persönlichen Seelenbildern. Genau diesen Vorgang können wir wiederholt bei den Erfahrungen Merlins selbst und in den »Schlußfolgerungen« beobachten, die indirekt aus seinen Abenteuern zu ziehen sind.

Zwei Klassen von Schlußfolgerungen sind in der Vita zu finden: diejenigen, die direkter Ausdruck von Merlins Fähigkeiten sind – seine Prophezeiungen, seine Beobachtungen des Lebens, seine endgültige Abkehr von der materiellen Gesellschaft zugunsten eines Lebens der inneren Schau –, und diejenigen, die aus dem subtilen symbolischen Fortschreiten von Stufe zu Stufe abzuleiten sind, das auch ein Fortschreiten von Bewußtseinszustand zu Bewußtseinszustand ist. Diese zweite Klasse von Schlußfolgerungen ist es, welche die überdauernden magischen Themen aus der klassischen und der keltischen Tradition zum Vorschein bringt.

Gegen Ende der Klage um Guendoloena bringt Geoffrey eine Reihe klassischer Anleihen – Dido und Aeneas, Phyllis und Demophon, Briseïs und Achilles –, die er als Stilmittel zur Abrundung der Sequenz einsetzt, womit er auch eine Forderung des literarischen Zeitgeschmacks befriedigt. Es lohnt sich, kurz auf den Schlußsatz einzugehen: »*So trauern Schwester und Weib zusammen und werden unaufhörlich und vollständig vom Feuer ihrer inneren Qualen verzehrt.*« Die klassischen Anspielungen passen eigentlich nicht zum Ton des keltischen Originals und sind offenbar ein irgendwie notwendiger Einschub. Das Bild der beiden vom inneren Feuer verzehrten Frauen ist ein klarer Hinweis auf die unpolarisierte weibliche oder sexuelle Energie. Das tatsächliche physische Geschlecht ist in diesem Zusammenhang unerheblich, da es um einen mythischen transpersonalen und individuellen Strom miteinander verwandter Symbole geht.

Es gibt vielleicht noch einen weiteren Zusammenhang, den man hier andeuten könnte, einen Zusammenhang, der auch in anderen Merlin-Bildern oder -Versen in Geoffreys Vita und der Historia auftaucht. Das Sichverzehren vor Kummer, das Wandeln auf dornigen Pfaden, das Klagen um eine verlorene Liebe sind sämtlich Bilder, wie sie in bestimmten Traditionen zum Thema Leben nach dem Tode vorkommen. Diese Vorstellungen finden sich in traditionellen Versen im Zusammenhang mit der Unterwelt, sind jedoch auch Teil der Metaphysik und mystischen Philosophie der ganzen Menschheit.

Die ganzheitliche oder harmonische Natur der mündlichen Weisheitstraditionen ist in diesem Gedicht besonders gut auszumachen. Die Klage um Guendoloena faßt eine Reihe von Elementen zusammen, die der heutige Intellekt fälschlicherweise gerne trennt. Geoffreys Publikum verlangte überhaupt nicht nach einer solchen Aufgliederung, schon gar nicht die bardischen Quellen, deren Lieder und Erzählungen in der keltischen Kultur ja ganz aktuell waren. Man könnte dieses Gedicht geradezu als Modell für die fruchtbaren Wechselbeziehungen betrachten, die einer im wesentlichen mündlichen Tradition inneren Halt und Bereicherung gaben, ob wir es nun als reine Unterhaltung oder auf seiner tiefsten, wirkungskräftigsten Ebene betrachten. In einer kleinen Gemeinde wurden die Lieder und Erzählungen nicht nur »professionell« schriftlich weitergegeben – etwa in Form der Chroniken von fahrenden Geschichtenerzählern –, sondern sie waren auch fest verankerter Bestandteil des täglichen Lebens. Frohsinn, Wissen, Weisheit waren in einen fortwährenden Strom von Singen, Erzählen oder Reden eingeflochten. Es kann nicht häufig genug betont werden, daß dies die Umgebung, der fruchtbare Boden ist, auf dem die Vita sowohl verfaßt als auch von den Zuhörern aufgenommen wurde.

Viele der von Geoffrey zusammengefaßten Themen waren seinem Publikum bekannt, und es gab eine große Zahl von Querverbindungen, durch welche die explizit angesprochenen Vergleiche – beispielsweise die Anspielungen auf die klassischen Liebenden – abgestützt wurden. Durch dieses Gewebe von Beziehungen zwischen Themen oder Charakteren zieht sich die Kerntradition aus der früheren Kultur hindurch, in der transpersonale oder transzendente Weisheit in überdauernde Bilder und Erzählungen über ein persönliches Ringen gekleidet ist, begleitet von metaphysischen oder religiösen Obertönen und gelegentlich mit deutlichen astrologischen Analogien.

Bevor wir uns unserem nächsten Motiv zuwenden, bei dem Merlin vorübergehend in die menschliche Gesellschaft zurückkehrt, sollten wir die Elemente des Guendoloena-Gedichts kurz zusammenfassen, da sie sich durch die ganze Vita hindurchziehen und durch Merlins eigene spirituelle Entwicklung weitergeführt und aufgelöst werden:

1. Ein Bote benutzt die Macht der Musik, um Merlin auf die vernachlässigten weiblichen Elemente in seinem Leben aufmerksam zu machen.
2. Ein Bild weiblicher sexueller und fruchtbarer Schönheit wartet auf ihn, ein möglicher Weg der Erfüllung.
3. Ein Bild geschwisterlicher oder nichtsinnlicher Liebe geht Seite an Seite mit der fruchtbaren Schönheit. Beide sind Aspekte einer Idee der dreifachen Gottheit, die in heidnischen Kulturen weit verbreitet ist.
4. Der Jahreszeitenzyklus wird angesprochen, wobei sich Merlin »im Winter« und seine Geliebte »im Frühling« befindet.

5. Es werden die geheimnisvollen Wege des Jenseits und die uralten Anleitungen für die Seele angedeutet, die ihr nach dem physischen Tod als Wegleitung dienen.

6. Astronomische oder astrologische Bezüge tauchen hier noch nicht auf, erscheinen jedoch in späteren Abschnitten, wo die hier vorliegenden Polaritätszyklen aufgelöst werden und auf einer höheren oder transpersonalen Ebene Rückbezüge auf das Bild der Geliebten und der Schwester entstehen.

KAPITEL 5

Merlins erste Rückkehr
Der Dreifache Tod (1)
Der Dreifache Tod (2)

Der Tod wird zurückkehren ... Das Feldlager der Venus
wird wiederhergestellt werden, und die Pfeile Cupidos
werden nicht aufhören, Wunden zu schlagen; aus der
Quelle eines Flusses wird Blut sprudeln, und zwei Könige werden sich duellieren.

Prophetiae Merlini

Merlin wird durch die Macht der Musik geheilt und kehrt an
den Hof von König Rhydderch zurück, um sich wieder mit
seiner Gemahlin und seiner Schwester zu vereinen. Er kann
jedoch die Gegenwart so vieler Menschen nicht ertragen und
versucht ihnen zu entfliehen. Er wird festgehalten, man will
ihn des weiteren mit musikalischen Darbietungen beschwich-
tigen, aber er verschmäht auch die verlockendsten Beste-
chungsgeschenke des Königs. Er wird schließlich in schwere
Ketten gelegt, woraufhin er sich weigert, auch nur ein Wort
zu sprechen.
Doch dann läßt ihn irgend etwas lächeln. Alle weiteren Beste-
chungsversuche können ihn indes nicht dazu bringen, die Ursache für diese Gemütsregung preiszugeben. Als man ihm allerdings für die Enthüllung die Freiheit verspricht, sagt er,
seine Schwester habe ihren königlichen Gemahl mit einem
andren betrogen. Ganieda stellt Merlins Zurechnungsfähig-
keit auf die Probe, indem sie ihm einen jungen Mann in drei
Verkleidungen vorstellt, und Merlin sagt ihm jedesmal einen

anderen Tod voraus. Er erhält die Freiheit, gilt aber als verrückt. In den folgenden Jahren erfüllen sich seine Prophezeiungen dennoch auf höchst überraschende Weise.

Merlins erste Rückkehr

Allmählich kehrte sein Gedächtnis zurück, und er erinnerte sich, wer er ehedem gewesen war. Er wunderte sich über seinen Wahnsinn, und es beschämte ihn sehr. Sein früherer Verstand bemächtigte sich seiner, er kam wieder zur Besinnung und stöhnte auf, von heftigen Gefühlen bewegt, als er die Namen seiner Schwester und seiner Gemahlin hörte; denn die Vernunft war ihm wiedergegeben, und er bat darum, zum Hof von König Rhydderch geführt zu werden. Der andere tat wie ihm geheißen. Sie verließen auf schnellstem Wege den Wald und kamen fröhlich in die Stadt des Königs. So war die Königin entzückt, ihren Bruder zurückzugewinnen, und die Gemahlin freute sich über die Rückkehr ihres Gatten. Sie wetteiferten miteinander darin, ihn zu küssen, und sie schlangen ihre Arme um seinen Hals, so groß war die Bewegung, die sie ergriff. Auch der König empfing ihn mit allen gebührenden Ehren, und die Edlen, die sich im Palast drängten, jubelten laut in der Stadt.
Als Merlin jedoch so viele Menschen sah, konnte er sie nicht ertragen; er verfiel wieder in Wahnsinn. Von neuer Raserei erfüllt, wollte er in die Wälder zurück, und er versuchte, sich heimlich davonzumachen. Da befahl Rhydderch, ihn gefangenzusetzen. Es wurde ihm auch ein Wächter beigegeben; und sein Wahnsinn sollte mit Saitenspiel besänftigt werden. Rhydderch trat in großem Kummer zu ihm hin und flehte ihn an, Vernunft anzunehmen, bei ihm zu bleiben und seinen Wunsch aufzugeben, im Wald wie ein wildes Tier zu leben oder unter den Bäumen zu hausen, wo er doch ein königliches

Zepter führen und über ein kriegerisches Volk herrschen könne. Dann versprach er ihm große Reichtümer, und er befahl den Leuten, ihm Kleidung und Vögel, Hunde und schnelle Pferde, funkelnde Edelsteine und Kelche zu bringen, die Wayland in der Stadt Segontium graviert hatte.[1] All dies bot Rhydderch dem Propheten an und bat ihn, bei ihm zu bleiben und die Wälder aufzugeben.

Der Prophet verschmähte diese Geschenke und sprach: »Gib diese Dinge den Fürsten, denen ihre eigene Armut zu schaffen macht, sie, die mit wenigem nicht zufrieden sind, sondern vieles begehren. Diese Geschenke bedeuten mir nichts gegenüber den Wäldern und starken Eichen Caledons und den aufragenden Bergen, an deren Fuß sich grüne Weiden erstrecken. Dies sind die Gaben, die mich erfreuen, nicht jene von dir – nimm sie mit dir fort, König Rhydderch. Mein Caledonischer Wald, der reich ist an Nüssen, der Wald, den ich allem anderen vorziehe, soll mich aufnehmen.«

Da schließlich der König den Trauernden durch keinerlei Geschenke zurückhalten konnte, befahl er, ihm schwere Ketten anzulegen, damit er nicht als freier Mann in die Ödnis der Wälder fliehen könne. Als der Prophet die Ketten an sich fühlte und nicht als freier Mann in die Caledonischen Wälder gehen konnte, fiel er sogleich in großen Kummer und blieb trauernd und stumm, und alle Freude wich von seinem Gesicht, so daß er nicht mehr lächelte und kein Wort mehr sprach.[2]

In dieser Zeit ging einmal die Königin durch den Saal und suchte den König; dieser grüßte sie, wie es sich gebührte, als sie auf ihn zutrat, nahm sie an der Hand und hieß sie sich setzen, und er umarmte sie und drückte einen Kuß auf ihre Lippen. Als er ihr so sein Gesicht zuwandte, sah er ein Blatt, das sich in ihrem Haar verfangen hatte; er nahm es mit seinen Fingern weg und warf es zu Boden, und er scherzte fröhlich mit der Frau, die er liebte. Der Prophet richtete seinen Blick auf die beiden und lächelte, so daß ihn die Umstehenden verwundert ansahen, da er nicht zu lächeln pflegte. Auch der König wunderte sich und bedrängte den Wahnsinnigen, die Ursache seiner kurzen Heiterkeit preiszugeben, und er versprach ihm viele Geschenke dafür. Jener aber schwieg und wollte sein Lachen nicht erklären. Mehr und mehr bedrängte ihn jedoch Rhydderch mit Reichtümern und stürmischem Bitten, bis schließlich der Prophet ihm erzürnt auf seine Versprechungen antwortete: »Der Geizige liebt Geschenke, und der Begehrliche buhlt darum; sie sind leicht durch Geschenke zu bestechen, und ihre Gesinnung ist diejenige, die man von ihnen verlangt. Was sie haben, ist ihnen nicht genug; ich aber brauche nichts als die Eicheln des herrlichen Caledonischen Waldes und die blinkenden Bäche, die durch duftende Wiesen fließen. Geschenke verlocken mich nicht; gib dem Begierigen seinen Teil, aber wenn ich nicht wieder die Freiheit erlange und in die Täler des grünen Waldes zurückkehren darf, will ich mein Lachen nicht erklären.«

Als nun Rhydderch erkannte, daß er den Propheten durch Geschenke nicht beeinflussen konnte und ihm der Grund für sein Lachen verborgen bliebe, befahl er unverzüglich, ihm die Ketten abzunehmen, und erlaubte ihm, in die öden Wälder zurückzukehren, damit er willens werde, ihm die ersehnte Erklärung zu geben. Beglückt, daß er bald gehen durfte, sprach Merlin nun: »So höre den Grund für mein Lachen, Rhydderch. Durch eine einzige Handlung warst du zu rühmen und zu bedauern zugleich. Als du soeben das Blatt aus dem Haar der Königin entferntest, von dem sie nichts ahnte, handeltest du getreulicher an ihr denn sie an dir, als sie unter den Busch trat, wo ihr Liebhaber sie erwartete und ihr beiwohnte; während sie dort ausgestreckt mit offenem Haar lag, verfing sich darin zufällig das Blatt, das du ohne Arg entferntest.«

MERLINS ERSTE RÜCKKEHR

Wir haben den Propheten auf einer Reise begleitet, die physisch, psychologisch und metaphysisch ist; sein Dahinschreiten durch die äußere Landschaft von Wales ist direkt an sein Fortschreiten durch eine innere Landschaft der spirituellen Entwicklung gekoppelt, hin zu einer Reife, die er ohne Hinzuziehung einer dritten Ebene nicht erreichen kann, auf der die Seele auf Bilder einer mächtigen Gottheit eingestimmt ist, in der sich Polaritäten ausdrücken. Diese Ebene ist wiederum mit einem alten astrologischen oder astronomischen Wissen verwoben, was in den Prophetiae deutlich ausgesprochen und in der Vita nach und nach entwickelt wird.

Erst als Merlin eine Reihe von Prüfungen durchgemacht und sich über vieles klargeworden ist, kommt das prophetische und astronomische Wissen offen zum Vorschein. Diese Entwicklung des Textes ist Ausdruck von Merlins eigener Entwicklung und läßt die überlieferten, wahrscheinlich druidischen Ursprünge des Weisheitszyklus ahnen, den Geoffrey neu zusammenstellte. Wenn wir daher zurückblicken, können wir feststellen, daß diese magischen Themen schon vom Anbeginn vorhanden waren, als Merlin zunächst ohne wirklich spirituelles Bewußtsein handelt. Er tanzt vor und zurück, einen Tanz, bei dem das irdische Leben eine Spiegelung vom Rad des kosmischen Lebens ist. Dies wird im weiteren Verlauf der Erzählung noch sehr viel deutlicher werden.

Die kraftvolle heilende Wirkung der Musik erinnert Merlin an seine verlorene Gefährtin, und seine geistige Klarheit kehrt zurück. Als erstes bittet er den Boten bewußt, sein Lied zu wiederholen; er wird aus seiner halb traumhaften Naturverbundenheit erweckt und setzt seinen eigenen Willen ein, um sich zu heilen. In diesem Sinne ist der Bote – Merkur oder Hermes in der klassischen Sage – als Merlins eigener Intellekt zu verstehen. Die Allegorie des Boten findet sich auch in anderen traditionellen britischen Quellen, in denen er eine ähnlich wichtige Rolle spielt.[3]

Allmählich kehrte sein Gedächtnis zurück, und er erinnerte sich, wer er ehedem gewesen war. Er wunderte sich über seinen Wahnsinn, und es beschämte ihn sehr.

Merlin schickt sich an, das erstemal wieder in die menschliche Gesellschaft zurückzukehren; er macht den ersten Schritt »zurück« bei seinem spiralförmigen Fortschreiten. Dieser Weg ist in Abbildung 4 gezeigt, eine Form des Lebensrades und des Wechsels, Mittelpunkt des Schulungsweges der alten Mysterien. Das Rad, das im keltisch-christlichen Bereich als gleicharmiges Kreuz mit zugehörigem Maßwerk dargestellt wurde, ist ein uraltes Zeichen, dessen Sinn sich nicht in einer Sonnen- oder Jahreszeitensymbolik erschöpft, sondern dies in einem unendlichen Zyklus von Symbolen neben anderen Bedeutungen versinnbildlicht.

Merlin hat folgenden Weg zurückgelegt: vom Thron zum Schlachtfeld, vom Schlachtfeld in die Waldwildnis, von der Waldwildnis zur Quelle am Berggipfel; nun geht er vom Berggipfel zurück in die Ebene zur Stadt des Königs Rhydderch (siehe Abbildung 4).

Der Mensch verläßt sein äußeres steuerndes Bewußtsein und kehrt zur ungeordneten Urnatur zurück, die ihn zur Quelle des Lebens und der Energie bringt. Dort wird seine Beziehung zu weiblichen Prinzipien wieder in sein Bewußtsein zurückgerufen, und zwar durch eine Verjüngung seines Intellekts, der durch Musik, die Macht der Muse, wieder in geordnete Bahnen gelenkt wird; ein Hinweis auf die Ordnung der Planeten und der Sonne, die er bald als Sternenseher erkennen wird.

Das wieder harmonisierte Bewußtsein führt ihn an den Hof des Königs zurück; nun wird das Herrscherprinzip in der Gestalt des Königs Rhydderch externalisiert, der als Symbol der

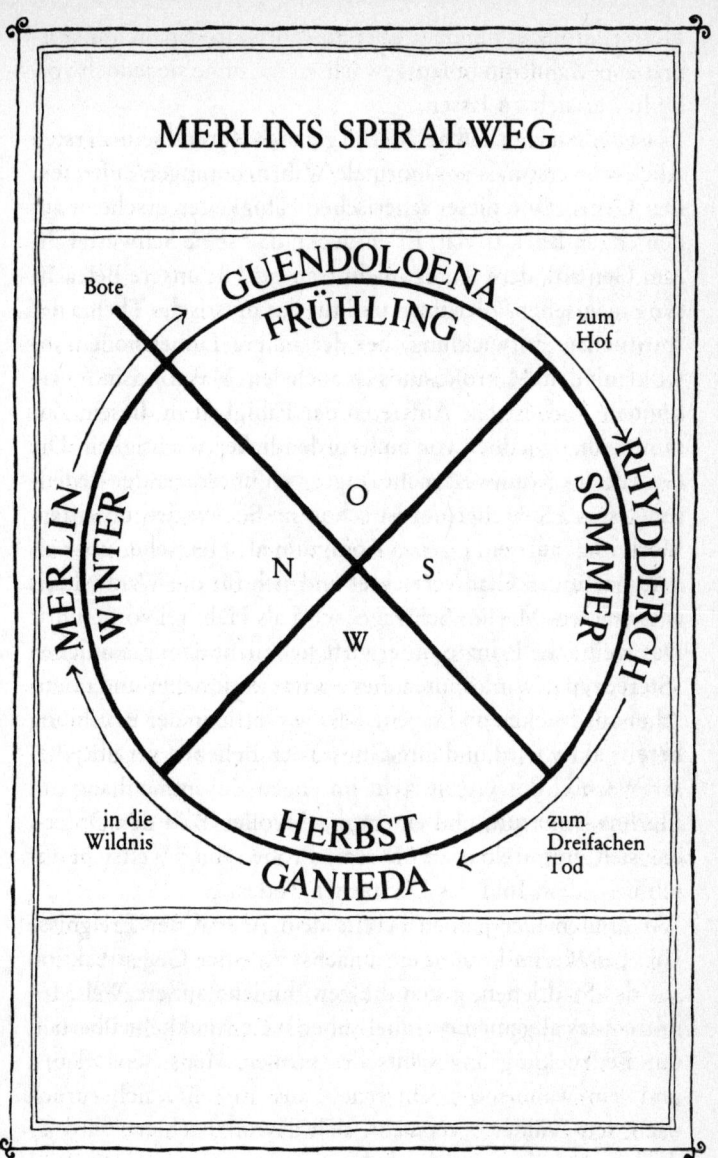

Abbildung 4. Merlins Spiralweg

Herrschermacht fungiert, über die Merlin in seinem transformativen Wahnsinn hinausgewachsen ist, ohne sie jedoch völlig hinter sich zu lassen.

Es ist bedeutsam, daß bei Merlin gerade während seiner ersten Rückkehr erstmals paranormale Wahrnehmungen auftreten. Der Gegenstand dieser seherischen Fähigkeiten erscheint auf den ersten Blick trivial: Er entdeckt, daß seine Schwester ihrem Gemahl, dem König, nicht treu ist. Für unsere Betrachtung magischer Polaritäten und für das mystische Thema der spirituellen Entwicklung, bei der innere Dimensionen sowohl mit dem Mikrokosmos als auch dem Makrokosmos verbunden sind, ist das Auftreten der Fähigkeit in diesem Zusammenhang jedoch von außerordentlicher Wichtigkeit. Die Gestalt des Königs ist nicht länger von überragender Bedeutung, sein Herrschertum ist schon im Schwinden begriffen. Merlin hat auf sein eigenes Königtum als Herrscher über einen mächtigen Clan verzichtet und sich für die Waldwildnis entschieden. Merlins Schwager wird als Hahnrei vorgeführt! Das weibliche Prinzip unterwirft sich nicht dem männlichen »Stereotyp«. Wir könnten dies auch traditioneller und poetischer ausdrücken und sagen, daß die Göttin in der Erzählung bereits aktiv wird und ihre Gunst nach Belieben vergibt; dieser Wechsel der Gunst steht im engen Zusammenhang mit Merlins Sehertum und einem machtvollen Bild des Opfers, das sich unmittelbar an die erste Probe seiner Weitsicht anschließt, dem Bild des Dreifachen Todes.

Wir greifen hier jedoch bereits dem Ablauf der Ereignisse vor; bei Merlin kommt es zunächst zu einer Gegenreaktion auf das Stadtleben, gegen die gewöhnliche äußere Welt. Inmitten des allgemeinen Jubels über seine Rückkehr überfällt ihn Bedrückung angesichts des großen Menschenauflaufs, und sein Wahnsinn bricht erneut aus. Er sehnt sich zurück nach den Wäldern, versucht, sich davonzustehlen, wird jedoch gewaltsam zurückgehalten.

Diese Reaktion ist typisch für die erste Rückkehr und ein bekanntes Phänomen bei mystischen Techniken, der magischen Schulung und in der religiösen Verehrung. Wenn man das innere Leben und das göttliche Bewußtsein einmal erlebt hat, wie kurz oder unzusammenhängend auch, ist die Rückkehr in die äußere Welt schwierig; man fühlt einen Konflikt, ein Fluchtverlangen, und doch weiß man, daß man bleiben und sich den Forderungen des Erdendaseins stellen muß. Merlins Verhalten ist typisch für Seher, Propheten, Mystiker und Visionäre in allen Kulturen, und es enthüllt gleichzeitig ein psychisches Phänomen der ersten Entwicklungsstufen auf dem mystischen Weg.

Dieser Konflikt wird in dem Gespräch zwischen König Rhydderch und Merlin deutlich; der unter Bewachung stehende und durch Musik »ruhiggestellte« Wilde soll durch Bitten, Gewalt und Bestechung dazu gebracht werden, in der regulären menschlichen Gesellschaft zu bleiben. Der König *»flehte ihn an, Vernunft anzunehmen ... wo er doch ein königliches Zepter führen und über ein kriegerisches Volk herrschen könne. Dann versprach er ihm große Reichtümer ...«* Die biblische Parallele entging Geoffreys Publikum gewiß nicht; so wie der Prophet Merlin durch die Verlockungen der Welt versucht wird, so wurde auch der Erlöser Jesus versucht. Vieles rechtfertigt die Annahme, daß Merlin die keltische Entsprechung zu Jesus ist, wobei die Vita sich zur Geschichte der Könige von Britannien verhält wie das Neue Testament zum Alten. Man sollte diese Analogie nicht zu streng nehmen, jedoch gibt es unverkennbare Parallelen; und in der frühen westlichen Kultur wurde Merlin häufig als Prophet mit Jesus in Zusammenhang gebracht, eine Tendenz, die in der römischen Kirche nach und nach unterdrückt wurde.[4]

Damit soll nicht gesagt sein, daß Merlin im westlichen religiösen oder mystischen Bewußtsein neben Jesus gleichberechtigt ist oder ihn ersetzt; Merlin und der historische Jesus waren

Propheten in ihren eigenen einheimischen Traditionen. Der Unterschied liegt im Grad des göttlichen Ursprungs, jedoch ist dies eine Frage der Religion und nicht der Mythologie oder Psychologie oder gar magischer Deutungsversuche. Worüber wir uns klarwerden sollten, ist, daß es in den frühen Jahrhunderten des keltischen Christentums vor der Hegemonie der politisch gewordenen römischen Kirche eine umfassende und hochentwickelte Mythologie aus heidnischem Kult gab, die in die noch jungen Glaubensvorstellungen der neuen Religion eingeflochten war. Der Nachhall dieser Situation blieb in den mündlichen Traditionen noch sehr lange erhalten und ist sogar in unserem Jahrhundert noch in Volksliedern und Erzählungen zu spüren, in denen heidnische und christliche Symbolik ohne Irritationen, ohne dogmatischen Streit und ohne Verkürzung des christlichen Urglaubens in aller Unschuld und harmonisch ineinanderfließen.[5]

Merlin wird also versucht, in der Welt zu bleiben; Rhydderch ordnet an, »*ihm Kleidung und Vögel, Hunde und schnelle Pferde, funkelnde Edelsteine und Kelche zu bringen, die Wayland in der Stadt Segontium graviert hatte*«. Dies sind nun in der Tat all die materiellen Annehmlichkeiten des fürstlichen Lebens, das in erster Linie zur Schlacht und zu Merlins Kummer und Wahnsinn geführt hatte. Soviel zumindest hat er vom Rad des Lebens nunmehr verstanden: Materielle Genüsse allein führen in die Verzweiflung, sie sind eine flüchtige Illusion. Er lehnt sie ab.

Bei dem Versuch, der Welt zu entsagen, macht Merlin die Erfahrung, daß eine bloße Verzichterklärung nicht genügt; und zunächst wird er in Ketten gelegt. Wir stoßen hier auf eine weitere eingängige Wahrheit: Die Bemühungen, »frei« zu sein, führen unmittelbar in größere Versklavung. Das nach außen drängende Bewußtsein wird nicht nur durch Widerstand zurückgelenkt; es provoziert vorerst sogar Überredungskunst, schließlich Verhärtung und Gefangensetzung, bis die richtigen Wege zur Auflösung und Befreiung gefunden werden.

Als nächstes sehen wir Merlin in Ketten, in Schwermut und Verzweiflung, voll Sehnsucht nach Freiheit, aber am Verlassen des Hofs von König Rhydderch gehindert. Diese Verzweiflung wird in mystischen Traditionen in verschiedener Art symbolisiert und hat ihr Pendant im alltäglichen Bewußtsein, das wir alle erkennen und mit dem wir uns identifizieren können.

Der Weg zur Befreiung ist geheimnisvoll, und wir nähern uns nun einem Motiv, das einen direkten Bezug zum Thema der mystischen Entwicklung und zur Entwicklung der elementaren Psyche hat.

Merlin lächelt, als der König liebevoll ein Blatt aus dem Haar seiner Gemahlin entfernt. Durch diese plötzliche Heiterkeit inmitten solcher Verzweiflung stutzig geworden, verlangt der König von dem wahnsinnigen Seher eine Antwort und bietet ihm weitere und größere Geschenke an, wenn er die Ursache seines Stimmungswechsels preisgibt. Doch dazu erklärt sich Merlin erst bereit, nachdem ihm die Freiheit versprochen worden ist. Er wird losgekettet und sagt nun, seine Schwester habe den König betrogen. Das Blatt, das so liebevoll weggenommen wurde, habe sich in ihrem Haar verfangen, als sie sich ihrem Liebhaber hingab.

Die Entwicklung dieses Motivs ist komplex, und Geoffrey hat hier raffiniert verschiedene Bedeutungsebenen und Themen eingearbeitet. Bevor wir den Handlungsfaden weiterverfolgen, sollten wir festhalten, daß es die sexuelle Verfehlung seiner Schwester ist, die Tatsache, daß sie dem König Hörner aufgesetzt hat, die direkt zu Merlins Freiheit führt; sie ist auch der Gegenstand der ersten Probe seiner Seherschaft. Der Zwischenfall ist keineswegs so trivial, wie es scheinen mag, und er ist ganz gewiß nicht eine unterhaltsame Einfügung aus einer exotischen Quelle.[6] Wir benutzen ganz bewußt den Ausdruck »Hörner aufsetzen«, da er in einem späteren Motiv erneut erscheint, bei dem Merlin von seiner eigenen Frau betrogen wird und er mit einem Paar Hörnern, dem nicht nur oberflächlich traditionellen phallischen Symbol des Hahnreis, seinen Rivalen tötet.

Ganieda wird nicht als treulose Gattin angeprangert, und ihr Verhalten wird von niemandem außer ihrem Gatten moralisch verurteilt. Sie aber übt sich in der Kunst der Verstellung und bringt damit ein uraltes Opfermotiv in die Erzählung ein, ein Motiv, das im Mittelpunkt der Entwicklung von Merlins innerem Bewußtsein steht, wenn es uns auch nur als Nebenhandlung innerhalb der Rahmenerzählung erscheint.

Der Dreifache Tod (1)

Rhydderch wurde sehr betrübt über diese Anklage, wandte sein Gesicht von ihr und verfluchte den Tag, an dem er sie geheiratet hatte. Sie jedoch, keineswegs betroffen, verbarg ihre Scham hinter einem lächelnden Gesicht und sagte zu ihrem Gemahl: »Warum bist du betrübt, Geliebter? Warum erzürnst du dich so sehr über diese Sache und tadelst mich zu Unrecht, weil du einem Wahnsinnigen glaubst, der, weil er nicht bei klarem Verstand ist, Lügen mit der Wahrheit vermischt? Ein Mann, der ihm glaubt, ist ein viel größerer Narr als jener selbst. Nun denn, merke auf, und wenn ich mich nicht täusche, werde ich dir zeigen, daß er verrückt ist und nicht die Wahrheit gesprochen hat.«

Im Saal war ein bestimmter Knabe, einer von vielen, und die findige Frau, als sie ihn erblickte, ersann sofort eine neue List, durch die sie ihren Bruder der Unwahrheit überführen könnte. So befahl sie den Knaben herbei und forderte ihren Bruder auf, vorherzusagen, welchen Todes der Junge sterben werde. Er antwortete: »Liebste Schwester, er wird als erwach-

sener Mann zu Tode kommen, indem er von einem hohen Felsen stürzt.« Sie lächelte bei diesen Worten und befahl dem Knaben, hinauszugehen und die Kleider abzulegen, die er trug, und andere Kleider anzulegen und sein langes Haar abzuschneiden. Sie hieß ihn in einer anderen Gestalt zurückkommen, daß man ihn für eine andere Person hielte. Der Knabe gehorchte ihr, und er kam mit anderen Kleidern zurück, wie sie ihm aufgetragen hatte. Gleich fragte die Königin ihren Bruder erneut: »Sage deiner lieben Schwester, welches der Tod dieses Knaben sein wird.« Merlin antwortete: »Dieser Knabe wird als Heranwachsender im Zustand des Wahnsinns in einem Baum eines gewaltsamen Todes sterben.« Als er so gesprochen hatte, sagte sie zu ihrem Gemahl: »Konnte dieser falsche Prophet dich so weit in die Irre führen, daß du glaubtest, ich hätte ein so großes Verbrechen begangen? Und wenn du nun siehst, mit wieviel Verstand er dieses über den Knaben gesagt hat, wirst du erkennen, daß die Dinge, die er über mich sagte, seine Erfindung sind, damit er in die Wälder zurückkönne. Fern sei von mir eine solche Tat! Keusch werde ich mein Lager halten, und keusch werde ich immer sein, solange der Atem des Lebens in mir ist. Ich habe ihn der Unwahrheit überführt, als ich ihn nach dem Tod des Knaben fragte. Ich werde es nunmehr noch einmal tun; merke auf und urteile.« Nach diesen Worten rief sie den Knaben beiseite und befahl ihm, hinauszugehen und Frauenkleider anzulegen und so zurückzukehren. Sogleich ging der Knabe hinweg und tat wie ihm geheißen; er kam in Frauenkleidern zurück, gerade so, als wäre er eine Frau, und er stellte sich vor Merlin hin, den die Königin spöttisch fragte: »Nun, Bruder, gib mir Auskunft über den Tod dieser Jungfrau.« – »Jungfrau oder nicht, sie wird im Fluß umkommen«, sagte ihr Bruder zu ihr, und König Rhydderch brach hierüber in Gelächter aus; denn Merlin hatte, über den Tod eines einzigen Knaben befragt, drei verschiedene Arten angegeben. Deshalb glaubte Rhydderch, er

*habe der Königin unrecht getan, und er vertraute ihm nicht
mehr. Es bekümmerte ihn vielmehr und war ihm zutiefst zu-
wider, daß er ihm geglaubt und seine Liebste verurteilt hatte.
Als die Königin dies sah, verzieh sie ihm, küßte und streichelte
ihn und machte ihn wieder fröhlich.*

Der Dreifache Tod (2)

*Guendoloena blieb betrübt in der Tür stehen und beobachtete
ihn, und mit ihr die Königin; beide waren darüber bewegt,
was mit ihrem Freund geschehen war, und sie erstaunten sich
darüber, daß ein Wahnsinniger Einblick in geheime Dinge
hatte und von der Liebschaft seiner Schwester wußte. Dennoch glaubten sie, daß er über den Tod des Knaben nicht die
Wahrheit gesagt hatte, weil er von drei verschiedenen Toden
anstelle eines einzigen gesprochen hatte. Deshalb galten seine
Worte lange Jahre als hohl, bis die Zeit herankam, da der
Knabe zum Mann heranreifte; dann wurde es allen offenbar,
und viele überzeugten sich. Denn als der Knabe mit seinen
Hunden jagte, sah er einen Hirsch, der sich in einem Wäld-
chen verbarg; er ließ die Hunde los, die, sobald sie den Hirsch
sahen, unwegsame Pfade erklommen und die Luft mit ihrem
Gebell erfüllten. Er trieb sein Pferd mit seinen Sporen an und
eilte hinterher; er trieb die Jäger an und wies ihnen den Weg,
einmal mit seinem Horn und einmal mit seiner Stimme, und er
hieß sie schneller eilen. Vor ihnen lag ein hoher Berg, der an
allen Seiten von Felsen umgeben war, und durch die Ebene an
seinem Fuß floß ein Bach; dorthin flüchtete sich das Tier, bis es
zum Wasserlauf kam, wo es sich zu verbergen suchte. Der
junge Mann stürmte weiter und eilte geradewegs über den
Berg, und er jagte den Hirsch zwischen den umherliegenden
Felsen. Da geschah es, weil ihn sein Ungestüm die Vorsicht
vergessen ließ, daß sein Pferd auf einem hohen Felsen ausglitt*

und jener über einen Abgrund in den Fluß stürzte, und zwar in einer solchen Weise, daß er mit einem Fuß an einem Baum hängenblieb, während sein übriger Körper ins Wasser eingetaucht war. So stürzte er, ertrank und hing an einem Baum, und durch diesen Dreifachen Tod erfüllten sich die Worte des Propheten.

DER DREIFACHE TOD (1)

Bevor wir uns mit der ersten Prophezeiung befassen, die in der Vita ausgesprochen wird, derjenigen des Dreifachen Todes, sollten wir vorausschicken, daß es in anderen Erzählungen der Prophet selbst ist, der diesen Tod erleidet; es ist seine Vorhersage für das Ende seines eigenen Lebens.[7] In der Vita jedoch betrifft die Vorhersage eine Nebenfigur im Zusammenhang mit Ganiedas Untreue gegenüber ihrem Gatten. Die Umstände entsprechen dem Originalthema, wie es in der keltischen oder britischen Mythologie in verschiedenen Quellen auftaucht. Die Wegnahme von Merlin selbst führt dazu, daß die Geschichte der Vita recht eigentümlich endet, denn die Gabe der Weissagung geht, wie wir noch sehen werden, gegen Ende des Gedichts von ihm auf seine Schwester über.

Diese Wegnahme des Dreifachen Todes von Merlin können wir auf zwei verschiedene Arten betrachten, denen ein verwandter Gedanke zugrunde liegt. Zum einen mag dies einfach zu sehr an heidnische Lehren erinnert haben, und es wird erneut eine Parallele zwischen Merlin und Jesus hergestellt, da beide einen ungewöhnlichen Opfertod starben. Zum anderen sucht Geoffrey vielleicht einen eleganten und philosophischen Schluß für sein Gedicht, wobei sich bloß Merlin, Ganieda und Taliesin gemeinsam in die Wälder zurückziehen. In einem Sinne ist dies nicht eine Abschwächung des älteren keltischen Themas, sondern eine Verlagerung von seinen magischen Elementen auf eine höhere Ebene, eine Transformation, welche die heidnischen Elemente beibehält, ihnen aber einen akzeptablen und spirituellen Abschluß im Einklang mit dem mittelalterlichen Christentum gibt.[8] Wir sollten diesen Punkt jedoch nicht überbewerten, denn die *Vita Merlini* ist und bleibt in erster Linie ein heidnischer Zyklus von Mysterium und Magie. Es gibt sehr wenige eindeutig christliche Ausdrücke oder Begriffe, und auch im Falle des Dreifachen Todes tritt das Motiv selbst nicht völlig zurück und ist dadurch, daß ein junger Mann an Rhydderchs Hof das Opfer wurde, nur dürftig verschleiert.

Wenn es in der Vita hauptsächlich um Energie- und Bewußtseinspolaritäten geht, die in der einzigen symbolischen Sprache ausgedrückt werden, die durch die mündlichen Weisheitstraditionen des Westens verfügbar ist, dann bieten die »zwischen den Zeilen« stehenden Elemente von Merlins Beziehung zu seiner Schwester und die Parallelen zwischen Ganiedas Untreue und der Wiederverheiratung von Guendoloena, Merlins Frau, viele suggestive Einsichten in die menschliche Fähigkeit, Transformation durch bildhafte Vorstellungen zu erlangen. Wenn wir nämlich die Bilder der Szene an Rhydderchs Hof in elementare Einheiten zerlegen, finden wir folgendes:

1. einen König, der hofhält;
2. einen Wilden Mann, der in Ketten gelegt wird;
3. eine Frau, die (a) einen Knaben, (b) einen verkleideten Knaben und (c) einen als Frau gekleideten Knaben erscheinen läßt.

Dies sind die Elemente des rituellen Dramas; man findet sie in abgeschwächter, aber eindeutig verwandter Form in Volksdramen oder im Mummenschanz bis ins 20. Jahrhundert hinein sowie in einigen wenigen rituellen Tänzen, die im Rahmen von Jahreszeitenfesten aufgeführt werden.[9]

Der Dreifache Tod wurde nicht nur vom direkten Zusammenhang mit Merlin abgekoppelt, sondern auch in eine Szene eingebaut, die Geoffreys Publikum in verschiedener Form bestens vertraut war: das Drama von Leben, Tod und Wiederauferstehung, das in den Volkstraditionen der ganzen Welt lebendig ist. Solche Dramen waren Teil der traditionellen Unterhaltungen jeder beliebigen Familie oder Gemeinschaft, und sie waren sicher auch Bestandteil der keltischen Feste, die zum Beispiel beim Aufgang und Untergang der Plejaden im November beziehungsweise Mai begangen wurden.[10] Das Publikum war mit dem Ablauf nicht bloß vertraut, sondern erkannte darin eine Vielzahl von Zusammenhängen mit den üblichen Ritualen, die vielleicht aller bewußten magischen oder religiösen Attribute entkleidet waren, aber dennoch in der allgemeinen Imagination höchst lebendig und für den Rhythmus des bäuerlichen Lebens von wesentlicher Bedeutung waren.

Auf einer archetypischeren Ebene könnten wir die oben angeführten grundlegenden Bilder auf eine göttliche oder mythologische Quelle zurückführen: Der König steht für Gerechtigkeit oder Herrschaft; der Prophet steht für die ungezähmten Kräfte der Natur und die unberechenbaren rohen Lebensenergien; der Knabe steht für die vielen Aspekte der menschlichen Inkarnation oder Polarität, wird aber auch als Opfer dargestellt, in dem sich alle diese Aspekte vereinen; die Königin repräsentiert die Göttin, die den ganzen Handlungsablauf aus ihrer schöpferischen Position der Macht dirigiert.

Zwischen der Herrschaft des Gleichgewichts und dem ungebändigten Walten der Naturkräfte findet sich die Menschheit in vielen unterschiedlichen Rollen; bei manchen konzentrieren und vereinigen sich diese Rollen zu einem einzigen Akt der Opferung, der die Zyklen des Lebensrades beschleunigt oder Teile davon überspringt. Solche gewaltigen Opfer werden von der Göttin verfügt. Die Zusammenhänge sind komplex, aber nicht undurchschaubar: Das Magische oder Metaphysische wirkt durch harmonische Beziehungen, nicht durch einen direkten Ursache-Wirkung-Mechanismus.

Doch nehmen wir den Faden der Erzählung wieder auf. Merlins Vorhersage der drei verschiedenen Tode – Sturz, Erhängen, Ertrinken – wird als Beweis gewertet, daß seine Weissagungen wertlos sind und deshalb seine Enthüllung von der Königin Untreue falsch ist. Es folgt eine kurzes Zwischenspiel, in dem Ganieda sich für Merlins Frau einsetzt, die gleich wieder vernachlässigt wird (siehe Kapitel 6, Merlin und Guendoloena). Wir werden diesen Punkt zurückstellen und nach der Behandlung des Dreifachen Todes wieder darauf zurückkommen. Die Einfügung einiger Zeilen zum Guendoloena-Thema ist ein Kunstgriff Geoffreys; er hat um der dramatischen Wirkung willen die traditionellen Themen aufgespalten und sie erst bei ihrer Auflösung wieder zusammengeführt.

Es lohnt sich, Merlins drei Weissagungen noch einmal genau zu wiederholen, da sie in direktem Bezug zum Opferthema, zum Thema des Wahnsinns und, wie wir bald sehen werden, zum Thema der magischen Jagd stehen:

1. Er wird im Mannesalter durch einen Sturz von einem hohen Felsen zu Tode kommen.
2. Er wird als Heranwachsender im Zustand der geistigen Verwirrung in einem Baum eines gewaltsamen Todes sterben.
3. Jungfrau oder nicht, sie wird im Fluß umkommen.

DER DREIFACHE TOD (2)

Deshalb galten seine Worte lange Jahre als hohl, bis die Zeit herankam, da der Knabe zum Mann heranreifte; dann wurde es allen offenbar, und viele überzeugten sich.

Durch einen dramatischen Kunstgriff Geoffreys erfahren wir die »Pointe« zu der Prophezeiung des Dreifachen Todes erst, nachdem wir mit einem neuen Thema, dem der Wiederverheiratung (siehe Kapitel 6, Merlin und Guendoloena), bekannt gemacht wurden, wobei Merlin seine Frau aus den Banden der Ehe freigibt oder dies jedenfalls zu tun scheint.[11]

Das Bild vom ungewöhnlichen Schicksal des Knaben wird von Geoffrey sehr deutlich beschrieben und kann wie folgt zusammengefaßt werden: Ein junger Mann stürzt in einen Abgrund; einer seiner Füße verfängt sich in einem Baum; er ertrinkt, weil er mit dem Kopf nach unten teilweise im Wasser hängt (siehe Abbildung 5).

Dies ist ein uraltes und eindrucksvolles magisches Bild, das seit Jahrhunderten auf der Tarot-Karte des Gehenkten erscheint. Die Vita ist mindestens zwei Jahrhunderte älter als die Tarot-Bilder und damit eine der frühesten Quellen solcher Darstellungen.

Die Bedeutung, die der Tarot-Karte des Gehenkten zugeschoben wird, ist fast identisch mit derjenigen, die in alten Erzählungen zu finden ist: Opferung im Zusammenhang mit höheren Zielen, die über die bloße Individualität hinausgehen. Dies hat allerdings nichts zu tun und darf nicht verwechselt werden mit Märtyrertum oder Erniedrigung im christlichen Sinne: Unterwerfung unter eine Autorität bis hin zum Tode.

Arthur Edward Waite beschreibt den Gehenkten wie folgt:

> Der Galgen, an dem er hängt, bildet ein Tau-Kreuz, während die Gestalt durch die Stellung der Beine ein Fylfot-Kreuz bildet. Das Haupt umgibt eine Aureole... Es ist zu beachten, daß (1) der Opferbaum lebendes Holz ist und Blätter trägt, (2) das Antlitz tiefe Versenkung, nicht Leiden ausdrückt, (3) die Gestalt insgesamt an vorübergehend ruhendes Leben erinnert, also an Leben und nicht an den Tod.

DER DREIFACHE TOD

Abbildung 5. Der Dreifache Tod

Waite erklärt ein Tarot-Bild, das er zwar in gewissem Umfang selbst verändert hat, jedoch direkt auf die anonymen traditionellen Karten zurückgeht, die in der frühen Renaissance-Zeit in ganz Europa Verbreitung fanden. Die Ähnlichkeit mit dem Dreifachen Tod der im 12. Jahrhundert verfaßten Vita ist verblüffend.[12]

Das Bild des Dreifachen Todes, das Geoffrey gebraucht, hat offenkundige Parallelen zur christlichen Kreuzigung, jedoch einen anderen kulturellen Hintergrund. Eine frühe keltische Darstellung zeigt einen am Baum hängenden Mann und die Aufschrift ESUS. Dieses Bild stammt aus der Zeit vor Christus und steht in einer Linie mit anderen Darstellungen gehängter Gottheiten, beispielsweise des nordischen Odin, des christlichen Jesus, des Gehenkten im Tarot, und mit ebenjenem Bild des Dreifachen Todes in der *Vita Merlini*.[13]

Die metaphysischen und magischen Symbole des Bildes werden in Anhang 7 ausführlich erörtert; an dieser Stelle unserer Untersuchung des Handlungsablaufs müssen wir vor allem folgendes sehen:

1. Es wird ein Dreifacher Tod vorhergesagt, der in einem Bild kulminiert, das in der Magie, der Protopsychologie und der Metaphysik als bildliche Darstellung bis auf den heutigen Tag überdauert hat.

2. Das Bild ist mit einem Urdrama verknüpft, in dem getrennte sexuelle Rollen in einem ausgewählten Individuum vereint werden, das den Dreifachen Tod findet.

3. Das Bild ist eng verbunden mit dem Zyklus der vier Elemente, der von dem Barden Taliesin in einer bedeutsamen Darlegung ausführlich beschrieben wird. Sie folgt später im Haupttext. Das Thema Elemente kommt in Anhang 7 zur Sprache.

4. Der Elementenzyklus ist mit dem alten magischen Jahres-

zeitenzyklus untrennbar verbunden; in diesem Sinne stellt der Gehenkte eine Synthese von Merlins in Spiralen verlaufendem Weg um das Urjahr und den Bewußtseinszuständen dar, die mit einem solchen Weg verbunden sind.

5. In Varianten dieser Erzählung ist der Dreifache Tod direkt auf Merlin selbst gemünzt; er ist die Verdichtung der weitläufigeren spirituellen Reise, das Thema der *Vita Merlini*.

Es gibt noch zwei weitere Aspekte, die in einer harmonischen Verbindung sowohl zu Tarot-Bildern als auch zu Merlins eigener Zeit als Wilder Mann in den Wäldern stehen.

1. Der junge Mann stürzt über einen Felshang und findet den Dreifachen Tod. Bei manchen Tarot-Spielen sieht man den Narren, eine andere Karte des Großen Arcanums, wie er unbekümmert über eine Felsenklippe schreitet. Er wird wie Merlin von einem Totemtier geführt, in diesem Fall einem Hund.[14] Dem Bild des Stürzens über einen Felsrand entspricht auf der seelischen Ebene das Eintauchen in das Unbekannte. Es erscheint in einer Reihe von Erzählungen, magischen Anweisungen und Parabeln, die das Wirken des inneren spirituellen Wachstums aufzeigen.

2. Der junge Mann ist »von Sinnen«, von der Jagdleidenschaft entzündet. Die Verfolgung des Hirsches in den Bergen wird in der Vita ausführlich beschrieben und liefert den dichterischen Rahmen für den Dreifachen Tod. Wie wir bald sehen werden, wird Merlin zum Herrn der Tiere; er führt eine Herde von Hirschen und Ziegen an und reitet selbst auf einem großen Hirsch. Merlin ist während seiner Zeit im Wald mit dem Hirsch und dadurch mit der Jagd verbunden, die zum Opfertod führt. Im keltischen Mythos werden die Seelen der Toten von einer Wilden Jagd über den Himmel getrieben, die vom Gott des Todes und der Unterwelt angeführt wird.[15]

Die Wilde Jagd weist eine Verbindung mit dem Hallowe'en-Fest am 31. Oktober auf. Zu dieser Zeit sollen die Seelen der Toten den Lebenden sehr nahe und die Tore zwischen den Welten besonders weit geöffnet sein. In der Symbolik, die im Merlin-Thema und seiner Verknüpfung mit dem Dreifachen Tod eine Rolle spielt, steckt ein sehr spezifischer Zusammenhang: Hallowe'en geht auf das keltische Fest Samhain zurück. Dieses wiederum leitet sich von einem auf der ganzen Welt verbreiteten rituellen Fest ab, das mit dem Jahreslauf der Plejaden zusammenhängt. Das polar entgegengesetzte Fest Beltane wird in den ersten Maitagen begangen. Der Auf- und Untergang der Plejaden bezeichnete einschneidende Wendepunkte des Jahres.[16]

In Merlins Prophezeiungen spielen die Plejaden und Orion, der mit den Plejaden mythologisch und wegen ihrer Position am Nachthimmel verbunden ist, eine wichtige Rolle. Sie markieren die Wendepunkte einer metaphysischen Reise, die untrennbar mit ihrer physischen Rolle als Orientierungshilfe für die Seefahrer gekoppelt ist. Auf einer tieferen Ebene fungieren sie als Matrizen oder Mittler für kosmische Kräfte, die Merlin in seiner apokalyptischen Vision darstellt.[17]

Hallowe'en ist, wie gesagt, traditionell mit dem Vorübereilen der Wilden Jagd, einer aus Urzeiten stammenden und mit dem Bild des Orion eng verknüpften Jagdgottheit verbunden, die als »Herr der Tiere« auch eine in den Wäldern angesiedelte Macht ist. Hier gibt es deutliche Parallelen zwischen Orion und dem Merlin in den ersten Abschnitten der Vita. Die Zusammenhänge reichen jedoch noch weiter.

In den Parallelerzählungen des Lailoken aus der schottischen Tradition wird der Prophet »den Engeln Satans überantwortet« und dazu verdammt, bis zum Ende seiner Tage »mit den Geschöpfen des Waldes Gemeinschaft« pflegen zu müssen. Lailoken, der den Dreifachen Tod sich selbst voraussagt, wird vom heiligen Kentigern gerettet, der ihn zur Rede stellt und fragt, ob er jemals Christ war und an Gott glaubte; und dann möchte er von ihm wissen, wie er überhaupt in die Waldwildnis kam. Wir sehen hier Verbindungen zur altschottischen Ballade Tam Lin, in der ein Ritter von der Feenkönigin des Waldes betört wird und eine Jungfrau zunächst sein Christentum und seine Sterblichkeit auf die Probe stellt, um festzustellen, ob er der Rettung würdig ist. Sie hilft ihm dann durch magische Transformationen. Tam Lin durchläuft diese Veränderungen am Hallowe'en-Tag, und solche Gestaltverwandlungen spielen in den Prophezeiungen des Merlin eine zentrale Rolle. Die Feen haben wie üblich den Platz der »Engel Satans« eingenommen, denn die Kirche, die die heidnischen Praktiken unterdrücken wollte, setzte die Feen und Dämonen des Jenseits fälschlich in Beziehung mit dem Bösen.

Diese Symbolik kehrt auch in dem schottischen balladesken Abenteuerroman *Thomas der Reimer* auf, der ebenfalls von einer Feenkönigin in das Jenseits entführt wird, wo sie ihm einen Baum mit vergifteten magischen Früchten zeigt und ihm die Gabe der Weissagung verleiht. Dieser Baum erscheint in der *Vita Merlini* in der entscheidenden Szene, in der Merlin endgültig von seinem Wahnsinn, der ihn in die Wälder trieb, geheilt wird.[18]

Offenkundig haben wir es hier mit einer sehr kohärenten magisch-transformativen Tradition zu tun. Wir werden uns einigen der oben angesprochenen Themen jeweils erneut zuwenden, sobald sie im Haupttext wieder angesprochen werden.

KAPITEL 6

Merlin und Guendoloena.
Erstes Sternenwissen.
Der Herr der Tiere

Die Jungfrau wird auf den Rücken des Schützen steigen,
und die Blüte ihrer Jungfrauschaft wird sich verdunkeln.

Prophetiae Merlini

Merlin will in die Wälder zurückkehren, aber seine Frau und
seine Schwester stellen sich ihm in den Weg. Er wird gezwungen, sich zu entscheiden: Soll seine Gemahlin sich erneut verheiraten oder nicht? Er gibt sie frei, jedoch stößt er dabei eine
eigenartig dunkle Drohung aus.
Durch ständige Beobachtung des Nachthimmels wird Merlin
gewahr, daß politische Veränderungen eingetreten sind; des
weiteren erfährt er von Guendoloenas neuem Gatten. Er be-
steigt einen Hirsch und kommt mit einer Herde von Hirschen
und Geißen zum Ort der Hochzeit. Das Geschenk, das er
mitbringt, ist ein gewaltsamer Tod für den Bräutigam.

Merlin und Guendoloena

*Merlin faßte nun den Plan, in die Wälder zurückzukehren,
und er verließ seine Behausung und befahl, ihm die Tore zu
öffnen. Da stellte sich jedoch seine Schwester ihm in den Weg
und bat ihn, während sie kaum die Tränen unterdrücken
konnte, noch ein wenig bei ihr zu bleiben und seinen Wahn-*

sinn abzulegen. Der Hartherzige wollte jedoch nicht von seinem Vorhaben Abstand nehmen, sondern versuchte weiterhin, die Tore zu öffnen, und er drängte darauf, hinausgelassen zu werden, und tobte und kämpfte, und mit seinem Lärmen zwang er die Bediensteten, ihm zu öffnen. Als ihn schließlich niemand am Gehen hindern konnte, befahl die Königin rasch die abwesende Guendoloena herbei, um ihn zum Einlenken zu bringen. Sie kam und bat ihn auf Knien, daß er bliebe; er aber wies ihre Bitten voll Verachtung zurück und wollte nicht bleiben noch ihr, wie er früher getan hatte, freundlich ins Antlitz blicken. Sie bekümmerte sich sehr und war in Tränen aufgelöst und raufte sich die Haare; sie zerkratzte ihre Wangen mit ihren Nägeln und wälzte sich am Boden, als ob sie stürbe. Bei diesem Anblick sprach die Königin zu ihm: »Diese Guendoloena, die so um deinetwegen stirbt, was soll sie tun? Soll sie wieder heiraten, oder befiehlst du ihr, Witwe zu bleiben, oder soll sie mit dir gehen, wohin auch immer du gehst? Denn sie wird mit dir gehen, und mit dir will sie in Freuden in den Wäldern und auf grünen Waldwiesen wohnen, wenn sie deine Liebe besitzt.« Hierauf antwortete der Prophet: »Schwester, ich will keine Kuh, die Wasser in einem breiten Strahl abschlägt wie die Vase der Jungfrau im Sommer, noch werde ich meinen Sinn ändern, wie Orpheus einst tat, als Eurydike ihre Körbe den Knaben zu halten gab, bevor sie über die Ufer des Styx zurückschwamm. Von euch beiden befreit, werde ich ohne das Gift der Liebe sein. Sorge also dafür, daß sie eine angemessene Gelegenheit erhält, sich zu verheiraten, und es möge derjenige sie haben, den sie sich erwählen wird. Doch soll sich derjenige, der sie heiratet, hüten, meine Wege zu kreuzen oder in meine Nähe zu kommen; er halte sich ferne, damit er nicht, wenn ich ihm begegnen sollte, mein sausendes Schwert zu spüren bekomme. Wenn aber der Tag der feierlichen Hochzeit kommt und die Gäste köstlich bewirtet werden, werde ich selbst anwesend sein, mit geziemenden Geschenken ausgestattet, und ich werde Guendoloena reiche Mitgift geben, wenn sie weggegeben wird.«

Als er geendet hatte, sagte er den beiden Lebewohl und ging hinweg, und ohne daß ihn jemand aufgehalten hätte, ging er zurück in die Wälder, nach denen er sich sehnte, um dort wie ein wildes Tier zu leben, von gefrorenem Moos sich ernährend, im Schnee, im Regen, in den heftigsten Windböen. Dies erfreute ihn mehr, als in seinen Städten Recht zu sprechen und über ein wildes Volk zu herrschen. So ward denn Guendoloena, da ihr Gatte über die Jahre hin mit seinen Waldtieren ein solches Leben führte, mit der Erlaubnis des Gemahls getraut.

Erstes Sternenwissen

Es war Nacht, und die schimmernde Mondsichel stand hell am Himmel, und alle Lichter des Himmelsgewölbes glänzten; die Luft war klarer als sonst, denn der rauhe, frostige Nordwind hatte die Wolken verjagt und den Himmel wieder klar gemacht und die Nebel mit seinem trockenen Atem aufgesogen. Vom Gipfel eines hochragenden Berges betrachtete der Prophet den Lauf der Sterne, und er sprach zu sich unter dem weiten Himmel: »Was bedeutet dieser Strahl des Mars? Bedeutet seine frische Röte, daß ein König tot ist und ein anderer kommen wird? So sehe ich es, denn Constantinus ist gestorben, und sein Neffe Conan hat durch ein böses Schicksal und den Mord an seinem Onkel die Krone an sich gerissen und ist König. Und du, erhabene Venus, die du innerhalb deiner geordneten Grenzen unterhalb des Tierkreises deine Bahn ziehst und die Sonne auf ihrem Lauf begleitest, was hat es mit diesem deinen doppelten Strahl auf sich, der die Luft auseinanderteilt? Bedeutet seine Teilung nicht die Trennung meiner Liebe? In der Tat zeigt ein solcher Strahl, daß Liebe geteilt wird. Vielleicht hat Guendoloena mich in meiner Abwesenheit verlassen und sich einem anderen zugewandt und frohlockt in seinen Armen. So verliere ich denn; so erfreut sich denn ein anderer ihrer Liebe. So werden mir meine Rechte entzogen, während ich die Zeit vergeude. So ist es ohne Zweifel, denn ein säumiger Liebhaber wird von einem anderen aus dem Feld geschlagen, der nicht säumig oder abwesend, sondern füglich zur Stelle ist. Aber ich bin nicht eifersüchtig; soll sie unter günstigen Zeichen heiraten und sich mit meiner Erlaubnis ihres neuen Gatten erfreuen. Und wenn die Morgensonne scheinen wird, werde ich gehen und das Geschenk mit mir nehmen, das ich ihr bei meinem Weggehen versprach.«

Der Herr der Tiere

So sprach er und versammelte in Wäldern und Hainen eine Herde von Hirschen zu einer einzigen Reihe, die Hirschkühe und Geißen ebenso, und er selbst bestieg einen Hirsch.

Sobald der Tag heraufdämmerte, trieb er die Tiere vor sich her und eilte rasch zu dem Ort, an dem Guendoloena heiraten sollte. Als er angelangt war, hieß er die Hirsche geduldig vor den Toren warten, und er rief mit lauter Stimme: »Guendoloena! Guendoloena! Eile! Deine Geschenke warten auf dich!« Guendoloena eilte rasch herbei, und sie lächelte und wunderte sich, daß jener auf dem Hirsch ritt und dieser ihm gehorchte und daß er eine so große Zahl von Tieren zusammenbekommen und vor sich hertreiben konnte, wie der Schäfer seine Schafe auf die Weide treibt.

Der Bräutigam beobachtete alles von einem hohen Fenster aus und wunderte sich über den Reiter auf seinem Sitz, und er lachte. Kaum hatte jedoch der Prophet ihn erblickt und erkannt, wer er war, riß er dem Hirsch, auf dem er ritt, die Hörner ab, schwang sie und schleuderte sie gegen jenen und zertrümmerte ihm den Schädel; so tötete er ihn und jagte ihm das

Leben aus dem Leib. Mit einem raschen Schlag seiner Ferse
trieb er den Hirsch zur Flucht an und eilte zurück in die Wäl-
der. Bei diesen Geschehnissen strömte das Gesinde von allen
Seiten herbei und verfolgte sogleich den Propheten über die
Felder. Er aber enteilte so schnell, daß er unversehrt in die
Wälder entkommen wäre, hätte ihn nicht ein Fluß aufgehal-
ten. Während jedoch das Reittier flugs über das Wasser hin-
wegsetzte, fiel Merlin von seinem Rücken und stürzte in die
schnellen Fluten. Die Diener warteten am Ufer und fingen
den Schwimmenden; sie banden ihn und brachten ihn zurück
zu seiner Schwester.

MERLIN UND GUENDOLOENA

Wir sehen Merlin an den Toren der Stadt toben, um hinausgelassen zu werden, während seine Schwester ihm zuspricht
und versucht, ihn zur Vernunft zu bringen. Es fällt auf, daß
sie ihm in keiner Weise Vorwürfe deswegen macht, weil er
ihre Untreue enthüllt hat.

Die schwesterliche Vernunft – symbolisiert durch Minerva
und verwandte Gottheiten in den keltisch-klassischen Mythen – kann sich nicht durchsetzen, und Guendoloena, seine
Gattin, wird ins Spiel gebracht, um ihn von seiner Flucht aus
der Vernunft zurück in die Raserei abzuhalten. *»Er aber wies*
ihre Bitten voll Verachtung zurück und wollte nicht bleiben
noch ihr, wie er früher getan hatte, freundlich ins Antlitz blik-
ken.« Hier klingt wieder das Zusammenspiel zwischen Gattin und Schwester an; es ist, als ob Merlin die Hinwendung
seiner Frau zu einem anderen Mann bereits vorausgesehen
hätte.

Es muß an dieser Stelle ausdrücklich betont werden, daß bei
unserer magischen oder transpersonalen Interpretation auf
der psychologischen Ebene der Gedanke des Inzests keine

Rolle spielt. Die Gattin oder Geliebte und die Schwester sind, wie bereits gesagt, Aspekte einer weiblichen Gottheit in ihrer urtümlichsten Form. In der Vita liegt eine komplexe Verflechtung dieser Aspekte vor, als deren Personifizierungen Ganieda und Guendoloena auftreten. In anderen keltischen Erzählungen, in denen Merlin oder seine schottische Entsprechung Lailoken auftritt, sind die Rollen der Geliebten und der Schwester vertauscht, während die Hauptthemen des Wahnsinns, der persönlichen Liebe und des unpersönlichen oder transpersonalen Bewußtseins unverändert bleiben.

Guendoloena ist bereit, Merlin in die Wälder zu folgen, jedoch weist er ihre Gesellschaft brüsk zurück. Geschlechtliche Liebe ist in dieser Phase mit dem prophetischen Wahnsinn unvereinbar. Die Szene wird von Ganieda, Merlins Schwester, ständig beobachtet. Während Guendoloena sich ihr Haar rauft und sich in fruchtloser ritueller Verzweiflung am Boden wälzt, stellt Ganieda die Schlüsselfrage: *»Was soll sie tun? Soll sie wieder heiraten, oder befiehlst du ihr, Witwe zu bleiben, oder soll sie mit dir gehen, wohin auch immer du gehst?«* Mit der Entscheidung Merlins für das Leben eines Propheten wird sie zur Witwe. Traditionellerweise gelten die in die Mysterien Eingeweihten als tot; sie sind gestorben für die Welt und wiedergeboren für eine neue Welt. In primitiven Ritualen des ganzen Erdkreises ist der symbolische Tod häufig mit einer Art ritueller Opferung und Prüfung verbunden – ein direkter Ausdruck der metaphysischen Eigenschaften, die durch den Dreifachen Tod symbolisiert werden.[1]

Die Wahlmöglichkeiten, die Merlins Gattin bleiben, werden von seiner Schwester ausgesprochen, und auch hier erkennen wir wiederum das Wechselspiel zwischen zwei Frauen, die Aspekte des Bewußtseins einerseits und des Göttlichen andererseits zu symbolisieren scheinen; die eine ist Vernunft und Anleitung, die andere Leidenschaft. Und doch können sie, wie bei den dramatischen Ereignissen auf Rhydderchs Hof, ihre Rollen tauschen, wenn sie dies wünschen. An dieser Stelle jedoch wird Guendoloena zum »Stereotyp«, und sie wird bald aus der Handlung entfernt sein. Bei Merlin setzt ein schmerzvoller Prozeß ein, in dem er die persönliche Liebe durch ein subtileres transpersonales Weisheitsstreben ersetzt.

Merlin weist seine Frau mit seltsamen Worten zurück, in denen astrologische Zusammenhänge anscheinend die Begründung für seine Zurückweisung liefern. *»Ich möchte keine Kuh, die Wasser in breitem Strahl abschlägt wie die Vase der Jungfrau* [Sternbild] *im Sommer.«* Dies ist entweder eine drastische Umschreibung für den Tränenstrom seiner Frau, oder es gibt einen astronomischen Bezug, der Geoffreys Übersetzung oder Nacherzählung nicht überdauert hat. In den Prophetiae wird beschrieben, wie die Jungfrau schamlos auf den Zentauren (Schütze) springt und ihre Tugend verliert;[2] es mag ein gewisser innerer Zusammenhang bestehen zwischen diesem kosmischen Bild und jenem, in dem Merlin in einer Waldlandschaft auf dem Rücken eines Hirsches erscheint und Ziegen zur Hochzeit seiner Frau mit einem anderen Mann treibt. Dieses Bild werden wir später noch untersuchen.

Merlin gibt schließlich seiner Frau die Erlaubnis, sich wiederzuverheiraten, jedoch deutet er Rache an dem neuen Gemahl an und verspricht, daß er persönlich Hochzeitsgeschenke bringen wird.[3] Diese Drohung verheißt dem Liebhaber Guendoloenas nichts Gutes, und wir sind auf ein klassisches Rachethema eingestimmt. Die Auflösung geschieht jedoch auf einer rein magischen Ebene, und Merlin vollzieht seine Rache auf ebenso ungewöhnliche wie metaphorische Weise.

Merlin kehrt also in die Wälder zurück und entsagt seinem irdischen Herrschertum; Guendoloena wird mit Merlins Erlaubnis nochmals heiraten.

Die folgenden Verse führen ein einfaches Element der Sternenbeobachtung und Sterndeutung ein. Damit ist ein Meilen-
stein in einer Entwicklung markiert, die sich in den früheren
Phasen der Vita wiederholt angedeutet hat; Merlin ist nunmehr auf seinem prophetischen Weg so weit fortgeschritten,
daß er direkte Aussagen und Beobachtungen machen kann,
was er bisher nicht konnte – wegen der verzehrenden Heftig-
keit seiner ersten Raserei nach der furchtbaren Schlacht und
wegen seiner rücksichtslosen Rückkehr zu einem urtümlichen Leben.

In dieser Szene beginnen sich seine intellektuellen Fähigkeiten mit seiner Seherkraft zu verbinden, und er ist in der Lage,
die Zeichen der Gestirne bewußt zu deuten. Vor dieser Phase,
die nach dem rituellen Drama des Dreifachen Todes beginnt,
konnte er nur das Vorübereilen der Jahreszeiten beklagen;
nun kann er dieses Vorübereilen am Spiegel des nächtlichen
Himmels ablesen und sich über seine Beschwerlichkeiten und
seine Verwirrung erheben.

Merlin hat wiederum einen Gipfel erreicht; die sich daraus er-
gebenden Bilder sind keine Anleihen von den Prophetiae, wie
es in einem späteren Abschnitt der Fall sein wird, sondern
Deutungen seiner eigenen Gegenwart, die er in der Ferne zu
sehen pflegt. Dies ist eine Weiterentwicklung der einfachen
Hellsichtigkeit bei dem Zwischenfall mit dem verräterischen
Laub in seiner Schwester Haar, denn die Bilder sind nunmehr
mit Ereignissen des Sternenhimmels verknüpft. Mit anderen
Worten, er blickt in dieser Phase seiner Entwicklung als Seher
nicht über die Zeit, sondern über den Raum hinaus. So wie er
beim Dreifachen Tod zunächst durch den Raum und dann

durch die Zeit sieht, sieht er jetzt in komplexerer Weise durch den Raum, so wie auch in einem späteren Abschnitt der Vita[4] Teile der Prophetiae wiederholt werden, um ein weiterentwickeltes Hindurchsehen durch die Zeit aufzuzeigen. Venus, die mit einem doppelten Strahl scheint, wird zum Symbol dafür, daß seine Gattin sich wiederverheiratet, und damit harmonisch verbunden ist ein Wechsel auf dem Thron. Mars und Venus sind in der traditionellen Astrologie wie auch in der Mythologie stets ein Paar: der Gott des Krieges und die Göttin der Liebe.

Diese gekoppelte Hellsichtigkeit ist nicht einfach ein Kunstgriff, denn ähnliche harmonische Verknüpfungen ziehen sich auch durch die Prophetiae hin, in denen historische Ereignisse und Personen manchmal untrennbar mit magischen oder auch spirituellen Symbolen verknüpft sind; die äußeren und die inneren Faktoren und Energien stehen sich als Gegensätze gegenüber, bedingen jedoch einander. Wir könnten dies auch unter einem anderen Blickwinkel betrachten und sagen, der weibliche Planet Venus zeigt so, wie Mars einen Wechsel des herrschenden Königs von Britannien anzeigt, einen Wechsel in der herrschenden Richtung von Merlins persönlicher Liebe, die Guendoloena gilt. Merlin beschließt also, das versprochene Geschenk zu bringen.

DER HERR DER TIERE

Merlins Geschenk an seine ehemalige Frau ist kein schlichtes Geschenk, und wir sehen Merlin hier wieder einmal in der Rolle einer ungebändigten Naturmacht. Er bringt eine Herde von Hirschen, Hirschkühen und Geißen zusammen und präsentiert diese, selbst auf einem Hirsch reitend, als sein Geschenk.

Hier gibt es eine Parallele zu ähnlichen Szenen im Mabinogion (»Die Dame von der Quelle«), worin ein riesiger schwarzer Mann Hirsche hütet und beherrscht, im Besitz furchterregender Kräfte ist und eine heilige Quelle beschützt.[5] Merlins Attribute sind die Herrschaft über die Hirsche und die Beziehung zu einer magischen Quelle, von der wir bereits gehört haben, über die jedoch später in der Szene, in der er endgültig von seinem Wahnsinn geheilt wird,[6] noch genauer zu berichten sein wird. In der Szene mit dem Hirsch tritt auch das Element der übermenschlichen Kraft auf, als Merlin seinem Reittier das Geweih abreißt und mit solcher Gewalt gegen den Rivalen schleudert, daß dieser sofort getötet wird, obwohl er immerhin *von einem hohen Fenster aus* die Szene beobachtete.

Nach dieser seltsamen dramatischen Szene hören wir weder vom Bräutigam noch von Merlins Gattin mehr etwas. Sie sind einfach aus der Erzählung entfernt, die sich im weiteren der Entwicklung mystischer Themen widmet.

Der neue Gatte ist in der Tat nichts als eine Randfigur; er kann die Urkraft Merlins nicht ersetzen, der ihn vernichtet, als sie aufeinandertreffen. An dieser Stelle muß, im magischen Sinne der Erzählung, ein unpolarisiertes und unvollständiges Blumenmädchen (Guendoloena) einfach entschwinden: wie die Blüten, aus denen ihr Gegenstück von einem anderen walisischen Zauberer – Math, der Sohn von Mathonwy[7] – geschaffen war.

Das Thema der Polarität und Partnerschaft scheint wieder auf: In dieser traumähnlichen Reise Merlins vom Wahnsinn zur spirituellen Klarheit wächst er über bestimmte Aspekte seiner Psyche hinaus, die entfallen oder zerstört werden. Die scheinbar rohe Art dieses Abenteuers ist durch die symbolische Sprache bedingt; die psychischen oder magischen Elemente werden durch persönliche Charakterisierung in der geheiligten traditionellen Art dargestellt. Dadurch können sie direkt und ohne Umweg über den Intellekt auf das Bewußtsein wirken; wir alle wissen intuitiv, was die Hirschszene bedeutet, auch wenn wir unterschiedlich viel davon begreifen oder keine verstandesgemäße Erklärung geben können.

Wie bereits gesagt wurde, waren die Hörner nicht nur ein Symbol der Naturkraft im Zusammenhang mit dem Herrn der Tiere und der Wilden Jagd; sie waren auch ein Symbol des betrogenen Ehemanns. Hier kommt das generative Element der Symbole zum Vorschein, das heißt, die Hörner haben phallische Bedeutung. Dies ist jedoch nur die erste Bedeutungsebene; es ist weder die einzige, noch ist es die wichtigste. Das Tragen von Hörnern war in traditionellen Zeremonien in ganz Europa zu finden, und der gesamte Komplex von Bildern, in dem Merlin Hirsche vor sich hertreibt, einem Hirsch die Hörner abreißt und das Geweih als Waffe gegen einen Nebenbuhler einsetzt, erinnert sehr an Elemente im Mummenschanz und in rituellen Tanzdramen.

Schon im 4. Jahrhundert n. Chr. geißelte der heilige Augustinus »jene abscheuliche Sitte, sich als Pferd oder Hirsch zu verkleiden«; doch bis ins 20. Jahrhundert haben die Menschen Cornwalls diesen Brauch beibehalten, und sie singen heute noch: »Schäme dich nicht, die Hörner zu tragen, sie waren ein Zeichen, noch ehe du geboren warst. Deines Vaters Vater trug sie, und dein Vater trug sie ebenso.« In diesem Fall werden durch die Tiersymbolik Tod und Wiederauferstehung versinnbildlicht, und es sind Fruchtbarkeitsrituale, die anläßlich des alten Fests der Plejaden (Beltane) und des St.-Georg-Tages aufgeführt wurden; letzteres war ursprünglich die heidnische Verehrung eines wilden grünen Mannes in den heiligen Wäldern.[8]

Geoffreys Publikum sah hierin wohl eine sexuelle Doppeldeutigkeit, möglicherweise einen Scherz, aber auch eine deutliche Verbindung zu traditionellen Riten und halbvergessenen heidnischen Symbolen, die in Liedern, Dramen und Erzählungen noch lebendig waren.

Bei seiner schnellen Flucht auf dem Rücken des Hirsches stürzt Merlin in den Fluß, wird von den Bediensteten gefangen, gefesselt und zu seiner Schwester zurückgebracht. Sie wird erneut als »kontrollierende Instanz« auftreten, an die Merlin gebunden ist, ob er dies will oder nicht. Das Herausfischen eines Sehers aus einem Fluß weist gewisse Parallelen zu Erzählungen auf, in denen ein heiliges und mit prophetischen Gaben ausgestattetes Kind aus dem Wasser gezogen und zum Hof des Königs gebracht wird.[9]

DIE MENSCHEN AUF DEM RAD DES LEBENS

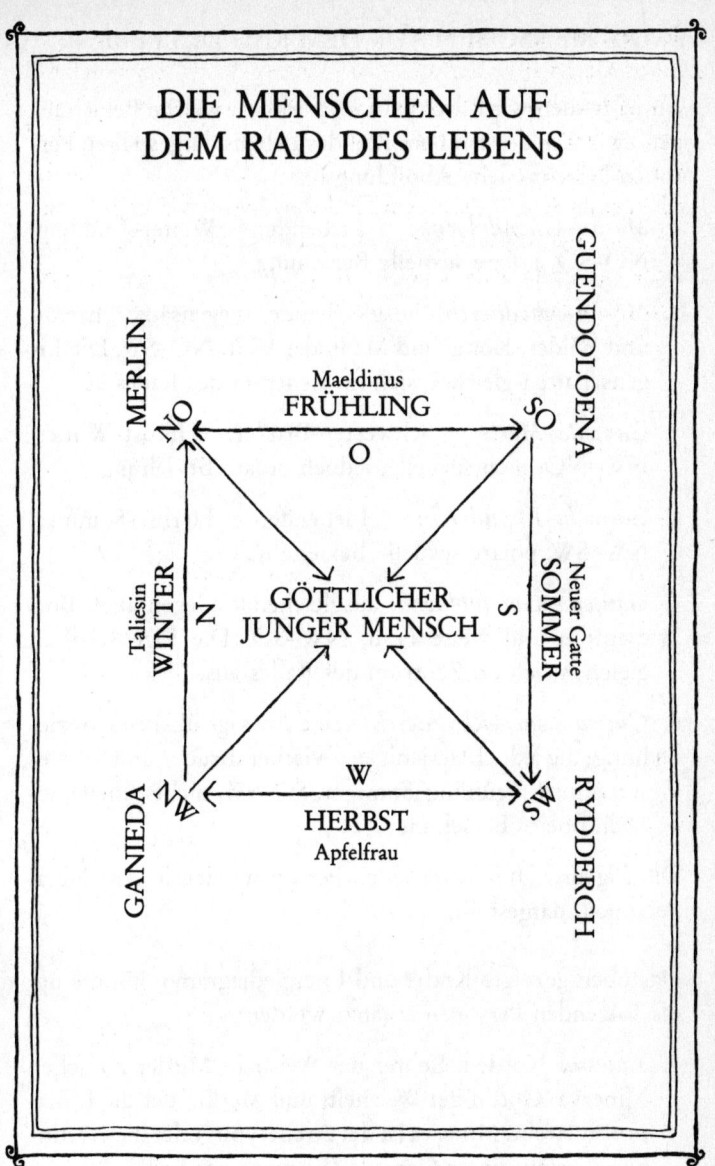

Abbildung 6. Die Menschen auf dem Rad des Lebens

DIE MENSCHEN AUF DEM RAD DES LEBENS

Im folgenden wird stichwortartig erklärt, welche Beziehungen zwischen den auf dem Rad des Lebens dargestellten Personen besteht (siehe Abbildung 6).

1. *Merlin–Guendoloena*: Liebende, Winter–Frühling, NO–SO, polare sexuelle Beziehung.

2. *Merlin–Rhydderch*: ausgleichende Gegensätze, Eremit und Wilder, König und Mann der Welt, NO–SW. Die Eigenschaften gleichen sich im Zentrum des Rades aus.

3. *Ganieda–Merlin*: Schwester–Bruder, Herbst–Winter, NW–NO, nichtsexuelle, jedoch polare Beziehung.

4. *Ganieda–Rhydderch*: Liebende, Herbst–Sommer, NW–SW, polare sexuelle Beziehung.

5. *Ganieda–Guendoloena*: ausgleichende Gegensätze, Blumenfrau und weise Frau, NW–SO. Die Eigenschaften gleichen sich im Zentrum des Rades aus.

6. *Guendoloena–Rhydderch*: keine Aussage über eine Beziehung, die jedoch derjenigen zwischen Bruder und Schwester ähnelt (Frühling–Sommer, SO–SW, nichtsexuelle, jedoch polare Beziehung).

Die Eigenschaften einer jeden Person werden in Anhang 2, Personen, dargestellt.

Das oben gezeigte Kraft- und Energiediagramm könnte um die folgenden Personen ergänzt werden:

1. *Taliesin*: Norden, Lehrer der Weisheit, Mittler zwischen Minerva, Göttin der Weisheit, und Merlin, der die Initiation anstrebt. Minerva ist der Archetypus oder die Göttinnen-Gestalt hinter Ganieda (Element der Erde).

2. *Maeldinus*: Osten, Wilder Mann in den Wäldern, Kraft des prophetischen Wahnsinns, aufsteigende Naturkräfte, Symbol des feurigen Geistes (Element der Luft).

3. *Junger Mann*: Zentrum, Opfer des Dreifachen Todes, Verschmelzung aller Gestalten.

Taliesin überträgt die Weisheit von Norden nach Süden, während Maeldinus die Energie von Osten nach Westen führt.

Beobachtet man im Diagramm die Polaritäten, ergeben sich verschiedene Wechselbeziehungen, die das Thema der Vita sind.

Um das Bild zu vervollständigen, könnte man noch die schemenhaften Gestalten der Apfelfrau (Westen) und des neuen Gatten (Süden) hinzufügen (siehe Anhang 2, Personen). Die Apfelfrau ist die Repräsentation einer geheimnisvollen Kraft, die magische Früchte anbietet, während der neue Gatte ein männliches Stereotyp ist, das von Guendoloena gesucht wird. Beide Gestalten erinnern von ferne an heidnische Gottheiten: die Göttin des Lebens und die Göttin der Fortpflanzung (Elemente des Wassers und des Feuers).

KAPITEL 7

Merlins zweite Wiederkehr

Keinen Janus-Dienst wird es dann mehr geben, und das Tor, das geschlossen wird, bleibt in den dunklen Winkeln Ariadnes verborgen.

Prophetiae Merlini

Der »Hüter« gibt seine Bedeutung etwa in folgenden Worten kund: ...Meine Schwelle aber ist gezimmert aus einem jeglichen Furchtgefühl, das noch in dir ist, und aus einer jeglichen Scheu vor der Kraft, die volle Verantwortung für all dein Tun und Denken selbst zu übernehmen. Solange du noch irgendeine Furcht vor der selbsteigenen Lenkung deines Geschickes hast, so lange ist in diese Schwelle nicht alles hineingebaut, was sie erhalten muß. ...Versuche nicht früher diese Schwelle zu überschreiten, bis du ganz frei von Furcht und bereit zu höchster Verantwortlichkeit dich fühlst.

Rudolf Steiner

Auf der Flucht nach der Ermordung des neuen Gatten Guendoloenas stürzt Merlin vom Rücken seines Hirsches in den Fluß, woraufhin ihn die Bediensteten Ganiedas aufgreifen und zum Hof zurückbringen. Rhydderch versucht, Merlin zu zerstreuen, indem er ihm den Marktplatz zeigt. Der Prophet lacht zweimal, einmal beim Anblick eines Türstehers, der um Almosen bittet, und einmal wegen eines jungen Mannes, der neue Schuhe und Lederflicken kauft. Um den Preis seiner

Freiheit gibt er wiederum die Gründe für sein Lachen kund, er enthüllt die Geheimnisse der beiden Personen durch seine Hellsichtigkeit.

Merlins zweite Wiederkehr

Als sich der Prophet in dieser Weise gefangen sah, wurde er betrübt und wollte in die Wälder zurückkehren, und er bäumte sich gegen seine Fesseln auf und weigerte sich, zu lachen oder Speis und Trank zu sich zu nehmen, und durch seine Betrübnis machte er auch seine Schwester traurig. Als Rhydderch daher sah, daß er alle Freude von sich wies und sich weigerte, von den erlesenen Speisen zu kosten, die man für ihn zubereitet hatte, tat es ihm leid um ihn, und er befahl, ihn hinaus in die Stadt auf den Marktplatz unter die Menschen zu führen, in der Hoffnung, daß ihn die Neuheiten, die dort verkauft wurden, erheitern möchten.

Als er nun aus dem Palast getreten war, sah er vor einer Tür einen ärmlich aussehenden Bediensteten, den Türsteher, der mit zitternden Lippen alle Vorübergehenden um etwas Geld bat, damit er seine Kleidung ausbessern lassen könne. Der Prophet blieb daraufhin stehen und lachte, denn er verwunderte sich über den armen Mann. Nachdem er weitergegangen war, sah er einen Jüngling, der neue Schuhe in der Hand hielt und gerade einige Lederstücke erwarb, um diese als Flicken aufzunähen. Hier lachte er erneut. Doch er weigerte sich, weiter über den Markt zu gehen und sich von den Menschen begaffen zu lassen, die er beobachtete. Er sehnte sich nach den Wäldern zurück, nach denen er sich häufig umsah und zu denen hin er trotz des Verbots seine Schritte zu lenken versuchte.

Die Diener kehrten nach Hause zurück und berichteten, Merlin habe zweimal gelacht, habe aber auch versucht, in die Wälder zu entweichen. Rhydderch, der zu wissen begehrte, was es mit dem Lachen auf sich hatte, gab unverzüglich Befehl, daß man ihm die Fessel löse, und erlaubte ihm, in seine gewohnten Wälder zurückzukehren, wenn er nur den Grund für sein Lachen preisgäbe. Nun ganz fröhlich, antwortete der Prophet: »Der Türsteher saß außerhalb der Tür in abgetragenen Kleidern und bat immerfort die Vorübergehenden, ihm etwas zu geben, damit er Kleider kaufen könne, wie wenn er ein Armer gewesen wäre, und dabei war er schon längst ein reicher Mann, denn unter ihm lagen Stapel von Münzen verborgen. Deshalb lachte ich; grabt die Erde unter ihm auf, und ihr werdet Münzen finden, die dort seit langem liegen. Dann führte man mich weiter zum Marktplatz, und ich sah einen Mann, der Schuhe und auch einige Flicken kaufte, damit er die Schuhe erneuern und wieder gebrauchsfähig machen könne, wenn sie einmal verschlissen wären und vom vielen Tragen Löcher hätten. Auch hierüber lachte ich, denn der Ärmste wird weder die Schuhe noch die Flicken gebrauchen können, er ist bereits in den Wellen ertrunken und treibt auf das Ufer zu; geht nur hin und seht.« Rhydderch wollte sich über diese Worte vergewissern und befahl seinen Dienern, rasch zum Flußufer zu gehen, damit sie ihm, wenn sie wirklich einen Ertrunkenen am Ufer gefunden hätten, sogleich Nachricht brächten. Sie taten, wie ihnen der König geheißen hatte, und gingen hin zum Fluß, wo sie an einem öden Uferstrich einen Ertrunkenen fanden; sie kehrten zurück und berichteten dem König davon. Inzwischen hatte der König, nachdem er den Türsteher weggeschickt hatte, die Erde aufgegraben und darunter einen Schatz gefunden, und lachend pries er den Propheten.

Der hier vorgestellte Handlungsverlauf hat einige eindeutig orientalische Parallelen: Merlin lacht über augenscheinlich alltägliche Ereignisse. In beiden Fällen, bei dem bettelnden Türsteher und bei dem jungen Mann, der neue Schuhe und Flicken kauft, demonstriert der Prophet seine gesteigerten Wahrnehmungskräfte. Ähnliche Erzählungen findet man in den jüdischen Volksüberlieferungen, in der arabischen Literatur oder in Weisheitserzählungen sowie im Talmud. In welcher Weise oder in welcher Form das Material zu Geoffrey kam, darüber kann man nur spekulieren; gewiß gab es im 12. Jahrhundert bereits einen kulturellen Austausch zwischen Europa und dem Orient, wahrscheinlich in größerem Umfang, als wir gemeinhin annehmen, und wohl auch abseits der allbekannten Quellen, etwa die zurückkehrenden Kreuzfahrer.[1]

In den Prophetiae ist von arabischer Astronomie oder Astrologie nichts zu finden; das über die Gestirne berichtete Wissen ist hauptsächlich britischen oder griechischen Ursprungs. Der Grund hierfür ist wahrscheinlich darin zu suchen, daß sich Geoffrey auf eine mündlich überlieferte Quelle stützte, eine Quelle, die vermutlich einige Jahrhunderte älter ist als die Geschichte der Könige von Britannien, in der die Prophezeiungen enthalten sind. Zu dem Zeitpunkt, als Geoffrey die Vita schrieb, bei der er sich auf ähnliche bardische Quellen stützte, waren ihm auch Erzählungen aus einer östlichen Quelle bekannt geworden, die er nun verwertet, um Merlins wachsende Kräfte darzustellen.

Die alternative Möglichkeit, die ernsthaft in Betracht gezogen werden muß und die sich mit der Frage der literarischen Herleitung überschneidet, besteht darin, daß solche Erzählungen spontan im menschlichen Bewußtsein auftauchen. Verbindungen zwischen Weisheitserzählungen müssen nicht unbedingt und ausschließlich eine Angelegenheit der literarischen oder kulturellen Übertragung sein, sondern können ihren Ursprung auch in dem traumhaften Bewußtseinsstrom haben, in dem sich solche Erzählungen aus allgemeinen Umwelt-, psychischen und spirituellen Erfahrungen herauskristallisieren.

Auf der ersten Ebene (siehe Abbildung 7), derjenigen der Umwelt oder des Landes, wird die Darstellung eines jeden Themas ein sehr spezifisches Kolorit haben, während sich auf der zweiten Ebene aufgrund der inneren Beziehungen der menschlichen Psyche unabhängig von ihrem physischen oder kulturellen Ort Beziehungen zwischen ähnlichen Motiven kulturübergreifend auszubilden beginnen. Auf dieser zweiten Stufe sind die Unterschiede aber immer noch deutlich ausgeprägt. Auf der dritten Stufe, der spirituellen oder transzendenten, sehen wir, daß die Themen zu einer Erfahrungsqualität zusammenfließen, die alle Menschen kennen, auch wenn sie durch die Filter der darunterliegenden Ebenen ausgedrückt werden. Es gibt keine festen und starren Grenzen zwischen diesen theoretischen Bewußtseinsebenen, und häufig überschneiden sie sich sogar.

In einer Dichtung, die sich hauptsächlich auf britische und klassische Traditionen stützt, wobei der überwiegende Teil des Materials keltischen Ursprungs ist, erscheint Geoffreys Einfügung einer östlichen Erzählung jedenfalls höchst bemerkenswert.

Unter dem Gesichtspunkt, daß die Erzählung eine Beschreibung und praktische Anleitung ist zur inneren Entwicklung, vorgeführt anhand der Gestalt Merlin, sind die beiden Bilder – der Bettler, der auf einem Goldschatz sitzt, und der junge Mann, der neue Schuhe und Flicken für die Schuhe kauft, kurz bevor er ertrinkt – klassische Weisheitserzählungen. Sie sind nicht nur Beispiele für Merlins Weitsicht, die Schuhe, und sein gesteigertes Wahrnehmungsvermögen, der Schatz,

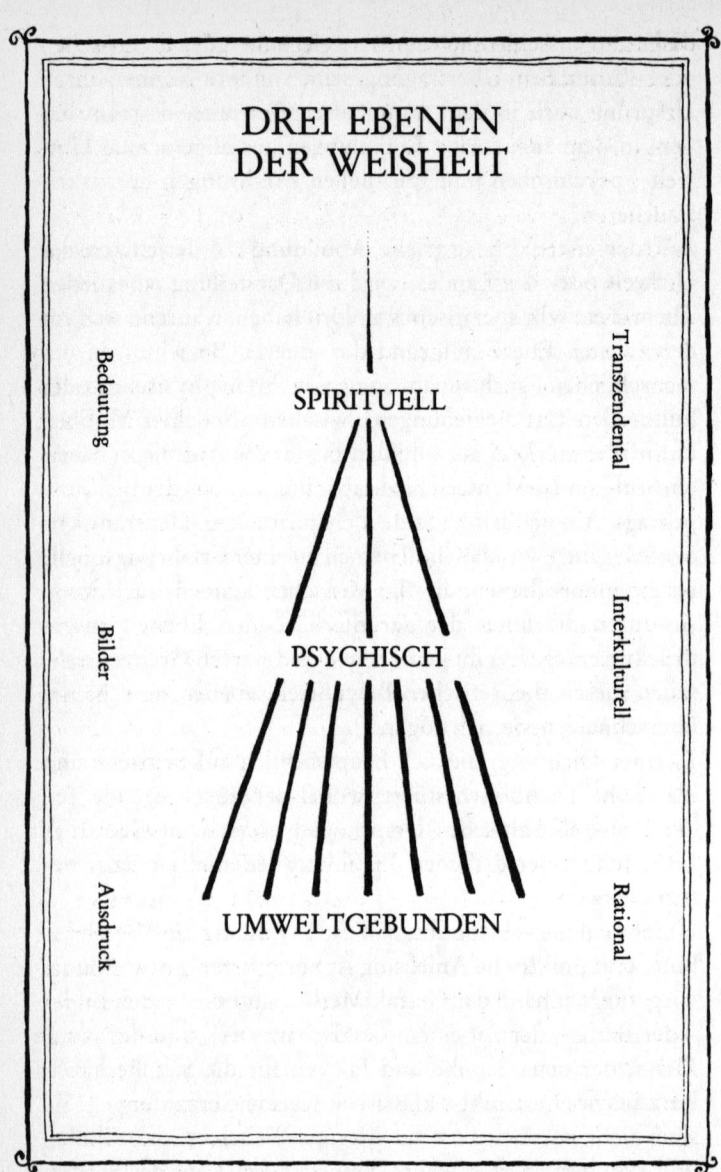

Abbildung 7. Drei Ebenen der Weisheit

sondern ganz selbständige Weisheitsmotive. Jedes Bild zeigt einen Ausschnitt unserer menschlichen Existenz: der Bettler, der, ohne es zu ahnen, auf großen Reichtümern sitzt, und der junge Mann, der für ein langes Leben plant, aber rasch vom Tod ereilt wird.

Solche Erzählungen sind ein wichtiger Teil des belehrenden und mystischen Wissens, das von Mund zu Mund weitergegeben wurde, und jede dieser scheinbar trivialen Begebenheiten weist weitere symbolische Ebenen auf, denen wir uns kurz zuwenden sollten.

Der bettelnde Türsteher ist ein eindeutiges Symbol des menschlichen Bewußtseins, insbesondere der Persönlichkeit, auch in ihrer modernen Bedeutung. Er bittet die Vorübergehenden um Geld, *»damit er seine Kleidung ausbessern lassen könne«*. Wir wollen dies so deuten, daß er sein Selbstbewußtsein kräftigen möchte, indem er bei anderen Bestätigung sucht. Die Bedeutung des Türstehers ist keineswegs trivial; er ist in erster Linie ein Symbol für die Persönlichkeit, die an der Schwelle zu einem größeren und reicheren Bewußtsein steht, zum verborgenen Goldschatz, wobei sie von ihrer eigenen Schwachheit oder Armseligkeit überzeugt ist und ständig Unterstützung von außen sucht, statt die verborgenen Reichtümer in sich oder »unter« sich aufzuspüren.

In der mittelalterlichen Kultur besaß das Türstehen noch die alte Heiligkeit, mit der es in früheren Zeiten ausgestattet war. Ein Türsteher oder Pförtner übte sowohl das niedrigste als auch das höchste Amt aus, denn er gewährte den Menschen den Zugang zum Saal beziehungsweise zum Schloß. Ritualisiert tritt dieses Amt heute zum Beispiel noch bei den Freimaurerlogen auf. In letzter Instanz geht es auf das mächtige Bild des Hüters zurück, dessen göttlichen Aspekt Merlin in seinen Prophezeiungen klar und deutlich beschreibt.[2]

Die verblendete Persönlichkeit ist jenes Fragment des Türstehers, das am weitesten von dieser kosmischen archetypischen

Hüter- oder Schlüsselgewalt entfernt ist, und doch steht diese Persönlichkeit auf Reichtum und Macht ohnegleichen. In diesem allegorischen Sinne könnten wir hinzufügen, daß der König, der den Türsteher wegschickt und das Gold ausgräbt, das königliche Recht unseres Bewußtseins verteidigt, über sich selbst zu bestimmen, statt sich von den Launen des Bettlerelements der Persönlichkeit unterjochen zu lassen. Danach preist er lachend Merlin, der die tiefen prophetischen oder intuitiven Kräfte repräsentiert, die uns zur inneren Freiheit führen.

Der junge Mann mit den neuen Schuhen steht für den törichten Versuch, sich eine »Zukunft zu schaffen«. Er kauft Schuhe und gleich Flicken dazu, in der Annahme, er könne dann unter Bedingungen, die sich nicht radikal ändern, sicher und bequem leben. Er verhält sich damit genau entsprechend dem altbekannten menschlichen Verhaltensmuster, nach dem wir glauben, unser Wunschdenken über das Leben sei schon das Leben selbst.

Während das erste Bild, dasjenige des Türstehers, von Bewußtseinsebenen spricht, allegorisiert das zweite die Vergänglichkeit des Lebens und unser irdisches Streben. Der junge Mann wird »*an einem öden Uferstrich*« ertrunken aufgefunden; sein Geist ist in das Meer der Ewigkeit aufgebrochen und hat das absurde Bild, das er von sich selbst hatte, auf Erden zurückgelassen.

Der moralische und religiöse Aspekt jeder dieser exemplarischen Bilder machte auf Geoffreys mittelalterliches Publikum einen sehr starken Eindruck. Die Erzählungen in der Vita dienen nicht nur als Beweis für Merlins seherische Fähigkeiten, sondern sie zeigen ihn auch als Vermittler von Weisheit, die über bloße Information hinausgeht. Die kurze Szene der versuchten Zerstreuung auf dem Marktplatz wurde in eine Lektion über spirituelle Werte umgewandelt. Die Bediensteten und der König sind bestrebt, Merlins Wahnsinn zu trivialisieren, indem sie ihn bloß unterhalten oder zu beschäftigen versuchen; er aber setzt sich über den chronologischen Fortgang der Zeit hinweg und findet Situationen und persönliche Beispiele, die diese »materialistische« Haltung unterlaufen.

Wieder einmal kommt Merlin in die Gesellschaft zurück, fühlt sich von dem, was er dort findet, abgestoßen und kehrt in die Waldwildnis zurück. Nach dieser zweiten Rückkehr läßt er sich nun auf ein gemeinsames Wagnis mit seiner Schwester ein; die dumpfe Raserei in den Wäldern wird durch seine Erfahrungen in ein geordnetes prophetisches Bewußtsein umgewandelt.

KAPITEL 8

Merlins Observatorium

Die Zwölf Häuser der Gestirne werden die unregelmäßigen Ausfahrten ihrer Bewohner beklagen.

Prophetiae Merlini

Ganieda versucht, Merlin von der Rückkehr in die Wälder abzuhalten, und er stimmt mit ihr überein, daß er seinen Lebenswandel ändern sollte. Er bittet sie, ein Observatorium mit einer Unterkunft für den Winter bauen zu lassen, in dem er die Sterne beobachten und von Schreibern genaue Aufzeichnungen führen lassen kann. Den Sommer verbringt er in der freien Natur, den Winter im Observatorium.

Merlins Observatorium

Nach diesen Ereignissen wollte der Prophet unverzüglich in die ihm vertrauten Wälder aufbrechen, da er die Menschen in der Stadt nicht ertragen konnte. Die Königin redete ihm aber zu, bei ihr zu bleiben und seine ersehnte Rückkehr in die Wälder hinauszuschieben, bis die Kälte des weißen Winters, die sich bereits ankündigte, vorüber wäre und der Sommer mit seinen zarten Früchten zurückkehrte, von denen er sich nähren könnte, wenn die Strahlen der Sonne die Luft wieder erwärmten. Davon wollte er nichts wissen, und da es ihn verlangte wegzugehen und er den Winter nicht fürchtete, sagte er zu ihr: »Meine liebe Schwester, was bemühst du dich, mich zurückzuhalten? Der Winter mit seinen Stürmen kann mich nicht schrecken, noch der eisige Boreas, wenn er mit heftigen Böen tobt und mit Hagel über die Schafherden herfällt; auch fürchte ich den Auster nicht, wenn seine Regenwolken ihre Wasser ausgießen. Warum sollte ich nicht in die verlassenen Haine und die grünen Wälder gehen? Ich bin mit wenigem zufrieden und kann den Frost ertragen. Dort unter dem Laub der Bäume und zwischen den duftenden Blüten werde ich mit Wonne im Sommer liegen. Damit es mir jedoch im Winter nicht an Nahrung mangele, magst du mir ein Haus in den Wäldern bauen und dort Diener mir aufwarten und Essen bereiten lassen, wenn der Boden kein Korn und die Bäume keine Früchte mehr geben wollen. Vor den anderen Gebäuden aber baue mir ein abgelegenes Haus mit siebzig Türen und ebenso vielen Fenstern, durch die ich den feueratmenden Phoibos und Venus und die Sterne betrachten kann, die nachts vom Himmel fallen, und diese alle sollen mir zeigen, wie es den Menschen des Königreichs ergehen wird. Lasse die gleiche Zahl von Schreibern zur Hand sein, die geschult sind, meine Worte niederzuschreiben, und sie sollen achtsam meine Prophezeiungen auf ihren Tafeln festhalten. Auch du magst häufig kommen, liebe Schwester, um meinen Hunger mit Speis und Trank zu stillen.« So sprach er und machte sich eilig auf in die Wälder.

Die Schwester kam seinem Wunsche nach, ließ das Haus errichten wie auch andere Gebäude, und sie entsprach allem, was er ihr aufgetragen hatte. Er aber genoß es, während die Äpfel an den Bäumen blieben und Phoibos am Firmament höher strebte, unter dem Laub zu verweilen und durch die Haine mit ihren sanften Brisen zu wandern. Dann kam der rauhe Winter mit eisigen Winden und beraubte die Erde und die Bäume aller Früchte, und Merlin war ohne Nahrung, weil es die Zeit des Regens war, und er kam, traurig und hungrig, zum erwähnten Ort. Dorthin ging oft die Königin und freute *sich darüber, ihrem Bruder Speis und Trank bringen zu können. Nachdem jener sich mit verschiedenen Köstlichkeiten gestärkt hatte, erhob er sich stets und versicherte seiner Schwester seinen Dank. Dann blickte er, im Haus umhergehend, in die Sterne und prophezeite Geschehnisse wie diese, von denen er wußte, daß sie bald eintreten würden.*

MERLINS OBSERVATORIUM

Die Errichtung eines Komplexes, welcher der Sternenbeobachtung dient, markiert einen vollen Umlauf auf Merlins spiralförmig verlaufendem Weg. Er ist wieder beim Winter angelangt, und Ganieda versucht, seine Flucht in das asketische Leben des Walderemiten zu verhindern. Es kommt schließlich zu einem »Kompromiß« zwischen Merlin und seiner Schwester, dem prophetischen und dem belehrenden oder befähigenden Bewußtsein.

Ein solcher Gebäudekomplex erinnert zwar sehr an eine mönchische Niederlassung, aber er ist doch nicht religiöser Art im christlichen Sinne: Er dient der Beobachtung der Sterne zum Zwecke der Weissagung. Merlin verfügt über ein abgelegenes oder abgetrenntes Gebäude mit siebzig Türen und siebzig Fenstern, das abseits des Wohnhauses und der Unterkünfte des Gesindes liegt; Ganieda überwacht sowohl den Bau als auch die Unterhaltung dieses Komplexes. Ein Kollegium von Schreibern, ebenfalls siebzig an der Zahl, fertigt Niederschriften von Merlins Beobachtungen der Sterne, die ihm zeigen, *»wie es den Menschen des Königsreichs ergehen wird«.*[1]

Diese Szene läßt sich in verschiedener Weise interpretieren. Zunächst einmal untermauert sie eine alte Tradition, nach der Merlin viele seiner prophetischen Erkenntnisse aus der Sternenbeobachtung gewann. Seine Sternenweisheit ist nicht mit der modernen Astrologie identisch; ausführlicher wird sie in den Prophetiae beschrieben. Eine solche präzise Beschreibung von Merlins Observatorium kann von einer bestehenden Quelle innerhalb des allgemeinen Stroms gemeinsamer Traditionen wie denjenigen in der Geschichte der Könige von Britannien herrühren; wenn man solche traditionellen Bilder richtig zu lesen weiß, stellt man fest, daß sie in einer harmonischen Beziehung zu historischen Fakten stehen.

Die berühmte Sage um Merlin und Stonehenge, nach welcher der Prophet die Steine als gewaltige Totengedenkstätte aus Irland gebracht haben soll, ist hierfür ein hervorragendes Beispiel. Wenn auch die Fakten im strengen Sinne falsch sein mögen, so repräsentiert dieser Bericht in der Geschichte der Könige von Britannien[2] doch eine Tradition, nach der Stonehenge aus einem Land im fernen Westen kommt, mit dem Tod und dem Jenseits zu tun hat und durch die Gestalt Merlin mit den magischen Praktiken vorchristlicher Kulturen verbunden ist. In diesem Lichte paßt Geoffreys Bericht sehr gut zu dem, was uns die moderne Archäologie sagt: Die Steine stammen teilweise aus Wales, Steinkreise haben im allgemeinen mit Bestattungen zu tun, und ihr Ursprung ist wahrscheinlich magisch-religiöser Art. Ein anderer Aspekt, der mittlerweile gut belegt ist, wenn auch immer noch in der Diskussion steht, ist die Tatsache, daß Steinkreise entsprechend dem Aufgang oder Untergang bestimmter Sterne und Planeten angeordnet sind. So wie die Idee von Stonehenge mit Merlin in seiner Eigenschaft als Zauberer und Sternenseher verbunden ist, so ist es auch die Idee des Observatoriums. Sie repräsentiert eine Tradition von Glaubensvorstellungen, die mit alten und heidnischen Kulturen zusammenhängen, in denen Strukturen erbaut oder benutzt wurden, um Sternenweisheit zu symbolisieren, Beobachtungen zu machen und Berechnungen anzustellen.[3]

Hier hat die Überlieferung in einer traumähnlichen Weise den

Nachhall einer Kultur oder von Kulturen bewahrt, die noch weit hinter dem Mittelalter zurückliegen, einen Nachhall, dessen Wahrheitsgehalt zumindest teilweise durch die Arbeit der heutigen Archäologen und Wissenschaftler bestätigt wurde. Kurz zusammengefaßt, kann man sagen, daß die Alten spezielle Anlagen zur Beobachtung der Sterne errichteten und diese Praxis noch im 12. Jahrhundert durch Merlin symbolisiert wurde.

Ein ähnliches Bild erscheint in der Geschichte der Könige von Britannien, in der Geoffrey den Hof Artus' in Caerleon beschreibt, wenn auch dort die Verbindung zur Prophezeiung weniger offensichtlich ist.[4] Das Observatorium stammt aus einer mündlich überlieferten keltischen Tradition, ähnlich denjenigen, aus denen sich auch die Vita und die Geschichte der britischen Könige im wesentlichen speisen. Dieser Bau repräsentiert zumindest zwei kulturgeschichtliche Ebenen. Die eine ist jene uralte traumbewußte Erinnerung an den Zweck der Aufrechtsteine und der Steinrunden; diese Steine waren im Mittelalter Gegenstand weitverbreiteter abergläubischer Vorstellungen und Legenden, wie wir Geoffreys Bericht über Stonehenge entnehmen können. Die zweite liegt im kulturhistorischen Sinne erheblich näher, denn sie belegt die erzieherische und prophetische Funktion des Barden, welche wiederum auf die heidnischen Druiden zurückgeht, die es in Wales mindestens in den ersten nachchristlichen Jahrhunderten noch gab.

Eine damit zusammenhängende Tradition überliefert Geoffrey mit seiner Wiedergabe der Erzählung vom König Bladud, der sowohl in der Geschichte der Könige von Britannien als auch in der Vita auftritt; dieser flog durch die Luft, praktizierte Nekromantie und gründete nicht nur den Minerva-Tempel in Aquae Sulis (Bath), sondern auch eine Schule oder Lehranstalt.[5] In solchen Traditionen spiegelt sich die Funktion des druidischen oder keltischen Königs und Priesters wider, wenn auch in verfälschter Art. Die Verfälschung entsteht jedoch nur im pedantisch an Fakten und Logik orientierten Geist, der buchstäbliche Beweise fordert; der Beweis, den Traditionen liefern können, ist symbolisch, traumhaft und von visuellen Vorstellungen geprägt. Der Mythos von Bladud wird beispielsweise von der modernen Archäologie weitgehend bestätigt, und dabei war der Minerva-Tempel in Geoffreys Tagen schon jahrhundertelang versunken.

Besonders bemerkenswert ist an Merlins Observatorium, daß es einem rein heidnischen Zweck dient; der orthodoxe Glaube spielt überhaupt keine Rolle. Damit ist der Boden nicht nur für die nun folgenden Prophezeiungen bereitet – die zum großen Teil, aber nicht vollständig, aus dem früheren, in der Geschichte der Könige von Britannien enthaltenen Buch der *Prophetiae Merlini* entnommen sind –, sondern auch für die unterrichtende oder initiierende Lehre Taliesins in einer späteren Szene, die er unter der Anleitung Minervas ausspricht. Wie wir bereits angedeutet haben, ist Ganieda Ausdruck oder Personifikation einer der Minerva vergleichbaren Gottheit; aus diesem Grund übernimmt sie den Bau und die Leitung des Observatoriums. Ihre Rolle ist nicht diejenige der häuslichen Schwester, die sich um ihren wahnsinnigen Bruder kümmert, sondern diejenige einer befähigenden Macht.

DIE ZAHLENSYMBOLIK DES OBSERVATORIUMS

Möglicherweise ist die Zahl Siebzig nicht einfach ein Gedanke des Dichters, sondern steht in einem Zusammenhang mit den traditionellen Funktionen der alten Steinrunden und ihrer – heute bewiesenen – mathematischen Orientierung an bestimmten Sternen und Planeten. Solche Observatorien sind nicht bloß die Reste einer keltischen Tradition über Druidenwissen oder prähistorische Bauten, man findet sie auch in den

Hochkulturen anderer Länder. Die bekanntesten Beispiele sind natürlich diejenigen des alten Ägypten und von Südamerika, wo bemerkenswerte Gebäude entstanden, in denen Vorstellungen über die Beziehungen zwischen den Sternen, den Planeten und dem geheimnisvollen Jenseits zum Ausdruck kamen. Merlins Observatorium ist nicht einfach ein abgeleitetes Bild aus Traditionen oder literarischen Quellen; es ist Ausdruck einer Bewußtseins- und kulturellen Haltung, die in vielen Formen, von der einfachsten bis zur kompliziertesten, auftritt und in der ganzen Welt in jedem Zeitalter und in jeder Zivilisation zu finden ist. Allein schon in diesem Sinne ist es in der Vita als Ausdruck der Entwicklung des menschlichen Bewußtseins von überragender Bedeutung. Die Menschheit blickt nicht nur nach innen, sondern auch in das weite Universum hinaus, um harmonische Erkenntnisse über den Sinn des Daseins zu gewinnen.[6]

Die Zahl Siebzig kann von der Grundsymbolik der sieben Planeten hergeleitet sein. Auf die Attribute der Planeten wird sowohl in den Prophetiae als auch in der Vita wiederholt Bezug genommen, das Elemente- und Planetensystem war im Mittelalter Teil einer allgemeingültigen und grundlegenden Weltanschauung, die auf eine Verschmelzung des klassischen und westeuropäischen kulturellen Erbes zurückgeht. Die arabische Astrologie begann zu Geoffreys Lebzeiten oder vielleicht kurz davor, in den Westen einzudringen und ein Wissen neu zu beleben, das sich im Mittelalter kaum weiterentwickelt hatte.

Die Grundattribute der Planeten sind über Tausende von Jahren gleichgeblieben; man stellt sie sich heute als psychologische Symbole und nicht mehr als Energien vor, welche die Menschen auf dem Planeten Erde beeinflussen.

Das Observatorium führt uns in solche Denkweisen ein und bringt uns in den Bereich der pseudohistorischen Prophezeiungen, bereitet uns jedoch auch auf die sich anschließende ausführlichere Darstellung der Elemente vor, die eine letzte Einweihung Merlins in die Mysterien ist, bevor er an einer magischen Quelle Heilung findet.

Wir haben es nicht nur mit den traditionellen sieben Planeten zu tun, sondern auch mit einer harmonischen Verbindung zwischen diesen Planeten und den sieben Kraftzentren oder psychischen Zentren des Menschen. Die Wahrnehmung durch sieben Türen und Fenster kann ein Bild für ein solches System in dem einzelnen Seher sein.

In der Astrologie wird jedes Tierkreiszeichen in drei Dekanate von jeweils zehn Grad eingeteilt. Wenn Merlin der Reihe nach jeden Planeten durch eine Tür oder ein Fenster beobachtete, das einem Grad entspricht, kommt man auf sieben mal zehn. Jeder Schreiber widmet sich einem Beobachtungsgrad für jeden Planeten in jedem Dekanat. Die Dekanate wurden sowohl von den Ägyptern als auch den Griechen zur Bestimmung des Orts von Fixsternen verwendet, und dieses System könnte mit anderen Elementen der alten Astrologie in die Prophetiae eingeflossen sein, wo die griechische Symbolik eine wesentliche Rolle spielt.

Mit seinen siebzig Fenstern, siebzig Türen und siebzig Schreibern ist das Observatorium theoretisch ein sehr präzises Instrument für die genaue Beobachtung des Nachthimmels, das in direkter Verbindung mit den tatsächlichen astronomischen Praktiken der Antike und symbolisch mit dem Element- und Planetensystem der Metaphysik verknüpft ist, welche die philosophische und psychologische Grundlage der westlichen Kultur war. Selbst heute noch ist dieses System weltweit in abgeschwächter Form gültig, und es bildete die Basis mehrerer bedeutender Zivilisationen in Ost und West. Das Observatorium ist Merkmal eines Bewußtseins, das danach strebt, Ordnung, und zwar vorhersagbare Ordnung, im Kosmos zu schaffen. Es ist die Materialisierung der Zyklen, die in Merlins eigenem Abenteuer und in seinen Prophezeiungen –

sowohl in der Vita als auch in den früheren Prophetiae – zum Ausdruck kommen; es ist ein mikrokosmisches Modell der makrokosmischen Ordnung.[7]

KAPITEL 9

Merlins Geschichtsprophetie.
Klage um König Rhydderch

Als Merlin diese und viele andere Prophezeiungen kund-
tat, erregte er bei allen Anwesenden Verwunderung über
die doppelte Bedeutung seiner Äußerungen. Vortigern
aber bewunderte und pries vor allem anderen die Weisheit und den prophetischen Geist ... Dieses Zeitalter
brachte keinen hervor, der je so gesprochen hätte.

Die Geschichte der Könige von Britannien

Aus seinen astrologischen Beobachtungen und durch seine
prophetische Kraft spricht Merlin lange über die britische
Geschichte. Er endet mit einem Hinweis auf den Tod von König Rhydderch und der Ankündigung, daß der Barde Taliesin
aus einer gelehrten Schule in der Bretagne ankommen würde.
Ganieda verläßt das Observatorium und kehrt zum Hof zurück, wo sie um ihren toten königlichen Gemahl trauert und
klagt.

MERLINS GESCHICHTSPROPHETIE

Die Observatoriumsszene sowie die Erwähnung astronomischer Beobachtungen und astrologischer Deutungen stimmen den Leser oder Hörer auf die nun folgende Szene direkter Zukunftsschau ein, in der Merlin für König Vortigern eine
semihistorische Zusammenfassung seiner Prophezeiungen
gibt, wobei er »*ihm den mystischen Krieg der beiden Drachen*

erläuterte, als wir am Ufer des trockengelegten Teichs saßen«.
Diese Sequenz stammt aus der Geschichte der Könige von
Britannien, in der die Prophezeiungen zwei Kapitel einneh-
men und innerhalb des Haupttextes eine eigene geschlossene
Einheit bilden.

In dem entsprechenden Abschnitt der Vita, der hier nicht
wiedergegeben wird, gibt es eine Reihe von Abweichungen
beziehungsweise Hinzufügungen, die von den Gelehrten
kommentiert wurden.[1] Ein wesentlicher Punkt, der in den literarischen Kommentaren übergangen wurde, ist jedoch, daß
die Prophezeiungen der Vita ganz und gar »historisch« sind;
jegliche mystische Vision und jegliche apokalyptische Symbolik fehlten hier völlig, wie sie in dem umfassenderen Text
von Geoffreys früherem Werk, der Geschichte der Könige
von Britannien, enthalten ist. Bei dieser späteren Bearbeitung
hat sich Geoffrey ganz auf den historischen (für uns pseudohistorischen) Ablauf konzentriert, der die chronologische Er-
eignisfolge berücksichtigt, wie sie traditionell von den Histo-
rikern seiner eigenen Zeit dargelegt wurde; die Prophezeiungen wurden also vor der Neuausgabe einer recht kritischen
Überprüfung unterzogen.

Bei unserer Untersuchung der *Prophctiae* haben wir festgestellt, daß hier mystische und pseudohistorische Ereignisse
und Symbole miteinander vermischt sind.[2] Manchmal ist die
Vermischung beliebig, während in anderen Abschnitten zusammenhängende, aber schwerverständliche Themen dargestellt wurden. Vermischungen dieser Art sind typisch für
überlieferte Verse oder Lehren, bei denen die Tradition genü-
gend Kraft und Autorität besitzt, um unangetastet und unre-
digiert zu bleiben, auch wenn ihr Gehalt im Laufe der Zeit
verändert oder entstellt wurde. Die bekannteste Parallele
hierzu ist das Alte Testament, in dem sich wegen der dem ganzen Buch innewohnenden Heiligkeit viele unverständliche
und heute weniger relevante Motive, rituelle Beobachtungen,

dogmatische Behauptungen und so fort aus der hebräischen Tradition erhalten haben. Ein großer Teil dieses Wissens war bereits unverständlich geworden, bevor es noch in den westlichen Kulturkreis gelangte, und der Talmud ist heute noch wie in den früheren Jahrhunderten Gegenstand von Diskussionen und Textkommentaren.

Die hier nicht wiedergegebenen Prophezeiungen sind eigentlich eine Art notwendiges und bekräftigendes Füllmaterial, wie es bei mittelalterlichen Autoren und Geschichtenerzählern sehr beliebt war. Geoffrey hat die schwerverständlichen Elemente weggelassen, die historischen beibehalten, und zwar einerseits aus Gründen der Eingängigkeit und andererseits, um ein Gegengewicht für die durch die ganze Vita sich hindurchziehende Mystik zu schaffen. Hier wird Weissagung und Hellseherei dargestellt, nichts weiter.

Dies führt uns direkt zum Tod von König Rhydderch und zur Einladung an Taliesin, der aus der Bretagne zurückgekehrt ist.[3] Mit diesen beiden Themen wird der Faden der Merlin-Vita wiederaufgenommen.

Klage um König Rhydderch

Als Ganieda wieder nach Hause kam, sah sie, daß Taliesin zurückgekehrt war, und fand den König tot und die Bediensteten in Trauer. Sie fiel klagend unter ihren Freunden nieder, raufte sich die Haare und rief: »Frauen, beklagt mit mir den Tod von Rhydderch, und weint um einen Mann, wie ihn unsere Erde seit Menschengedenken nicht hervorgebracht hat. Er liebte den Frieden, denn er regierte so über ein wildes Volk, daß keiner dem anderen jemals ein Leid antat. Er behandelte den heiligen Priester mit gebührlicher Bescheidenheit und ließ über den Höchsten und den Geringsten das Gesetz walten. Großzügig war er, denn er gab vieles hinweg und behielt kaum etwas. Er war allen Menschen alles, denn er tat, was immer ziemlich war; Blüte der Ritterschaft, Glorie der Könige, Säule des Königreichs. Was bin ich, denn du bist nicht mehr! Nun dienst du so unerwartet den Würmern zum Fraße, und dein Leichnam modert im Grab. Ist dies das Bett, das dir nach dem seidenen Lager bereitet ist? Ist es wahr, daß dein weißes Fleisch und deine königlichen Glieder von einem kalten Stein bedeckt sein werden, daß du nichts als Staub und Gebein sein wirst? So ist es, denn das erbärmliche Los der Menschen setzt sich über alle Jahre hin fort, so daß sie nicht in ihren früheren Stand gesetzt werden können. Deshalb gibt es keinen Vorteil im Prunk der vergänglichen Welt, die flieht und wiederkehrt, die den Mächtigen täuscht und kränkt. Die Biene salbt mit ihrem Honig, was sie wenig später stechen wird. So auch das Glück der Welt, das diejenigen, denen es hold ist, treulos verläßt und mit seinem garstigen Stachel zugrunde richtet. Hervorragendes ist nur von kurzer Dauer, was es auszeichnet, hat keinen Bestand; wie fließendes Wasser geht alles dahin, was uns von Nutzen ist. Was ist eine Rose, wenn sie errötet, eine schneeweiße Lilie, wenn sie erblüht, ein Mensch oder ein Pferd oder irgend etwas anderes, wenn es schön ist! All dieses muß dem Schöpfer zugeschrieben werden, nicht der Welt. Glücklich sind also diejenigen, die Festigkeit in einem frommen Herzen tragen, die Gott dienen und der Welt entsagen. Ihnen gewährt ewigen Ruhm Christus, der Schöpfer aller Dinge, der herrschet immerdar. Deshalb verlasse ich euch, ihr Edlen, ihr mächtigen Mauern, meine Hausgötter, teuren Söhne und alle Dinge der Welt. In Gesellschaft meines Bruders will ich in den Wäldern weilen und Gott mit fröhlichem Herzen dienen, in einen schwarzen Mantel gekleidet.« So sprach sie, ihrem Gemahl die gebührende Ehre erweisend, und sie schrieb auf sein Grabmal diese Worte: »Rhydderch, der Edelmütige, dessen Edelmut von niemandem in der Welt übertroffen wurde, ein großer Mann ruht in diesem kleinen Grab.«

KLAGE UM KÖNIG RHYDDERCH

Merlins Weissagungen münden in die Gegenwart der Erzählung ein, und nun ist es Ganieda, die, anscheinend zum erstenmal, die Erfahrung eines schmerzlichen Verlustes machen muß. Daß sie einst ihrem Gatten nicht treu war, ist vergessen (und irrelevant), denn dieses Ereignis ist unter dem Aspekt eines rituellen Dramas, nicht als Faktum der persönlichen Biographie zu sehen. Die Klage um ihren toten Gatten hebt den persönlichen Verlust ins Transzendente und enthält eine Reihe bekannter und traditioneller Reflexionen über die Kürze des menschlichen Lebens. Im Ton ähnelt es dem Gedicht, das einst der Bote beim Anblick Merlins vortrug, und in einigen Zeilen findet sich auch die gleiche Symbolik. Der Tod Rhydderchs veranlaßt Ganieda, sich in die Wälder zurückzuziehen und dem mystischen Leben ihres Bruders anzuschließen.

Das Gedicht ist auch noch in anderer Hinsicht bedeutsam, denn Ganieda spricht von Christus, dem »*Schöpfer aller Dinge, der herrschet immerdar*«. Hier wird zum erstenmal ein formell religiöser Ton angeschlagen, jedoch ist dies weder nur pflichtschuldige Reverenz gegenüber der orthodoxen Lehre, noch wird hierdurch die sich entwickelnde heidnische klassische Philosophie des Textes unterlaufen; in der Tat verabschiedet sich Ganieda unmittelbar darauf nicht nur von ihren Edlen, Häuptlingen und lieben Kindern, sondern auch von ihren Hausgöttern. Hier kommt ganz deutlich der unschuldige Fortbestand heidnischer Anschauungen inmitten der christlichen Lehre zum Ausdruck; es kann sich um eine Vermischung von Symbolen bei Geoffreys traditioneller Quelle handeln, oder es spiegelt sich hier tatsächlich eine typisch keltische Praxis. Auch heute noch gibt es in Irland und in der Bretagne eigentümliche Idole, die Heilige genannt werden, in Wirklichkeit aber eindeutig ältere Götter und Göttinnen sind.

Man kann dieses Gedicht auf zwei Ebenen interpretieren, derjenigen Ganiedas, die als Königin auf das materielle Leben verzichtet und sich dem spirituellen oder prophetischen Leben zuwendet, und derjenigen Rhydderchs als Symbol für das materielle Königtum oder die Werte der materiellen Welt, eine Rolle, die in seinem Verhältnis zu Merlin immer wieder deutlich wird. Durch die Person Ganiedas sind diese beiden Ebenen miteinander verknüpft.

Die Vorzüge Rhydderchs, die in der Klage angeführt werden, sind die klassischen Forderungen an einen guten König; diese Eigenschaften tauchen in der Literatur seit dem Mittelalter immer wieder auf. Er spielt aber auch die Rolle desjenigen, der Merlin Fallen stellt und in Versuchung führt, nicht in irgendwie hinterhältiger Art, sondern als König, der die ausgewogenen weltlichen Werte repräsentiert, für die prophetische Glut keine Rolle spielt – bis sich dann ihr Wahrheitsgehalt erweist ...

Rhydderch fungiert in der Szene, die zum Dreifachen Tod hinführt, auch als männliches »Stereotyp«; Ganieda ist nicht in der Weise an Rhydderch gebunden, wie Guendoloena als geschlechtliches Wesen an einen Mann gebunden sein muß, um vollkommen zu sein. Rhydderchs Aufgabe als König ist erst mit seinem Tod erfüllt, und wir können hier den schwachen Nachhall einer früheren Kultur vernehmen, in der das Königtum ein geheiligtes Opferamt war, in dem sich die Macht eines Gottes ausdrückte, der starb und wiedergeboren wurde.

Die Klage ist in zwei Teile gegliedert, das persönliche Gedenken und die unpersönliche Philosophie beziehungsweise mystische Reflexion. Das Thema der Entwicklungsspirale, paradigmatisch repräsentiert von Merlin, seinem wahnsinnsverhafteten Durcheilen der Jahreszeiten und seinen früheren Klagen über den Winter, wird hier wiederaufgenommen: »*So auch das Glück der Welt, das diejenigen, denen es hold ist,*

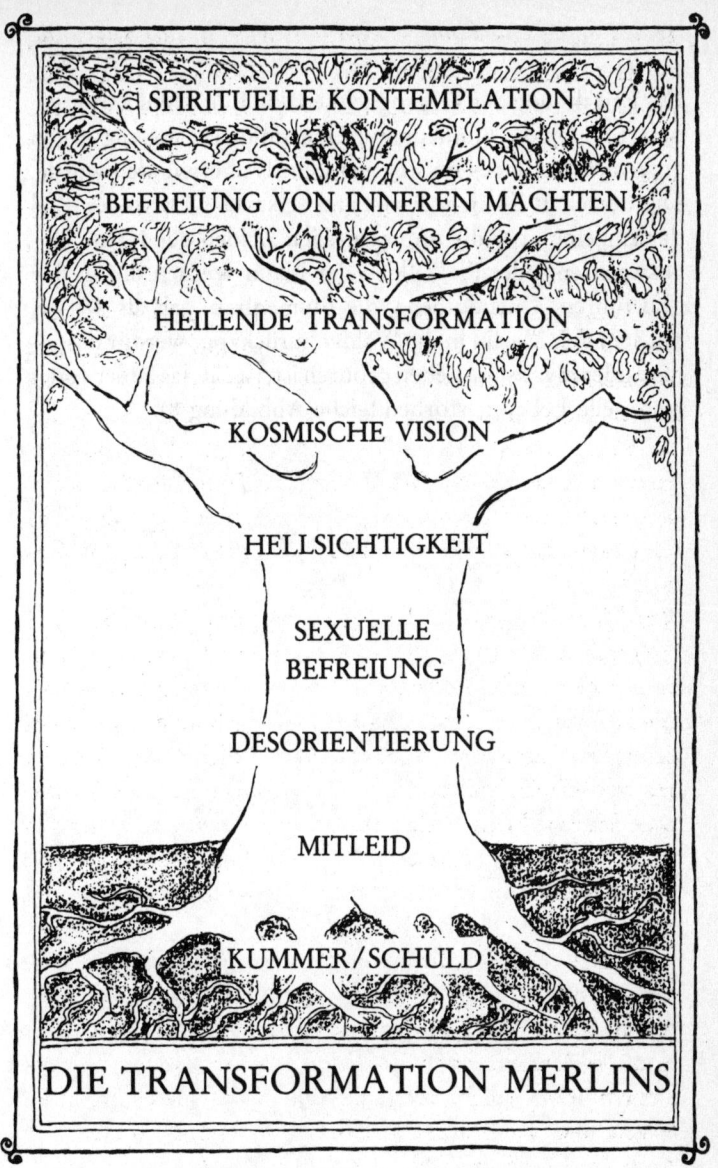

SPIRITUELLE KONTEMPLATION

BEFREIUNG VON INNEREN MÄCHTEN

HEILENDE TRANSFORMATION

KOSMISCHE VISION

HELLSICHTIGKEIT

SEXUELLE
BEFREIUNG

DESORIENTIERUNG

MITLEID

KUMMER/SCHULD

DIE TRANSFORMATION MERLINS

Abbildung 8. Die Transformation Merlins

treulos verläßt und mit seinem garstigen Stachel zugrunde richtet.«

Die Erwähnung der Vergänglichkeit von Lilien und Rosen erinnert uns an die Blumennatur Guendoloenas, die zugunsten eines anderen, eines mystischen Lebens überwunden wurde. Die Botschaft ist nicht schwer zu verstehen: Entweder muß der einzelne über die unbeständigen Zyklen der Natur hinauswachsen, oder die Zyklen der Natur werden ihn in den Tod führen. Guendoloena, die Blumenfrau, galt als Witwe, seitdem sich Merlin in die Wälder zurückzog; wer für das innere oder mystische Leben geboren ist, ist für das äußere oder materielle Leben gestorben (siehe Abbildung 8).

KAPITEL 10

Die Erschaffung der Welt

Die vier Winde werden mit schrecklicher Gewalt gegen-
einanderprallen, und ihr Tosen wird bis zu den Sternen
dringen.

Prophetiae Merlini

Ratet mir, was es ist, das starke Geschöpf aus der Zeit
vor der Flut. Ohne Fleisch, ohne Knochen, ohne Adern
und ohne Blut ... Es tritt häufig hervor aus der Hitze
der Sonne und der Kälte des Mondes ... Ein Wesen hat es
aus allen Geschöpfen mit gewaltigem Sturmhauch geschaffen.

Taliesins Windrätsel

Taliesin, der soeben aus der Schule der Weisheit in der Bretagne zurückgekehrt ist, stattet Merlin einen Besuch ab. Merlin
stellt erneut seine wichtigste Frage, die da lautet: Was ist das
Wetter? Die Antwort ist eine Beschreibung der Erschaffung
der Welt, nicht nur des Planeten Erde, sondern des gesamten
Kosmos, der größeren Welt der Sterne und der kleineren Welt
unseres Planeten. Es wird dargelegt, daß beide in einer harmonischen Wechselbeziehung stehen.
Nachdem Taliesin zunächst die Verbindungen zwischen den
Sternen und den Meeren und dem Festland aufzeigt, spricht
er über die Mysterien des Jenseits, eines magischen Reichs im
Inneren der Erde oder jenseits eines Meeres, das in eine an-

dere Dimension führt. Die Legende von König Artus, der auf der Insel der Seligen ruht, wo er auf seine Wiederkehr wartet, ist der Höhepunkt der Vision. Eigentümliche Gestalten mythischen Ursprungs treten auf, und ihre Kräfte werden angedeutet oder explizit beschrieben.

Die Erschaffung der Welt

Elemente und Kreise

Inzwischen war Taliesin zu Merlin, dem Propheten, gegangen, der nach ihm gesandt hatte, um sich erklären zu lassen, was die Ursache von Wind und Regenschauern war, denn beides zog herauf, und die Wolken verdichteten sich. Er gab die folgenden Erläuterungen unter der Anleitung Minervas, seiner Verbündeten.

»Aus dem Nichts brachte der Schöpfer der Welt vier Elemente hervor, auf daß sie, harmonisch zusammengefügt, Ursache und Material zur Hervorbringung aller Dinge seien. Als erstes den Himmel, den er mit Sternen schmückte und der sich hoch über uns spannt und alles umschließt, wie die Schalen eine Nuß umhüllen. Dann schuf er die tönetragende Luft, durch welches Medium Tag und Nacht die Gestirne sichtbar werden lassen. Darauf das Meer, von dem das Land in vier Kreisen umgeben ist und das mit seinem mächtigen Wellenschlag in der Luft die Winde erzeugt, deren Zahl Vier sein soll. Als das Fundament schuf er die Erde, die aus eigener Kraft steht und nicht leicht zu bewegen ist. Sie ist in fünf Zonen geteilt, wobei die Mitte wegen der Hitze nicht bewohnbar ist und die beiden äußeren wegen ihrer Kälte gemieden werden. Den beiden verbleibenden gab er eine mäßige Temperatur, und diese sind von Menschen und Vögeln und Herden wilder Tiere bewohnt.

Wolken, Regen, Winde

Den Himmel versah er mit Wolken, damit sie plötzlichen Regen entließen, der die Früchte der Bäume und der Erde mit seinem sanften Tau benetze und zum Wachsen bringe. Mit Hilfe der Sonne werden diese Wolken wie Wasserschläuche nach einem verborgenen Gesetz aus den Flüssen gefüllt. Sie erheben sich in die hohen Lüfte und entlassen das aufgenommene Wasser, von der Kraft der Winde getrieben. Von ihnen kommen Regenschauer, Schnee und runder Hagel durch den heftigen Atem des kalten, feuchten Windes, der die Wolken durchdringt und die Niederschläge heraustreibt, so wie er sie mit seinem Atem erzeugt. Jeder der Winde nimmt aus den Gefilden, in denen er geboren ist, eine eigene Natur an.

Die Ordnung der Geister

Unter das Firmament, an dem er die schimmernden Sterne befestigte, setzte er den ätherischen Himmel und machte ihn zur Wohnstätte der Engelscharen, welche die würdige Anschauung und die köstliche Süße Gottes durch die Zeitläufte hin erquickt. Auch dieses Reich schmückte er mit Sternen und der scheinenden Sonne, und er legte das Gesetz fest, nach dem ein Stern innerhalb der ihm bestimmten Grenzen durch den ihm anvertrauten Teil des Himmels seine Bahn ziehen muß.

Dann setzte er darunter den Lufthimmel, der vom Schein des Mondes erfüllt ist und dessen hohen Ort Scharen von Geistern bevölkern, die mit uns leiden oder jubeln, wenn es uns wohl oder übel ergeht. Sie tragen die Gebete der Menschen durch die Luft und flehen zu Gott, daß er ihnen gnädig sei; sie bringen Hinweise auf Gottes Willen mit zurück, der sich in Träumen oder durch Stimmen oder durch andere Zeichen offenbart, durch welches Tun sie Weisheit erlangen.

*Der Raum unterhalb des Mondes ist von bösen Dämonen be-
völkert, die uns listig betrügen und täuschen und in Versuchung führen; häufig nehmen sie einen aus Luft gemachten
Leib an und erscheinen uns, und oft hat dies viele Folgen. Sie
üben selbst Verkehr mit Frauen aus und schwängern sie in einem unheiligen Zeugungsakt. So schuf er also den Himmel
und bevölkerte ihn mit drei Rängen von Geistern, denen er
bestimmte Aufgaben gab, damit sie die Welt aus der erneuerten Saat der Dinge erneuerten.*

Das Meer

*Auch das Meer unterschied er in verschiedene Formen, damit
es aus sich selbst durch fortwährende Zeugung im Laufe der
Zeiten die Formen der Dinge hervorbrächte. In der Tat macht
ein Teil von ihm brennen, ein Teil frieren, während der dritte,
der aus den beiden anderen seine mäßige Temperatur gewinnt, unseren Bedürfnissen angemessen ist.*

*Der Teil, der brennen macht, umgibt einen Abgrund, be-
wohnt von einem wilden Volk, und seine verschiedenen zu-
rückfließenden Ströme trennen diesen Teil vom Erdkreis ab,
Feuer durch Feuer vermehrend. Dorthin steigen jene hinab,
die die Gesetze brechen und Gott nicht achten; sie gehen, wohin ihr verderbter Wille sie führt, gierig zu zerstören, was zu
besitzen ihnen verboten ist. Dort steht der streng blickende
Richter mit seiner gleichen Waage und mißt jedem seinen ge-
rechten Lohn zu.*

*Der zweite Teil, der frieren macht, wälzt sich gegen die Wat-
tenküste, die er als erstes aus dem nahen Dunst erzeugt, wenn
er sich mit den Strahlen der Venus vermischt. Von diesem
Stern sagen die Araber, daß er funkelnde Edelsteine erzeugt,
wenn er durch das Sternbild Fische läuft, während das Wasser
auf die Flammen zurückblickt. Durch ihre Kräfte sind diese*

Steine jenen von Nutzen, die sie tragen, und sie machen und halten viele gesund. Auch diese unterschied der Schöpfer wie alle anderen Dinge nach ihrer Art, damit wir an ihrer Gestalt und an ihrer Farbe erkennen können, welcher Art sie sind und welche Kräfte ihnen innewohnen.

Die dritte Form des Meeres, die unseren Erdkreis umgibt, liefert uns wegen ihrer Nähe viele gute Dinge. Sie nährt ja die Fische und erzeugt Salz im Überfluß, sie trägt Schiffe mit unseren Handelswaren hin und zurück, deren Gewinne den armen Mann mit einemmal reich machen. Sie macht den angrenzenden Boden fruchtbar und nährt die Vögel, die, wie es heißt, neben den Fischen aus ihr erzeugt und, wenn auch von anderer Art, durch die Naturgesetze bewegt werden. Das Meer wird von ihnen mehr als von den Fischen beherrscht, denn sie fliegen leicht von ihm auf in die Lüfte und streben in die Weite des Himmels. Seine Feuchtigkeit zwingt jedoch die Fische unter die Wellen und hält sie dort, und sie können daher nicht leben, wenn sie in die trockene Helligkeit kommen. Auch die Fische unterschied der Schöpfer nach ihrer Art, und er gab jedem von ihnen seine eigene Natur, weshalb sie im Laufe der Zeiten wunderbare Eigenschaften und Heilkraft für die Kranken erlangten.

Fische

Es heißt, daß die Barbe die Hitze der Leidenschaft dämpft, aber diejenigen blind macht, die sie zu oft essen. Der Thymallus, der seinen Namen vom Thymian hat, schmeckt so intensiv, daß er die Fische verrät, die ihn häufig fressen, bis schließlich alle Fische in einem Fluß wie er selbst schmecken. Man sagt, daß die Muränen wider alle Gesetze alle weiblich sind, und doch verbinden und vermehren sie sich und zeugen ihre Nachkommenschaft aus einem anderen Samen. Es kommen nämlich häufig Schlangen zum Ufer der Gewässer, das die Muränen bewohnen, und sie erzeugen einen angenehmen zischenden Laut, so daß die Muränen an Land kommen, wo sie sich mit ihnen in der üblichen Weise verbinden. Erstaunlich ist auch, daß der nur einen halben Fuß lange Schiffshalter das Schiff festhält, an das er sich auf See heftet, wie wenn es am Grund festsäße, und das Schiff kann nicht weiterfahren, bis er losläßt; er ist wegen dieser Fähigkeit gefürchtet. Und demjenigen, den man wegen seiner verletzenden scharfen Schnauze Schwertfisch nennt, nähern sich die Menschen in einem Schiff nicht gerne, wenn sie ihn schwimmen sehen, denn wenn er gefangen wird, schlägt er sogleich ein Loch in das Boot, schneidet es in Stücke und versenkt es in einem Strudel. Der Sägefisch wird wegen seines scharfen Rückenkamms von Schiffen gefürchtet; er schwimmt unter das Schiff, heftet sich an es, schneidet es in Stücke und schleudert die Stücke in die Wellen, weshalb man seinen Rückenkamm wie ein Schwert fürchten muß. Der Wasserdrache, von dem es heißt, daß er Gift unter seinen Schwingen hat, ist von allen zu fürchten, die ihn fangen; was er trifft, verletzt er, indem er sein Gift entläßt. Über eine andere Waffe soll der Zitterrochen verfügen, denn wer den lebenden Fisch berührt, dessen Arme und Füße werden unverzüglich gelähmt und seine übrigen Gliedmaßen ebenso; sie versagen ihren Dienst, wie wenn sie leblos wären, so schädlich sind die Ausstrahlungen seines Leibes.

Inseln

Diesen und den anderen Fischen gab Gott das Meer, dem er viele Reiche zwischen den Wogen hinzufügte, welche die Menschen bewohnen und wegen der Fruchtbarkeit ihres fetten Bodens berühmt sind.

Es heißt, daß von diesen Britannien die erste und beste ist, denn sie erzeugt in ihrer Fruchtbarkeit alles und jedes. Sie trägt Früchte, die das ganze Jahr über zum Gebrauch des Menschen die kostbaren Geschenke des Wohlgeruchs geben, und es besitzt Wälder und Moore, in denen Honig fließt, und aufragende Berge und weite grüne Auen, Quellen und Flüsse, Fisch, Vieh und Wild, Obstbäume, Edelsteine, kostbare Metalle und alles, was die schöpfende Natur hervorzubringen vermag.

Neben all diesem besitzt es Quellen mit heilsamem heißem Wasser, das die Kranken stärkt und zum erquickenden Bad einlädt; schnell sind die Menschen geheilt und werden, von ihrer Krankheit genesen, entlassen. Bladud errichtete die Bäder, als er die Krone des Königreichs trug, und er gab ihnen den Namen seiner Gemahlin Alaron. Sie sind für viele Kranke wegen der Heilkraft ihres Wassers hilfreich, vor allem aber für Frauen, wie das Wasser oft bewiesen hat.

Nahe dieser Insel liegt Thanet, die reich an den verschiedensten Dingen ist, auf der es jedoch die todbringende Schlange nicht gibt, und wenn man etwas von ihrer Erde mit Wein vermischt trinkt, wird Gift unschädlich. Auch scheidet unser Ozean die Orkney-Inseln von uns. Diese werden von den trennenden Fluten in dreiunddreißig Inseln geteilt; zwanzig von ihnen sind ohne Ackerbau, die übrigen werden bestellt. Thule hat ihren Namen »Fernste« von der Sonne wegen der Wende, die die Sommersonne dort vollzieht, indem sie ihre Strahlen abwendet, nicht mehr scheint und das Tageslicht wegnimmt, so daß während der ganzen langen Nacht die Luft voller Schatten ist und in der scharfen Kälte das Wasser zu Eis erstarrt, wodurch den Schiffen die Durchfahrt verwehrt ist.

Es heißt, daß die hervorragendste Insel nach unserer eigenen Irland mit seiner glücklichen Fruchtbarkeit ist. Es ist größer und bringt keine Bienen und mit wenigen Ausnahmen keine Vögel hervor, und es verwehrt es Schlangen, dort zu brüten. Wenn man Erde oder einen Stein von dort wegschafft und an einen anderen Ort bringt, werden dort Schlangen und Bienen vertrieben. Die Insel Gades liegt in der Nähe der Säulen des Herkules, und es wächst dort ein Baum, von dessen Rinde ein Gummi tropft, aus dem Edelsteine erzeugt werden, die alle Gesetze brechen.

Auf den Hesperiden soll es einen wachsamen Drachen geben, der, wie es heißt, die goldenen Äpfel unter dem Laub hütet. Die Gorgaden werden von Frauen mit Ziegenleibern bewohnt, deren Lauf an Schnelligkeit denjenigen der Hasen übertreffen soll. Argyre und Chryse tragen, wie es heißt, Gold und Silber, so wie Korinth gewöhnliche Steine trägt. Ceylon blüht köstlich wegen seines fruchtbaren Bodens, der zwei Ernten in einem einzigen Jahr hervorbringt; zweimal ist Sommer, zweimal Frühling, zweimal bringt man Trauben und andere Früchte ein, und höchst angenehm ist der Ort auch wegen seiner funkelnden Edelsteine. Das zu allen Jahreszeiten grüne Tiles bringt im immerwährenden Frühling Blumen und Früchte hervor.

Das Jenseits

Die Insel der Äpfel, die auch die Insel der Seligen genannt wird, hat ihren Namen davon, daß sie alle Dinge von selbst hervorbringt; die Felder bedürfen nicht des Pfluges, und es gibt keine Feldfrüchte außer denjenigen, welche die Natur selbst gebiert. Von sich aus liefert sie Korn und Wein, und Apfelbäume wachsen in ihren Wäldern auf dem kurzgeschorenen Rasen. Der Boden bringt von sich aus alles hervor anstatt nur Gras, und die Menschen werden dort hundert Jahre und älter.

Dort regieren neun Schwestern nach angenehmen Gesetzen diejenigen, die aus unserem Land zu ihnen kommen. Die Erste unter ihnen verfügt über besondere Fähigkeiten in der

Heilkunst und übertrifft ihre Schwestern in der Schönheit ih-
rer Person. Ihr Name ist Morgan, und sie kennt die nützlichen
Eigenschaften aller Kräuter, so daß sie kranke Leiber heilen
kann. Sie beherrscht auch die Kunst, ihre Gestalt zu verän-
dern, und sie teilt die Lüfte auf neuen Schwingen wie Daeda-
lus; wenn sie es will, ist sie in Brest, Chartres oder Pavia, und
wenn es ihr beliebt, gleitet sie aus den Lüften auf eure Küsten
nieder.
Es heißt, daß sie ihre Schwestern Moronoe, Mazoe, Gliten,
Glitonea, Gliton, Tyronoe, Thitis und die andere Thitis, die
vor allem für ihr Zitherspiel bekannt ist, Mathematik gelehrt
hat. Dorthin brachten wir nach der Schlacht am Camlann den
verwundeten Artus, geleitet von Barinthus, der mit den Was-
sern und den Sternen des Himmels so gut vertraut war. Mit
ihm am Ruder kamen wir dort mit dem Fürsten an, Morgan
empfing uns mit gebührenden Ehren, und sie legte in ihrem
Gemach den König auf ein goldenes Bett; mit ihrer eigenen
Hand legte sie seine ehrwürdige Wunde frei und betrachtete
sie lange. Schließlich sagte sie, daß er wieder genesen könne,
wenn er lange bei ihr bliebe und sich ihrer Heilkunst bediene.
In großer Freude vertrauten wir ihr daher den König an und
kehrten zurück, die Segel in günstigen Winden gespannt.«

DIE ERSCHAFFUNG DER WELT

Die immer nachdrücklicher werdenden Darlegungen vom
Zwiespalt zwischen dem mystischen und dem materiellen Leben sind kein christliches Dogma. Unmittelbar nach dem
Rückzug Ganiedas in die Wälder wird uns aus dem Munde
des von Minerva inspirierten Barden Taliesin ein neues Weis-
heitsgedicht präsentiert. In dieser bemerkenswerten Sequenz,
deren Bogen sich vom Sternenreich über die natürliche Ordnung des Lebens bis zur Unterwelt spannt, werden die

scheinbar konträren Lebenshaltungen, die mystische und die materielle, aufgelöst; sie werden als Einheit vorgeführt, wobei die geringere Welt Spiegelung und Teil der höheren ist.

Diese Sequenz ist eine Exposition in Form eines kosmologischen Modells, das in vielen Details mit klassischen Quellen übereinstimmt[1], aber auch eine ganz selbständige und vermutlich keltische oder ursprünglich druidische Symbolik enthält.[2] Bevor wir uns näher mit dieser Lektion in Metaphysik, Physik und Biologie befassen, sollten wir der Frage nachgehen, wo Merlin in diesem Zusammenhang bei seinem Fortschreiten um das Rad des Lebens angelangt ist. Die Erschaffung der Welt oder Welten steht nicht ohne Grund an dieser Stelle der Vita; auslösendes Moment ist die von Merlin gestellte Frage: Was ist das Wetter? Die behandelte Thematik reicht dann allerdings weit über die Wetterkunde hinaus und bringt uns schließlich zu dem machtvollen Gegenstand der wundersamen Quellen oder Brunnen und damit ein Stück näher zu Merlins endgültiger Heilung.

Die Frage nach dem Wetter taucht zu Beginn von Merlins mystischem Entwicklungsgang auf, der parallel zu einem Gang durch die Jahreszeiten verläuft, als Merlin fragt: Wie kommt es, daß die Jahreszeiten nicht alle gleich sind?[3] Als Merlin die Frage zum erstenmal stellt, begehrt er in seinem Wahnsinn heftigst gegen den natürlichen Zyklus der Jahreszeiten auf; als Taliesin auftritt, hat Merlin jedoch die folgenden Stufen durchlaufen:

1. Unerträglicher Kummer und Schuldgefühle, die zum Wahnsinn führen.
2. Leben als Wilder Mann in den Wäldern, wo er die Quelle auf dem Hügel erreicht.
3. Rückkehr zur menschlichen Gesellschaft durch die Kraft der Musik.
4. Versuch einer Lösung der Probleme in bezug auf Sexualität oder Sinnlichkeit.

5. Beginn der prophetischen Kraft oder Hellsichtigkeit.
6. Opferthema des Dreifachen Todes.
7. Erneute Flucht in die Wälder mit gesteigerter Wahrnehmungsfähigkeit.
8. Herr der Tiere, Tod des Rivalen (zweiter Gatte Guendoloenas).
9. Rückkehr zur menschlichen Gesellschaft als Gefangener: Allegorie des menschlichen Daseins in Gestalt des Türstehers und des hoffnungsvollen jungen Mannes.
10. Rückkehr in die Wälder aus klarer Willensentscheidung, Bau des Observatoriums.
11. Geschichtsprophezeiung durch Sternenbeobachtung.
12. Wohldurchdachtes Stellen der Jahreszeitenfrage: Was ist die Natur des Wetters? (Siehe Abbildungen 4, 6 und 8.)

Bei diesem zyklischen Ablauf, bei dem Merlin in einer Wechselbewegung steht zwischen Wahnsinn und geistiger Klarheit, Wildnis und Zivilisation, primärer unpolarisierter Energie und sexueller Polarität, Ignoranz und Wahnsinn, wächst die Klarheit und Intensität der Bewußtseinskräfte, die gleichzeitig harmonischer und konturierter werden. Die harmonisierende Kraft erscheint in Gestalt seiner Schwester Ganieda.

Erst nachdem Merlin die in einer Spirale verlaufenden Änderungen durchlaufen hat, die durch Wechselbeziehungen initiiert werden, ist er soweit, daß er die Frage in ausgewogener Weise stellen und eine ausgewogene Antwort erhalten kann. Er ist in der Situation des Initiierten in den alten Mysterien, in denen die Rollen formalisiert sind, die jedermann während der inneren Transformationen der Psyche durchlaufen muß, die mit dem spirituellen Wachstum untrennbar verbunden sind.

Merlin ist durch innere Glut, Raserei, Hellsichtigkeit und Zukunftssehen hindurchgegangen. Er ist jetzt reif für eine fortgeschrittenere Lehre, die aufzeigt, daß die Elemente der natürlichen Welt eins sind mit den Elementen der übernatürlichen Welt. Er hat das erweiterte Bewußtsein kennengelernt, und er integriert nun dessen Kraft innerhalb eines durchdachten Gesamtkonzepts.

Es muß betont werden, daß dieses durchdachte Gesamtkonzept mit materialistischer Vernunft oder Logik nur sehr bedingt zu tun hat; es handelt sich nach wie vor um eine mystische und religiöse, von Wundern erfüllte Vision. Diese hat allerdings auch ein Modell des bewußten Lebens und seiner unzähligen Ausprägungen zum Inhalt, ein Modell, das dem Initiierten oder Mystiker hilft, Beziehungen herzustellen, die es ihm ermöglichen, zur äußeren Welt zurückzukehren und in ihr zu dienen.

»Die Erschaffung der Welt« ist in mehrere zusammenhängende Abschnitte gegliedert, die mit dem göttlichen Makrokosmos oder dem größeren Universum beginnen und jenseits der natürlichen Welt enden. In das System räumlich und metaphysisch eingegliedert sind verschiedene spirituelle, Engel- und Dämonenreiche. Die Gliederung des Schöpfungsgedichts ist wie folgt:

1. Vier Urelemente der Schöpfung aus dem Nichts.
2. Der Sternenhimmel.
3. Die Luft (Atmosphäre oder Himmel).
4. Das Meer.
5. Die Erde, die wiederum in fünf Teile gegliedert ist, welche die fünffache Gliederung der größeren Welt spiegeln, in der sie sich befindet:
   a) Mitte: extreme Hitze,
   b) äußere Zone (a): extreme Kälte (Nordpol),
   c) äußere Zone (b): extreme Kälte (Südpol),
   d) gemäßigte Zone (a),
   e) gemäßigte Zone (b).

Abbildung 9. Schöpfungsvision: Sterne, Sonne und Mond

SCHÖPFUNGS-
VISION II

DIE ERDE

I Land
II Meere
III Atmosphärischer
Himmel

Taliesin

Merlin

Abbildung 10. Schöpfungsvision: die Erde

In den beiden letzteren Zonen leben Menschen, Vögel und Tiere. Nachdem die Sequenz Urbeginn, gestirnter Himmel, Himmel und Erde dargelegt wurde, wird die Abfolge wiederholt, wobei für jede Zone Einzelheiten genannt werden. Die formal belehrende Struktur ist klar; der Entwurf wird kurz vorgestellt, dann werden die Einzelheiten eines jeden vorgestellten Bereichs ausgearbeitet. Solche Muster findet man heute noch in Volksliedern, in denen eine Abfolge durchnumerierter Lieder (die *Keys of Heaven*)[4] den Entwicklungsgang vom göttlichen Ursprung bis hin zur materiellen Welt klar gegliedert nacherleben lassen. Symbolismen dieser Art waren tief in der kollektiven Phantasie verankert und nicht nur ein Produkt von Gelehrten oder reisenden Barden und Poeten (siehe Abbildungen 9 und 10).

Nachdem als Urheber von Regen, Schnee und Hagel die Winde identifiziert worden sind, die in den verschiedenen Zonen geboren werden, wird erneut die Struktur des Himmels erläutert:

1. Firmament (helle Fixsterne).
2. Ätherischer Himmel (Engel, die Sonne, Wandelsterne).
3. Oberer Lufthimmel (der Mond, den Menschen gewogene Geister).
4. Unterer Lufthimmel (unterhalb des Mondes, täuschende Dämonen).

Drei Rangordnungen von Geistern sollen das Universum in Gang halten: Engelwesen, gewogene und täuschende Geister. Man könnte hinzufügen, daß nach den üblichen esoterischen und religiösen Traditionen die erste Zone der hellen Fixsterne als die Zone der Erzengel bezeichnet wird.

Die Beschreibung des Meeres bringt uns in irdische Gefilde zurück, es ist in drei Teile gegliedert:

1. Heiß, führt in die Hölle oder das Reich des Gerichts. Dieses Bild stammt aus uralten Zeiten und gibt nicht nur die orthodoxe religiöse Anschauung des Mittelalters wieder, sondern wurzelt auch in der keltischen wie in der klassischen Mythologie.[5]
2. Kalt, bringt Juwelen oder Kristalle mit unterschiedlichen Kräften hervor.
3. Gemäßigt, begünstigt das Leben.

Es folgt eine ausführliche Darstellung der Biologie des Meeres, die den Autoren jener Zeit größtenteils geläufig war.

Die sich anschließende Geographie ist spezifischer keltisch-britisch und preist Britannien als das fruchtbarste aller Länder. Von der Fruchtbarkeit des Landes kommen wir zu den Quellen, die das Land bewässern, und weiter zu den Inseln, die das Land umgeben.

Diese drei Etappen lassen an das keltische Jenseits denken: vom Festland über eine heilige Quelle oder einen heiligen Brunnen zu den magischen Inseln beziehungsweise zum Jenseits. Die Aufzählung der Inseln entspricht überwiegend dem klassischen Ursprung, liefert aber den Rahmen für die Einführung der Insel der Äpfel oder Insel der Seligen. Wir sind nunmehr im Reich des magischen Jenseits angelangt (siehe Abbildung 11). Dieser Abschnitt des Schöpfungsgedichts, der möglicherweise von einer unabhängigen traditionellen Quelle stammt, ist in seinen Ursprüngen und Symbolen primär keltisch. Wenn wir uns die Grundlinien dieses Schöpfungsmodells betrachten, sehen wir einen wohldefinierten Entwicklungsgang vor uns: Sterne, Himmel, Meer, Länder (Britannien und Inseln). In Britannien sind Brunnen und Quellen die Vorstufe zu einer Reihe legendärer klassischer Inseln, die zur Insel der Äpfel und zum Mythos Morgans hinführen.

Es ist nicht ohne Bedeutung, daß König Bladud und seine Ge-

SCHÖPFUNGS-
VISION III

DAS JENSEITS

König Bladud   Königin Alaron

Abbildung 11. Schöpfungsvision: das Jenseits

mahlin Alaron erwähnt werden, bevor die keltische Insel der Seligen und das magische Bild Morgans eingeführt werden. Bladud, der erstmals in der Historia erwähnt wird, war ein legendärer britischer König mit vielen Attributen einer Sonnengottheit. Geoffrey bringt Bladud in einen Zusammenhang mit Apollon, wobei er auf eine Tradition zurückgreift, nach der (in verschiedenen Varianten) der jugendliche König durch ein Totemtier (das Schwein) zu einer heißen heilkräftigen Quelle geführt und von einer zehrenden Krankheit geheilt wird. Bladud erbaute später an diesem Ort einen der Minerva geweihten Tempel und lehrte überall im Lande die Kunst der Nekromantie. Er ist die typische Kombination des magischen Gottesbildnisses und des heiligen Königs oder Priesters, der das heidnische druidische Religions- und Weisheitssystem verkörpert. Er ist in der Tat das Wächterwesen an der Pforte zum Jenseits oder zur Unterwelt, denn er hat die heilkräftigen Quellen als heilenden und kultischen Ort ins Leben gerufen. Brunnen und Quellen waren zentrale Themen in der keltischen Kultur und mit großer magischer und religiöser Bedeutung befrachtet.

Der Name Bladud kann auf zwei Worte der keltischen Sprache zurückgeführt werden, *Bel* und *dydd* oder möglicherweise *derwdd*. Er bedeutet wörtlich »hell-dunkel« oder aber »strahlender Priester«. Ein ähnliches Bild findet sich in den Prophetiae, wo der Gott Janus die Pforte zum Jenseits bewacht; Janus war ein doppelköpfiges Wesen, das sowohl in das Licht wie in die Dunkelheit blickte, der Hüter aller Schwellen. In beiden Fällen geht das Wächterwesen dem Erscheinen eines primären Gottesbildes voraus; in den Prophetiae steht es in einem Zusammenhang mit Ariadne, die den Sonnenzyklus beendet, während in der Vita Morgan mit ihren Schwestern als Herrscherin des Jenseits erscheint. Die Ähnlichkeiten zwischen diesen beiden Bildern lassen an eine gemeinsame Tradition denken, die sich auch in einer Reihe anderer Erzählungen, Lieder und generell in der Thematik findet, bei der es um den Übergang von der irdischen Welt zum Jenseits oder zur Unterwelt geht.[6]

Der Entwicklungsgang im Schöpfungsgedicht ist also folgender: Sterne – Himmel – Meer – das Land – Brunnen und Quellen mit einem Hüter – magische Inseln – das Reich Morgans und ihrer Schwestern. Es ist ein typisch keltisches Motiv, daß man *durch* die Quelle oder den Brunnen hindurchgehen muß, um zu den magischen Reichen der Urkraft zu gelangen, wenn dies auch bei Geoffreys Sequenz nur indirekt und nicht expressis verbis ausgedrückt ist.

Das Bild einer Gottheit mit ihren Schwestern ist in der Mythologie der Welt weit verbreitet, wenn auch die Zahl der Schwestern beziehungsweise Aspekte schwanken kann. Geoffrey wiederholt ein Thema, das bereits in dem walisischen Gedicht *The Spoils of Annwm* auftaucht; dieses ist möglicherweise älter als die Vita. Artus sucht hierin einen magischen Kessel, der von neun Jungfrauen gehütet wird.[7] Morgans heilendes Wissen und ihr magischer Flug sind Attribute einer Gottheit.[8]

Artus muß lange Zeit in diesem Land bleiben, während Morgan ihn gesund pflegt; dies ist einer der frühesten Hinweise auf das goldene Bett, das schon bald in der Gralssymbolik eine so wichtige Rolle spielen sollte, in der der verwundete König, das Bett und das Heil des Landes unauflöslich miteinander verbunden sind. Wenn der König geheilt wird, wird das Land geheilt.

Dieses heilungsbringende Motiv ist es, das Geoffreys Bericht so einzigartig macht und den Anstoß für eine Flut weiterer Literatur zu diesem Thema gab. Aus heutiger psychologischer Sicht ist es das traditionelle Bild der inneren Heilung, die in den edlen Händen der weiblichen Aspekte des Bewußtseins liegt. In alten Kulturen wurden diese Aspekte vergöttlicht, und die Göttlichkeit haftet auch der Gestalt Morgans an, die in den Künsten des Fliegens, der Astrologie, der Heilung und der Gestaltveränderung versiert ist. Solche magische Künste sind nicht nur die Fähigkeiten heidnischer Gottheiten, sondern werden immer wieder in Zusammenhang mit druidischen Glaubensvorstellungen und Praktiken gebracht.

Durch diesen Abschnitt lyrisch-magischer Reminiszenzen werden die beiden getrennten »Leben« Merlins (Merlin Ambrosius, der vor König Vortigern weissagte, und Merlin Caledonius, der im Wahnsinn in die Wälder floh) geschickt zusammengeführt. Artus wartet in einem zeitlosen fruchtbaren Land, bis ihn die Göttin geheilt hat.

Die Verbindung zwischen einer magisch begabten Frau, einer Göttin, und dem Thema des Heilens erscheint auch in den Prophetiae, in denen eine Jungfrau drei Quellen des Lebens, des Verlangens und des Todes reinigt und so zu einer reifen Gottheit wird, die das Land Britannien vereinigt und in der einen Hand die Türme Londons, in der anderen die Wälder Schottlands hält.[9]

Da der König, die menschliche Personifizierung der Macht über das Land, zentral steht, wird der verwundete Artus nach der Schlacht am Camlann zur Göttin Morgan gebracht.

Die pseudohistorische Handlung wird bewußt in zwei Teile aufgespalten, denn wir haben zum einen den mythischen Abschluß von Artus' letzter Schlacht, zum anderen den historischen Ablauf bis hin zur Schlacht in Form einer Retrospektive, die sich aus den Prophetiae und den Aufzeichnungen in der Geschichte der Könige von Britannien gleichermaßen speist.[10]

Es ist bezeichnend für Geoffreys poetisches und dramatisches Gespür, daß die denkwürdigste und bewegendste Szene als Schlußstein zum gesamten Artus-Mythos gesetzt wird: Sein Königtum, seine Schlachten gegen die Sachsen, der Verrat Modreds treten zurück hinter das schlichte Motiv seiner tödlichen Wunde, die lange Heilungszeit in einem magischen, ewigen Land und die Zuwendung einer Göttin.

In magischen oder psychologischen Bildern erscheint hier an exponierter Stelle die bewegende Szene, wie der verwundete König über das Meer gebracht und auf ein goldenes Lager gebettet wird; dort erwartet er die Zeit seiner Wiederkunft. Die Sehnsucht nach der Rückkehr des Königs wird von Taliesin ganz konkret ausgesprochen: *»Dann sollte das Volk jemanden aussenden, um den König zu bitten, daß er, sobald er wieder zu Kräften gekommen sei, in einem schnellen Schiff zurückkehre, damit er mit seiner gewohnten Kraft den Feind vertreibe und den Bürgern den früheren Frieden wiedergebe.«*

Merlin erklärt jedoch, es sei der Wille des höchsten Richters, daß die Briten ihr edles Königreich für lange Zeit verlieren sollten. Hinter dem Glanz des Mythos finden wir hier einen Ton von keltischem Nationalismus, wie er aus den Prophetiae bekannt ist, aber hier bisher noch nicht auftrat. Das mythisch-magische Artus-Thema hat zu einem Durchbrechen nationalistischer Gefühle geführt, wie man sie in einer Reihe britisch-walisischer Gedichte findet.

Bevor wir uns dieser prosaischeren, aber immer noch mythischen pseudohistorischen Sequenz zuwenden, in der die Artus-Legende zu Ende erzählt wird, müssen wir uns noch mit einer interessanten Gestalt befassen: Barinthus, *»der mit den Wassern und den Sternen des Himmels so gut vertraut war«.* Es gibt verschiedene ähnliche Gestalten, die in einem Zusammenhang mit Barinthus stehen, insbesondere der Gott Bran, der über das Meer nach Irland watete und sich selbst zur Brücke machte, oder auch der Barrintus, welcher in *The Life of Brendan*[11] zu einer magischen Insel segelte. Die linguistischen oder literarischen Quellen beweisen jedoch nichts weiter als die Existenz eines Urbildes: des Fährmanns. Er ist die Macht des sicheren Übergangs von der einen Welt zur ande-

ren. Das klassische Bild ist dasjenige des Charon, des Fährmanns über den Styx, jedoch tritt die Gestalt unter vielen Namen und in allen Kulturen auf. Noch in unserem Jahrhundert
wird diese Gestalt, ursprünglich eine Meeresgottheit und
Führer in der Sternenwelt, in Liedern und im rituellen Tanz
aktiv dargestellt. Im *Dilly Song* oder *Keys of Heaven* erscheint beispielsweise folgender Vers: »Six is the Ferryman in
the boat that o'er the river floats – oh.« Die Sechs spielt hier
eine wichtige Rolle in einer Sequenz, die vom Sternenhimmel
bis zur Erdenwelt führt. Diese Sequenz dürfte in einem engen
Zusammenhang mit dem mystischen Baum des Lebens stehen, der aus jüdischen oder arabischen Quellen in das mittelalterliche Europa gelangte und sich dort mit einer bereits vor-
handenen Tradition eines kosmischen Baums verband. Im
Padstow May Song ist es der heilige Georg, der sich in der entscheidenden Szene dieses Tanzdramas, in dem Tod und Wiederauferstehung dargestellt werden, in seinem Langboot »auf
der salzigen See« befindet. Im weiteren Kreis der Artus-Tra-
ditionen, die sich kurz nach Geoffrey entwickelten, gibt es
geheimnisvolle Barken und Boote zuhauf; Barinthus aber war
der erste, der über jenes geheimnisvolle sternenerleuchtete
Meer fuhr.[12]

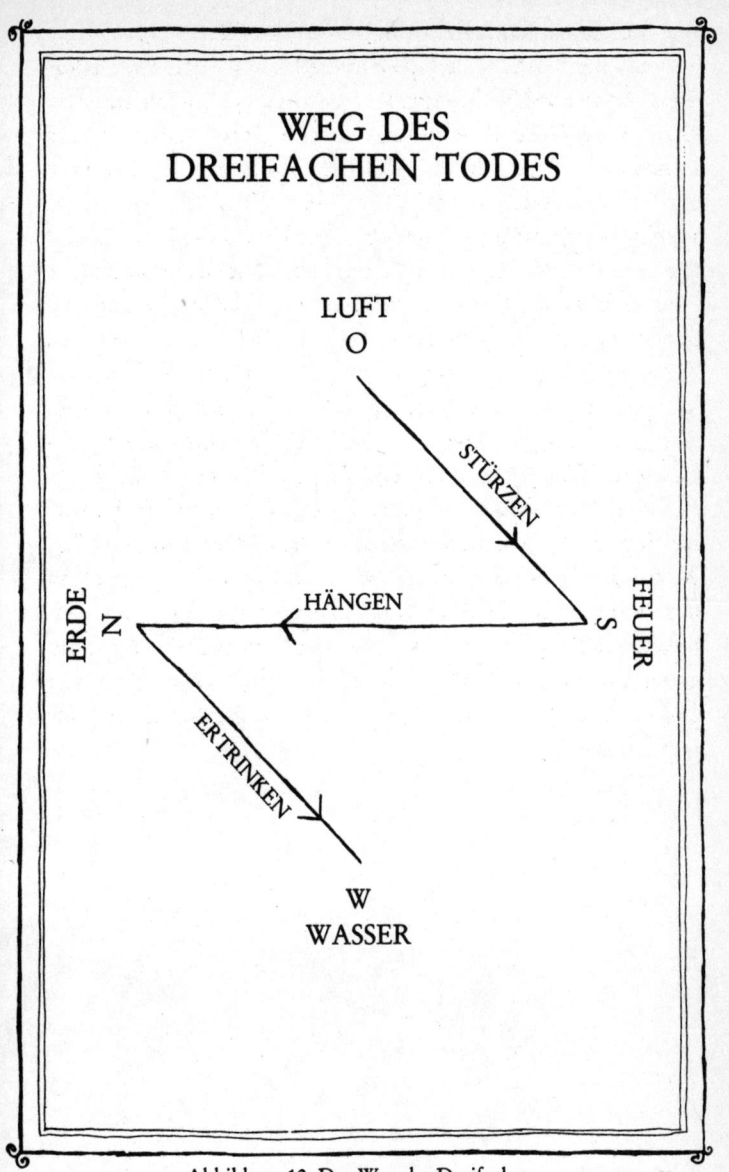

Abbildung 12. Der Weg des Dreifachen
Todes und die Elemente

KAPITEL 11

Merlin erinnert sich.
Die drei Gesichter Merlins

Der Himmel Blut statt Regen entleert, / Und jung und
alt wird von Hunger verzehrt. / Roten Drachen befällt
tiefe Traurigkeit, / Wird er wieder fröhlich nach langer
Zeit.

Thomas Heywood, Merlin, 1641

Merlin erlangt durch die lange mystische und metaphysische
Darlegung wieder volle Erinnerung; er bekräftigt diese Darlegung durch eine Reihe historischer Ereignisse von der Ankunft der Sachsen bis zum Aufstieg und Fall von König Artus' Reich.
Diese historische Sequenz liefert den faktischen Unterbau für
den vorangegangenen Artus-Mythos (Kapitel 10) und führt
den Leser zu einem Schlüsselmotiv: Merlins lange Vertraut-
heit mit dem Land und seinen Bewohnern.

MERLIN ERINNERT SICH

Der Text der Vita wird hier wiederum mit »Beweisen« unter-
legt; Merlin spricht von einer Reihe detaillierter Erinnerungen, bei denen es sich im Grunde um eine chronologisch-hi-
storische Passage überwiegend aus Geoffreys Geschichte der
Könige von Britannien handelt. In dieser Passage findet sich
kein Material, das direkt mit dem mystischen Leben oder dem
inneren Wachstum Merlins zu tun hat; sie dient hauptsächlich

zur Bekräftigung der mythischen Artus-Sequenz, welche die Erschaffung der Welt abschließt.

Man sollte dieses Material wie auch andere pseudohistorische Prophezeiungen in der Vita hauptsächlich unter dem Aspekt von Geoffreys künstlerischer Aufarbeitung des traditionellen Wissens sehen. Er zögert nicht, auf seine eigene frühere Arbeit zu verweisen, die Geschichte der Könige von Britannien, die praktisch allen seinen adligen Zuhörern bekannt war.[1]

In den »Erinnerungen« an frühere Feldzüge und Treulosigkeiten werden zwei Themen angesprochen, die mit den magischen und psychologischen Inhalten der Vita verflochten sind: der Verrat Modreds an Artus (der zur letzten Schlacht und Artus' »ehrwürdiger Wunde« führt) und Merlins hohes Alter, ein Thema, auf das in einer eigenen Passage, die eine keltische Tradition zum Inhalt hat, kurz eingegangen wird.

Die Tatsache, daß die historische Sequenz als ethnozentrische Bestätigung der kosmologischen und geozentrischen Lehre eingefügt wird, hat jedoch subtilere Gründe. Merlin ist in der Lage, sich bis in Einzelheiten an die historischen Ereignisse in seinem Leben zu erinnern; nun, nach der schöpferischen Weltschau, kommt er offenbar wieder zu Sinnen.

Die Fragen nach dem Wetter und der Natur des Rades der Veränderungen wurden durch den Gelehrten Taliesin sehr ausführlich beantwortet; Merlin stellt fest, daß die Antwort mit seiner eigenen umfassenden Lebenserfahrung übereinstimmt. Er hat das Gleichgewicht zwischen seinem Kummer und dem daraus entspringenden Wahnsinn erlangt und ist zu einer kosmischen oder Gesamtschau vorgedrungen, deren harmonische Ergebnisse sich nicht nur auf die Heimat und den einzelnen auswirken, sondern in ein Jenseits von magischer Potenz hineinreichen, in dem wahre Heilung in Gestalt einer Göttin zu finden ist.

So ist Merlins Rückkehr zur Vernunft nicht einfach eine Wiedereinsetzung in seinen früheren Status als König; dafür sind zu viele und zu tiefgreifende Veränderungen eingetreten. Er kann nun das Band zwischen dem vierfachen Zyklus, der in aller Schöpfung erscheint, und den zum Ausdruck gekommenen Zyklus von menschlichem Kummer, Aufstieg, Fall und Freude begreifen und aussprechen. Niemand hat so viele heftige Schlachten gesehen wie Merlin, sagt Taliesin, und Merlin stimmt ihm zu, indem er auf sein langes Leben als Beweis für diese schmerzliche Wahrheit verweist.

Hier tritt uns nun allmählich jener Merlin entgegen, der in den späteren Volkstraditionen lebendig ist: der alte Mann, der Wissen und Weisheit durch lange Erfahrung repräsentiert.

DIE DREI GESICHTER MERLINS

Merlin erscheint in Geoffreys Werken auf dreierlei Weise:

1. Ein junger Mann, der die Prophezeiungen ausspricht.
2. Ein reifer Mann, der selbst König ist, später jedoch aufgrund eines durch Kummer verursachten Wahnsinns auf diesen Status verzichtet.
3. Ein sehr weiser alter Mann, der sich schließlich zurückzieht, um sich ganz einem spirituellen Leben zu widmen.

In den vielen Merlin-Studien, die es gibt, findet sich fast bei allen Kommentatoren die Aussage, Geoffrey habe zwei verschiedene Traditionen zusammengefügt (den Merlin der Prophetiae und den wahnsinnigen Merlin der Vita). Während diese Themen natürlich aus Wales und Schottland entlehnt sein können, wo ähnliche Erzählungen mündlich und schriftlich überliefert sind, wurde dem Gedanken noch kaum Aufmerksamkeit gewidmet, daß es sich hierbei um Fragmente einer einzigen diffusen, aber zusammenhängenden Tradition handeln könnte. Gewiß hat Geoffrey den Versuch unternommen, die beiden Zweige zusammenzuführen, doch ihre Vereinigung ist dadurch nicht zwangsläufig allein das Werk seines Intellekts, wie sie vor Geoffreys Zusammenführung vielleicht auch nicht wirklich völlig getrennt waren.

Die drei Gesichter Merlins, bei denen es sich natürlich um die drei Aspekte der psychischen und physischen Entwicklung des Menschen handelt, sind eine direkte Parallele zu den drei Aspekten der Göttin (Jungfrau, reife Frau, Alte). Die dreifache Symbolik, repräsentiert durch unterschiedliche Persönlichkeiten, tritt auch in den Gralssagen auf, die wenig später erscheinen, nachdem sich Geoffrey mit dieser Thematik befaßt hatte. Die drei Personen, die zum Gral gelangen, nämlich Galahad, Parzival und Bors, können als Beispiel für die dreifache Darstellung Merlins in Geoffreys Werk dienen, das sich auf die Tradition stützt.[2]

Wir finden solche inneren Zusammenhänge in vielen mündlich tradierten Erzählungen und Balladen, in denen bestimmte Charaktere in ganz unterschiedlichen Schilderungen auftauchen, aber doch durch ihr Verhalten, ihre symbolischen Attribute und ihr Überdauern in der allgemeinen Imagination in einem inneren Zusammenhang stehen. Dasselbe könnte man von Merlin sagen: Seine ganze Geschichte ist eine Triplizität; die Quellen mögen verschieden sein, die Summe ist jedoch ein Ganzes. Geoffrey muß dies intuitiv gewußt haben. Damit nahm er das moderne Studium der Seele um mindestens sieben Jahrhunderte vorweg und legte eine »Protopsychologie« vor, die auch heute noch nicht überholt ist. Diese »Urpsychologie« ist aber das Ergebnis der Weisheitslehren früherer Kulturen, nicht die intellektuelle Leistung eines einzelnen oder einer Gruppe.

Es wäre natürlich unsinnig, zu sagen, Geoffrey habe im Sinne der modernen Psychologie »gewußt«, was er tat; es gab jedoch ein kollektives Wissen bei den unzähligen Quellen, welche die alten Traditionen verkörperten und sich auf Personen,

Motive und Symbole stützten, die durch das Medium einer zunächst heidnischen und dann christlichen Kultur ohne radikale Veränderung hindurchgingen. Als sich dieses Wissen in den Grallegenden verdichtete, die außerhalb der kirchlichen Orthodoxie standen, wurden sie nicht unterdrückt oder angegriffen; sie brachten vielmehr durch ihren Einfluß entscheidende Veränderungen in der westlichen Literatur und Geschichte zuwege.

Schließlich ist es auch angezeigt, das Offenkundige anzusprechen: Es gibt nicht zwei Merlin-Traditionen, sondern deren drei; Geoffrey hat diejenigen in der Vita zusammengefaßt, in denen Merlin zunächst als reifer König mit einem sinnlichen Weib und dann als uralter Mann erscheint, der gesehen hat, wie alle Dinge sich zutragen. Die erste Tradition des jungen Mannes, der teils menschlich und teils göttlich oder übermenschlich ist, findet sich in den Prophetiae, jedoch reicht auch diese Tradition bis zum Ende der Zeiten.

Merlin kennt also schon als junger Mann alle Altersstufen und allen Kummer des Menschengeschlechts. Die Verse der Prophetiae zeigen dies überaus klar; diese haben nicht nur die künftige Geschichte zum Inhalt, sondern auch die apokalyptische Vision vom Ende der Zeiten, in der die Erschaffung des Sonnensystems von einer Göttin rückgängig gemacht wird, die nur vier Winde übrigläßt, die gegeneinander anstürmen. Es sind die nämlichen vier, die Taliesin in der Vita als die vier ersten Ursachen aller Schöpfung nennt.

Mit Merlins hohem Alter befassen wir uns im nächsten Kapitel; die oben erwähnten drei Traditionen, bei denen es sich im Grunde um drei Phasen einer einzigen Tradition handelt, erinnern uns aber an eine Urlegende: Merlin ist der Erste und Letzte Mensch.

KAPITEL 12

Die heilende Quelle.
Merlins Gebet.
Merlins hohes Alter

Im Wasser gibt es eine Qualität, die Segen trägt, und gut
ist es, über Gott selbst zu meditieren; recht ist es, mit
Ernsthaftigkeit zu Gott zu flehen, denn nichts kann es
verhindern, seine Gnade zu empfangen. Dreimal bin ich
geboren, ich weiß es durch Meditation; schlimm ist es
für den, der nicht kommt, um aufzunehmen alles Wissen
von der Welt, das in meinem Busen wohnt, denn ich
weiß, was war und was die Zukunft bringen wird ...

The Song of Taliesin

Am Fuße der Berge entspringt eine heilende Quelle, und das
Bad in seinen Wassern bringt Merlin schließlich die volle körperliche und geistige Gesundheit zurück. Er sendet ein Dank-
gebet zu der Gottheit, die ihm die Heilung geschenkt hat, und
stellt eine weitere wesentliche Frage: Woher kommt diese
Wirkungskraft? Merlin spricht hierauf eine weitere Weis-
heitssequenz über Quellen, Flüsse und Seen aus. Fürsten und
Häuptlinge kommen zusammen und bitten Merlin, den Kö-
nigsthron wieder zu besteigen; er aber sagt, sein hohes Alter
verbiete ihm dies und er wolle sich in die spirituelle Betrachtung zurückziehen.

Die heilende Quelle

Während er so sprach, eilten die Bediensteten herbei und sagten ihm, am Fuße der Berge sei eine neue Quelle entsprungen und verströme reines Wasser, das durch das ganze hohle Tal hindurcheile und auf seinem Lauf die Felder überspüle. Beide erhoben sich daraufhin eilends, um die neue Quelle zu sehen. Bei ihrem Anblick setzte sich Merlin in das Gras und pries den Ort und das strömende Wasser, und er wunderte sich, daß es in dieser Weise aus der Erde entsprungen war. Als ihn wenig später dürstete, neigte er sich zu dem Bächlein und trank reichlich und badete seine Schläfen in seinen Wellen. So rann das Wasser durch seine Eingeweide und seinen Magen und vertrieb die Wahngebilde in ihm. Er kam plötzlich wieder zu Verstand und erkannte sich, und all sein Wahnsinn ging von ihm, und die Klarheit des Geistes, die lange in ihm verdüstert war, kehrte zurück, und er war wieder, was er einst war – bei klaren Sinnen und heil und mit wiederhergestelltem Verstand. So lobte er also Gott, wandte sein Gesicht zu den Sternen und sprach in Demut preisende Worte: »O König, durch den die Ordnung des Sternenhimmels besteht, durch den das Meer und das Land mit seinem köstlichen Gras ihre Nachkommenschaft hervorbringen und nähren und mit ihrer üppigen Fruchtbarkeit der Menschheit in vielem dienlich sind, durch den der Verstand zurückgekehrt ist und die Verwirrung meines Geistes beendet wurde! Ich wurde von mir selbst entführt und kannte wie ein Geist die Handlung vergangener Menschen und weissagte die Zukunft. Als ich dann die Geheimnisse der Dinge erkannte, den Flug der Vögel, das Wandern der Sterne und das Dahingleiten der Fische, peinigte mich all dies und versagte meinem menschlichen Geist eine natürliche Ruhe nach einem strengen Gesetz. Nun bin ich zu mir selbst gekommen, und es scheint mich eine Kraft zu bewegen, wie sie früher meine Glieder belebte. Deshalb, höchster

Vater, sollte ich dir gehorsam sein, dir würdiges Lob aus einem würdigen Herzen entbieten und dir frohen Herzens allzeit fröhliche Gaben darbringen. Denn zweifach hat mich deine gütige Hand gesegnet, indem sie mir die Gabe dieser neuen Quelle aus dem grünen Gras schenkte: Nun habe ich das Wasser, das ich bisher entbehrte, und durch seinen Genuß wurde mein Gehirn wieder gesund gemacht. Doch woher kommt diese Gnade, mein lieber Begleiter, daß diese neue Quelle so entspringt und mich wieder mich selbst werden läßt, der ich bis jetzt als wahnsinnig galt und außer mir?«

Taliesin antwortete: »Der große Ordner aller Dinge hat die Flüsse nach ihrer Art geschieden und versah einen jeden mit einer eigenen Kraft, damit sie sich oft als heilsam für die Kranken erweisen sollten. So gibt es Quellen und Flüsse und Seen in der ganzen Welt, die durch ihre Kraft viele heilen können, und dies geschieht häufig.

So fließt bei Rom die schnelle Albula mit ihrem heilsamen Strom, der, wie man sagt, Wunden mit sicherer Heilkraft heilt. Eine andere Quelle gibt es in Italien, die Cicero-Quelle genannt wird und die Augen von allen Verletzungen heilt. Die Äthiopier sollen einen Teich haben, der ein Gesicht, das man mit seinem Wasser benetzt, wie von Öl glänzen läßt. In Afrika gibt es eine Quelle, die Zama genannt wird und deren Genuß durch ihre unmittelbare Kraft klangvolle Stimmen ertönen läßt. Der See Clitorius in Italien vergällt den Genuß des Weins; wer aus der Quelle von Chios trinkt, soll dumpfen Geistes werden. Das Land Boiotien soll zwei Quellen besitzen: Die eine macht den, der davon trinkt, vergessen, die andere macht ihn sich erinnern. Im gleichen Lande gibt es einen See, der so schreckliches Verderben in sich birgt, daß er Wahnsinn erzeugt und die Hitze übermäßiger Leidenschaft.

Die Quelle von Cyzicus vertreibt die Lust und die Liebe zur Venus. Im Gebiet Campanien sollen Flüsse fließen, deren Wasser die Kraft hat, die unfruchtbaren Frauen fruchtbar zu machen, und dieselben sollen die Männer vom hitzigen Wahnsinn befreien. Im Land der Äthiopier findet man eine Quelle mit einem roten Strom; wer davon trinkt, kehrt in geistiger Umnachtung zurück. Die Quelle von Leinus bewahrt vor Fehlgeburten. Zwei Quellen gibt es auf Sizilien, von denen die eine Mädchen unfruchtbar macht; die andere macht sie fruchtbar durch ein gnädiges Gesetz. Zwei Flüsse gibt es in Thessalien von unerhörter Kraft: Ein Schaf, das aus dem einen trinkt, wird schwarz, und von dem anderen wird es weiß gemacht, und eines, das aus beiden trinkt, muß fürderhin gefleckt durchs Leben gehen.

Im umbrischen Land gibt es einen See mit Namen Clitumnus, der zuzeiten große Ochsen hervorbringen soll, und in den Reatinischen Sümpfen werden die Hufe von Pferden hart, sobald sie deren Ufer überschreiten. Im Asphaltsee Judaeas können Körper niemals untergehen, solange sie der Atem des Lebens erfüllt, während es andererseits im Land Indien einen Teich namens Sida gibt, in dem nichts schwimmt, sondern sofort auf den Grund sinkt. Und es gibt einen See Aloe, in dem nichts versinkt, sondern alle Dinge schwimmen, selbst wenn es Stücke Blei sind. Auch der Quell Marsida läßt Steine schwimmen.

Der Fluß Styx fließt von einem Felsen herab und tötet denjenigen, der daraus trinkt; das Land Arkadien legt Zeugnis ab von dieser Art der Vernichtung. Der Quell Idumea, der sich viermal im Laufe der Zeit verändert, soll seine Farbe nach einem seltsamen Gesetz wechseln; er wird zunächst schmutzigbraun, dann grün, dann kehrt sich die Reihenfolge um, und er färbt sich rot und ergießt sich dann in einem wunderschönen klaren Strom. Es heißt, daß er jede dieser Farben drei Monate behält, wenn die Jahre dahingehen. Es gibt auch einen See Trogdytus, dessen Wellen dreimal am Tage mit bitterem und dreimal mit köstlich süßem Geschmack über die Ufer schlagen. An einer Quelle namens Epirus sollen sich Fackeln entzünden und, wenn sie gelöscht werden, erneut zu brennen beginnen. Die Quelle Garamantes soll tagsüber so kalt und nachts so heiß sein, daß man sich wegen ihrer Kälte oder Hitze ihr nicht nähern kann.

Es gibt auch heiße Gewässer, die für viele wegen der Hitze bedrohlich sind, die sie entwickeln, wenn sie durch Alaun oder Schwefel fließen, welche von feuriger Kraft sind und deshalb zu Heilzwecken benutzt werden. Gott stattete die Flüsse mit diesen Kräften und anderen aus, damit sie das Mittel zu rascher Heilung Kranker seien und damit sie offenbaren, wie groß die Macht und Erhabenheit des Schöpfers in den Dingen ist, während er so in ihnen wirkt. Ich denke, diese Wasser sind in höchstem Maße heilkräftig, und ich glaube, sie können durch das Wasser, das so hervorgebrochen ist, eine rasche Heilung bewirken. Sie strömten bisher in den dunklen Höhlungen unter der Erde, gleich vielen anderen, die unterirdisch fließen sollen.

Vielleicht sind sie hervorgebrochen, weil ein Hindernis in ihrem Weg war oder weil ein Stein oder eine Erdmasse sich in Bewegung gesetzt hat. Ich glaube, daß sie auf ihrem Weg zurück nach und nach den Boden durchdrungen und uns diese Quellen gegeben haben. Viele von ihnen sieht man dahinfließen und unter der Erde verschwinden, wo ihre Höhlen sie wieder aufnehmen.«

DIE HEILENDE QUELLE

Wir sind nun bei der endgültigen Heilung von Merlins Ungleichgewicht angelangt; das Symbol des heilkräftigen Quells begegnet uns hier erneut. Als sich Merlin zum erstenmal vorübergehend von seinem Wahnsinn erholt, finden wir ihn am Gipfel eines Berges, wo er an einer von Haselnußbäumen umsäumten Quelle sitzt. Von diesem Ort wurde er durch die besänftigende Kraft der Musik hinweggelockt, und er unternahm seine erste Rückkehr in die Welt der Sterblichen.

Nach der langen Vorrede, in der die Heilkraft der britischen Quellen gepriesen wird, wobei ausdrücklich König Bladud, die Hütergestalt der heiligen Quellen von Caer Baddon (Bath, Aquae Sulis), erwähnt wird, überrascht es nicht, daß Merlin von einer wunderkräftigen Quelle geheilt wird, die *»am Fuße der Berge«* entspringt. Allerdings wurden wir nicht durch einen bloß literarischen Kunstgriff auf dieses Motiv eingestimmt; Quellen und Brunnen sind vielmehr ein Kernstück des transformativen Wissens und der magischen Interaktion bei den Kelten.[1] In den Prophetiae findet sich eine machtvolle Vision von der Reinigung und Transformation des Landes Britannien, in der eine Göttin als vermittelnde Kraft auftritt, die flüchtige Energien in beständige, ausgewogene Kraft transformiert. Die alten Kelten lokalisierten solche Mächte in den Quellen und Seen Galliens. Jede heilige Quelle war voller Opfergaben, die wegen ihres Gehaltes an Gold und Silber oder der künstlerischen Leistung von unschätzbarem Wert waren.

Zwischen dem 5. und dem 12. Jahrhundert gingen diese heidnischen Praktiken allmählich in die Verehrung von Heiligen über, die Schutzpatrone von Brunnen und Quellen waren – wobei die Opfergaben dann Kirchen oder großen Abteien zugute kamen –, und in Volksbräuche wie beispielsweise das Hineinwerfen von kleinen Votivgaben oder das Befestigen bunter Tuchstreifen an den Bäumen, die nahe den Quellen wuchsen.[2] Die mündlich tradierten und sehr verbreiteten Erzählungen von den Quellen waren jedoch noch überaus lebendig und erlebten mit dem Aufkommen der Gralslegenden durch das Wirken der Dichter eine nachhaltige Stärkung. Die Tradition der heilenden Quellen kann also bis auf die frühesten Spuren britischer oder keltischer Glaubensvorstellungen zurückverfolgt werden. In der Sichtweise der heutigen Psy-

chologie wie auch derjenigen der alten magischen und spirituellen Systeme ist der Brunnenquell der Ursprung der Energie
im Menschenwesen; er ist das Leben selbst.

Merlins endgültige Heilung ist höchst aufschlußreich, und
zwar nicht nur wegen der Verwendung eines nachhaltigen
und wirksamen Symbols der inneren Therapie und Reinigung, sondern auch wegen der beschreibenden Details, die in
die Worte Merlins selbst gefaßt sind. Es lohnt sich, den Inhalt
dieses Dankgebets im einzelnen zu untersuchen.

MERLINS GEBET

Merlin wendet sein Gesicht zu den Sternen und preist den
Schöpfergott; die Worte sind direkt aus dem kosmischen Modell entnommen, das Taliesin während seiner Unterweisung
darlegte, mit der er auf die mystische Frage nach dem Ursprung des Wetters einging.

Er beschreibt seine subjektiven Erfahrungen als wahnsinniger
Prophet: zum einen von sich selbst entrückt, das heißt nicht
seiner selbst bewußt, zum anderen wie ein Geist, der die
Handlungen früherer Menschen kennt und die Zukunft vorhersagt. Merlins Bewußtsein hat sich vom normalen Zeiten-
strom abgelöst, der Ichbewußtsein schafft. Er kann daher in
die Vergangenheit wie in die Zukunft blicken. Es ist bezeichnend, daß Geoffrey beziehungsweise seine Quelle die Kenntnis früherer Menschen erwähnt, die im Zusammenhang mit
König Bladud in der Historia »Nekromantie« genannt wird,
bildet doch dieses Wissen einen der geheiligten Aspekte eines
gesteigerten Bewußtseins durch die magischen Traditionen.
In ähnlich ausführlicher Art wird die Kenntnis der Zukunft
erwähnt, wenn auch dieses Thema weniger interessant ist.[3]
Die Bewegtheit dieses transzendenten Bewußtseins – Flug
der Vögel, Dahingleiten der Fische, Bewegung der Sterne –

ließ Merlin nicht zu einer natürlichen Ruhe kommen. Sein Geist wurde dadurch über das erträgliche Maß beansprucht, und so geriet er aus dem Gleichgewicht.

Gott hat ihn mit einer Quelle aus der Mitte des grünen Grases oder der Erde beglückt, die sein Bewußtsein reinigt und ihm seine gesunde Kraft zurückgibt. Den Rahmen, innerhalb dessen sich Merlins Gesundung vollzieht, bilden, wie wir gesehen haben, die persönliche Reife durch menschliche Beziehungen sowie sexuelle Polarität und eine Kosmologie in Form eines spirituellen Bildungsprozesses durch Beantwortung mystischer Fragen. Die Fragen werden zunächst »auf einer menschlichen Ebene« gestellt, verlagern sich jedoch später auf höhere Bewußtseinsbereiche, wobei sich bei jeder Transformation oder Veränderung des Bewußtseins Antworten auf einer neuen Ebene ergeben. Dieser Heilungsprozeß kulminiert in einer Segnung, einem Gnadenakt, jedoch stand diese Kraft offensichtlich schon immer für Merlin bereit, wie wir aus der folgenden ausführlichen Erläuterung Taliesins erfahren.

DIE HEILENDEN WASSER DER WELT

Merlin fragt nun: Woher kommt diese Kraft? Und wir hören ein weiteres Unterweisungsgedicht des Barden, das stark mit klassischen Anspielungen durchsetzt ist. Die Absicht ist auch hier, einen »Beweis« für die Heilkraft von Quellen, Flüssen und Seen vorzulegen. Gleichzeitig handelt es sich um einen höchst unterhaltsamen und interessanten Vortrag für den Zuhörer, der begierig ist, altes Weisheitsgut in sich aufzunehmen. Die Mehrzahl der Quellen, über die Taliesin berichtet, sind in klassischen oder neoklassischen Texten erwähnt, während einige wenige einer weiteren Kommentierung bedürfen, da sie wiederum die Bedeutung der Polarität in der traditionellen Unterweisung durch Erzählen von Geschichten unterstreichen.

Diese Beispiele für Polaritäten fügen sich nicht nur dem Generalthema ein, das sich durch den Text der Vita hindurchzieht, sondern erinnern uns auch daran, daß Wasserquellen Heil wie Unheil bringen können und Merlins Heilung dem Wirken von Gnade und Weisheit zuzuschreiben ist, nicht bloß einem Zufall. In einem späteren Abschnitt der Erzählung taucht auch ein Giftmotiv auf, das eines der letzten Teile des Puzzles der geheimnisvollen Frauen in Merlins Leben an seinen Platz setzt.[4]

Betrachten wir jedoch zunächst einige Beispiele von Polaritäten:

Boiotien: eine Quelle des Vergessens und eine des Erinnerns.

Sizilien: eine der Unfruchtbarkeit und eine der Fruchtbarkeit.

Thessalien: Eine Quelle macht ein Schaf, das daraus trinkt, schwarz, eine andere weiß; trinkt das Tier aus beiden, wird es scheckig. Dieses Bild schwarzer und weißer Schafe findet sich auch in der Erzählung von Peredur im *Mabinogion*,[5] und wie das Schach- und Damespiel oder ähnliche Polaritätsspiele repräsentiert es das Wechselspiel von Energien.

In *Judaea* gibt es einen See, in dem Körper nicht untergehen können, während es in Indien einen Teich namens *Sida* gibt, in dem nichts schwimmt.

Der Quell in *Idumea* ändert seine Farben mit den Jahreszeiten: Schmutzigbraun, grün, rot und klar ergießt er sich jeweils drei Monate im Jahr.

Garamantes ist abwechselnd sehr heiß und sehr kalt.

Die wechselnden Bilder werden nicht den zufälligen Assoziationen der Zuhörer überlassen, vielmehr wird ihnen ihre Polarität durch immer neue Beispiele verdeutlicht. Andere Eigenschaften der Gewässer sind Erzeugung von Wahnsinn, Konservierung, Kontrolle der Sinnlichkeit. In den Prophetiae gibt es vielfältige Beispiele für die drei Quellen: Es sind die drei Urquellen des Lebens, des Verlangens und des Todes.[6] Taliesin schließt mit einer Beschreibung der heilenden Kräfte der Schwefelquellen und der göttlichen Kraft in den heilenden Wassern. Dann sagt er klar und deutlich, daß die Wasser *in den dunklen Höhlungen unter der Erde* flossen und *nach und nach den Boden durchdrungen und uns diese Quellen gegeben haben*. Hier ist das klassische Symbol der zur äußeren Erkenntnis durchbrechenden Energien, und dies ist nicht nur eine Analogie zur Seele, sondern auch zum Körper. Beide leiten sich von einer überdauernden Ahnung ab, daß alles Leben von unten kommt; das heutige *Unbewußte* ist nur eine intellektuelle Neubenennung der Macht, die den Alten als die Unterwelt geläufig war. Allerdings war diese Unterwelt weit mehr als ein vager Bereich des menschlichen Bewußtseins; es war die verborgene Quelle aller Energie, allen Lebens, aller Transformation, allen Todes, und zwar im materiellen, biologischen, psychischen, magischen und sogar im spirituellen Sinne. Diese Unterwelt ist es, die sich hinter Taliesins Erläuterung kaum verschleiert verbirgt.

Merlins hohes Alter

Während sie diese Dinge taten, verbreitete sich rasch die Kunde, im Caledonischen Walde sei ein neuer Quell entsprungen und der Genuß des Wassers habe einen Mann geheilt, der lange Zeit vom Wahnsinn befallen war und in diesen Wäldern nach der Art der wilden Tiere gelebt hatte. Alsbald eilten die

Edlen und die Stammesführer herbei, um den Propheten zu sehen, der durch das Wasser geheilt wurde, und sich mit ihm zu freuen. Nachdem sie ihm ausführlich über den Stand der Dinge in seinem Land berichtet und ihn gebeten hatten, den Thron wieder zu besteigen und sein Volk mit seiner gewohnten Güte zu regieren, sagte er: »Ihr jungen Leute, die Dauer meines Lebens, die mich in ein hohes Alter geführt und sich so meiner Glieder bemächtigt hat, daß ich mit meinen geschwächten Kräften kaum mehr über die Felder schreiten kann, verwehrt mir dies. Ich habe schon lange genug gelebt und herrliche Tage gesehen, in denen das Glück das Füllhorn seiner Güte überreichlich über mich ausgoß.

In diesem Wald steht eine Eiche von ehrwürdiger Gestalt, der das hohe Alter, das alles verzehrt, so sehr zugesetzt hat, daß ihr Saft vertrocknet ist und sie von innen zerfällt. Ich sah den Baum, als er eben zu wachsen begann, und ich sah sogar den Fall der Eichel, aus der er entsproß, und ein Specht stand darüber und beobachtete den Zweig. Hier habe ich ihn von selbst wachsen gesehen; ich habe alles beobachtet, und da ich in diesen Gefilden um ihn fürchtete, behielt ich diesen Ort in meinem treuen Gedächtnis. Ihr seht also, daß ich lange gelebt habe, und die Last des Alters hält mich zurück, so daß ich auf ein neues Herrschertum verzichte. Wenn ich unter dem grünen Laub verweile, erfreuen mich die Reichtümer Caledoniens mehr als die Edelsteine, die Indien hervorbringt, oder das Gold, das Tagus an seinen Ufern haben soll; mehr als die Früchte Siziliens oder die Trauben des lieblichen Methymna; mehr als hohe Türme oder mit Mauern bewehrte Städte und Kleider mit den Düften von Tyros. Nichts erfreut mich so sehr, daß es mich von meinem Caledonien trennen könnte, wo ich es immer angenehm finde. Hier werde ich zeit meines Lebens bleiben, zufrieden mit Äpfeln und Gräsern, und ich will meinen Leib mit frommem Fasten reinigen, damit ich würdig sein möge, des ewigen Lebens teilhaftig zu werden.«

Unser nächstes Bild ist eine Versammlung von Edlen und Stammesführern, die Merlin drängen, wieder die Herrscherwürde anzunehmen. Hier wird das traditionelle Thema des weisen Ältesten eingeführt, der von den Anführern des Volkes um Rat gefragt wird. Der Prophet lehnt es ab, seinen Thron wieder zu besteigen, und antwortet mit einer Sequenz, bei der es sich höchstwahrscheinlich um ein ursprünglich selbständiges Gedicht handelt, das durch die mündliche Überlieferung entweder mit Merlin oder einer anderen Gestalt in Zusammenhang gebracht wurde. Es geht hier um das Symbol des ältesten Geschöpfs, von dem auch in anderen keltischen Traditionen die Rede ist. Das älteste Geschöpf gilt als das weiseste, denn es hat gesehen, wie alle Dinge sich ereignen. Diese Symbolik wird daher in der dritten Phase, derjenigen des weisen alten Mannes, auf Merlin übertragen.[7]

Geoffrey erweitert wiederun die Sequenz durch Einfügung eigener dichterischer Einfälle, beispielsweise Merlins Verzicht auf den Thron, den er mit exotischen Versuchungen vergleicht, die ihn nicht länger zu reizen vermögen. Der Text geht nun einem religiösen Abschluß entgegen, denn Merlin strebt »das ewige Leben« an. In diesem Zusammenhang müssen wir uns jedoch dessen bewußt sein, daß sein spiritueller Rückzug in die Wälder eine geheiligte Möglichkeit der Erkenntnissuche bedeutet; ein Motiv, das in der ganzen Welt zu finden ist.

Im Ton von Geoffreys Schlußversen kündigt sich eine Auflösung an; er führt die verschiedenen Stränge der Merlin-Tradition zusammen – Erkenntnis, Prophetie und spirituelle Reife oder mystische Suche – und vereinigt sie zu einem Schluß, der heidnische und christliche Weisheit vereint. Diese Elemente sind in der Tat in den Abschlußversen der Vita eng miteinander verbunden, und es ist nicht möglich, sie für eine isolierte

Betrachtung voneinander zu trennen, ohne gleichzeitig die Kraft und den Wert der Erzählung selbst zu vermindern. Während es auf der einen Ebene auch um die schließliche Errettung von Sehern in mittelalterlichen Erzählungen gehen mag, die bei ihrem Tod wieder in den Schoß der Kirche aufgenommen werden – wiewohl dies bei Merlin nicht der Fall ist –, geht es andererseits doch um eine tiefere Erkenntnis.

Das Ende der Vita zeigt die Verbindung zwischen Heidentum und Christentum; es verbindet die alten ungebändigten Kräfte und das Sehertum mit einer tieferen spirituellen Erfahrung, symbolisiert durch Merlins Heilung und seinen endgültigen Rückzug. Wir werden uns diesem Thema gleich wieder zuwenden, denn es handelt sich um eine transzendente Verheißung.

KAPITEL 13

Ein Katalog der Vogelarten

Nach diesen Dingen wird ein Reiher aus dem Wald von Calaterium hervorkommen, der zwei ganze Jahre über die Insel Britannien fliegen wird. Mit seinem nächtlichen Schrei wird er alles Gefiederte zusammenrufen und alle Arten von Geflügel um sich scharen.

Prophetiae Merlini

Der Adler sprach: »Ich bin seit urdenklichen Zeiten hier, und als ich hierherkam, gab es hier einen Felsen, von dessen Spitze ich jeden Abend nach den Sternen pickte ... nun ist er nur noch eine Spanne hoch.«

Kilhwch und Olwen, Mabinogion

Der soeben geheilte Merlin hält unverzüglich einen langen Diskurs über Art und Verhalten von Vögeln. Er verkündet hauptsächlich ein Wissen, das in den enzyklopädischen Büchern der mittelalterlichen Gelehrten zu finden ist. Seine Kenntnisse über die Vögel stammen, wie er sagt, aus der langen Zeit, die er in den Wäldern zubrachte. Bestimmte magische Symbole aus dem Altertum finden sich in dieser Passage, welche die zweite der drei wundersamen Erscheinungen ist: die wunderkräftige Quelle (Kapitel 12), der Flug der Kraniche, der Wahnsinnige mit den vergifteten Äpfeln (Kapitel 14).

Während er so sprach, erblickten die Stammesführer lange Reihen von Kranichen in der Luft, die in gekrümmten Linien in Form bestimmter Buchstaben im Raum kreisten; in wohlgeordneter Staffel sah man sie in der klaren Luft. Sie wunderten sich darüber und baten Merlin, ihnen zu sagen, warum sie in dieser Weise flogen.

Ohne Zögern antwortete Merlin ihnen: »Der Schöpfer der Welt gab den Vögeln wie vielen anderen Dingen ihre eigene Natur, wie mich mein langes Leben in den Wäldern gelehrt hat. Es ist also die Natur der Kraniche, wenn sie sich durch die Luft bewegen, daß sie, wenn ihrer viele sind, häufig im Flug eine bestimmte Figur bilden. Einer von ihnen fordert sie durch seinen Ruf auf, beim Fliegen die Formation zu wahren, damit sie nicht gestört wird und von der üblichen Gestalt abweicht; wenn er heiser wird, nimmt ein anderer seinen Platz ein ...

Wenn für den Specht die Zeit gekommen ist, daß er sein Nest baue, schlägt er Splitter und Keile aus dem Stamm, die niemand sonst daraus lösen könnte. Und der Widerhall seines Klopfens ist in der ganzen Gegend zu vernehmen.«

EIN KATALOG DER VOGELARTEN

Aus der Auflistung von Vogelarten, die hier nur auszugsweise wiedergegeben ist, und ihren recht ungewöhnlichen Attributen bedürfen zwei der wichtigsten Symbole einer Erläuterung: der Kranich und der Specht.

Der Kranich wird in der frühen Literatur mit der Bildung der Buchstaben des Alphabets in Verbindung gebracht, eine ursprünglich magische Sequenz. Im Zusammenhang mit Merlins Lebensgang können wir das Erscheinen der Kraniche auf zweierlei Art interpretieren:

1. *Klassischer Ursprung des Kranichs und der Buchstaben*: Geoffreys Auflistung ist von Isidor entlehnt. Die Griechen schrieben Hermes die Erfindung der Buchstaben zu, und der Kranich war sowohl Hermes als auch Apollon heilig. Bei den alten Ägyptern trug der Gott Thot den Kopf eines Ibis; er galt als Berechner der Mondphasen sowie des Mondumlaufs und als Erfinder der Schreib- und Rechenkunst.[1]

2. *Mögliche Anspielung auf die Rolle des Boten*: In einer früheren Szene wird Merlin von einem Boten aufgesucht, der die Zither oder Leier spielt, um den Wahnsinn des Propheten zu heilen. Dieses hermetische Symbol erinnert uns daran, daß Buchstaben auch mit den traditionellen sieben Saiten und sieben Planeten im Zusammenhang stehen. Die Kraniche sind ein Symbol der Ordnung, das dem Himmel eingeschrieben wird; sie sind in der natürlichen Welt, was die Bewegungen der Himmelskörper in der Sternenwelt sind. Ihr Flug markiert den Jahreszeitenwechsel, wie es die Reise der Plejaden am Sternenhimmel tut.[2]

Der Specht erscheint zweimal, einmal im Zusammenhang mit der alten Eiche, die Merlins eigenes hohes Alter beweist, und einmal als Auszug aus den Listen Isidors, wo er Splitter und Keile aus den Bäumen zieht. In klassischer Sicht ist die Beziehung zwischen Specht und Eiche mit dem Thema der Prophezeiung verbunden; der Specht ist ein prophetischer Vogel, während die Eiche der Baum des heiligen Königtums ist. Inwieweit diese Symbolik dem Publikum Geoffreys geläufig war, ist unmöglich festzustellen – möglicherweise aber doch weniger als die offenkundiger dargestellten keltischen Sagenmotive, zum Beispiel die heilenden Quellen oder die Reise zu der Insel der Seligen.[3]

KAPITEL 14

Die vergifteten Äpfel.
Die Prophezeiung Ganiedas

O nein, treuer Thomas, sagte sie, diese Frucht darfst du
nicht berühren, denn alle Plagen, die die Hölle birgt, la-
sten auf der Frucht dieses Landes.

Thomas der Reimer (schottische Ballade)

Wurzeln und Zweige werden ihren Platz tauschen, und
diese Neuigkeit wird als Wunder angesehen werden.

Prophetiae Merlini

Die dritte der wundersamen Erscheinungen ist diejenige eines
Wahnsinnigen. Sie steht in engem Zusammenhang mit der Vision eines seltsamen Baumes über einer Quelle. Der Beses-
sene ist einer von Merlins alten Gefährten. Er verfiel durch
vergiftete Äpfel dem Wahnsinn, und diese Früchte hatte eine
enttäuschte Verehrerin Merlin zugedacht. Der Rasende wird
schließlich jedoch von den gleichen Wassern geheilt, durch
die Merlin gesundete, und er schließt sich dem Propheten,
Ganieda und Taliesin an, um mit ihnen in den Wäldern und
dem Observatorium in spiritueller Abgeschiedenheit zu leben.
Ganieda sieht in den Fenstern des Observatoriums ein Licht
aufscheinen und gerät in eine prophetische Trance, in der sie
von einigen Ereignissen spricht, die in die Zeit Geoffreys und
seiner Leser oder Zuhörer fallen. Merlin erklärt schließlich,
der Mantel der Macht sei von ihm an seine Schwester überge-

gangen; der prophetische Geist hat ihn verlassen. Seine Entwicklung ist über das Sehertum hinaus fortgeschritten und hat ihn in ein spirituelles und transzendentes Bewußtsein geführt, in dem solche Kräfte nicht mehr notwendig sind.

Die vergifteten Äpfel

Nachdem er seine Rede beendet hatte, kam ein Wahnsinniger auf sie zugestürzt, den das Schicksal hierhergeführt hatte; er erfüllte den Wald und die Luft mit einem entsetzlichen Geschrei und trug wie ein rasender Eber Schaum vor dem Mund und drohte sie anzugreifen. Sie legten ihn jedoch rasch in Fesseln und hießen ihn bei sich niedersetzen, damit seine Bemerkungen ihnen zu Gelächter und Scherzen Anlaß gäben. Als der Prophet ihn genauer betrachtete, erinnerte er sich, wer er war; da stöhnte er vom Grunde seines Herzens und sprach: »So sah er einst nicht aus, als wir in der Blüte unserer Jugend standen, denn er war zu jener Zeit ein wohlgestalter, starker Ritter, den sein Adel und sein königliches Geblüt auszeichneten. Ihn und viele andere hatte ich in den Tagen meines Reichtums bei mir, und man pries mich glücklich wegen so vieler guter Gefährten, und ich war es. Eines Tages, als er in den hohen Bergen von Arwystl jagte, geschah es, daß wir zu einer Eiche kamen, die ihre mächtigen Äste zum Himmel reckte. Eine Quelle floß dort, ringsum von grünem Gras umgeben, deren Wasser für den menschlichen Genuß taugte; wir alle waren durstig und setzten uns nieder und tranken begierig aus dem klaren Quell. Da sahen wir einige duftende Äpfel auf dem zarten Gras am lieblichen Rand der Quelle liegen. Derjenige, der sie zuerst erblickt hatte, sammelte sie unverzüglich auf und gab sie mir, und er lachte über das unerwartete Geschenk. Ich verteilte die Äpfel, die er mir gegeben hatte, an meine Gefährten, und für mich blieb keiner mehr, weil es zu wenige waren. *Die anderen, die einen Apfel bekommen hatten, lachten und nannten mich großzügig, und sie verzehrten die Äpfel mit Begier und beklagten sich, daß es so wenige waren.*

Doch augenblicklich überfiel diesen Mann und alle anderen ein schrecklicher Wahnsinn; sie verloren unverzüglich den Verstand und begannen, sich wie die Hunde zu beißen und zu zerreißen. Sie hatten Schaum vor dem Mund und wälzten sich umnachtet am Boden. Schließlich trollten sie sich wie Wölfe und erfüllten die Luft mit Geheul. Ich vermutete, daß diese Äpfel für mich gedacht waren und nicht für jene, und ich fand später heraus, es war so. Zu jener Zeit gab es in diesem Gebiet eine Frau, die mich dereinst geliebt hatte und viele Jahre lang ihr Verlangen an mir stillte. Nachdem ich sie dann zurückgewiesen und mich geweigert hatte, ihr länger beizuwohnen, ergriff sie ein böser Wunsch, mir zu schaden, und als sie mit all ihren Ränken kein anderes Mittel finden konnte, um mir etwas anzutun, legte sie die mit Gift bestrichenen Geschenke an die Quelle, zu der ich zurückkehren wollte, um mich durch diesen Plan zu verletzen, wenn ich zufällig die Äpfel auf dem Gras finden und verzehren würde. Ein günstiges Schicksal bewahrte mich jedoch vor ihnen, wie ich soeben berichtet habe. Ich bitte euch, gebt dem Manne von dem heilsamen Wasser dieser neuen Quelle zu trinken, damit er, wenn er vielleicht seine Gesundheit zurückerlangt, sich selbst wiedererkennt und, solange sein Leben währt, mit mir in diesen Hainen im Dienste Gottes wirken möge.« Dies taten also die Anführer, und der Mann, der tobend zu ihnen gekommen war, trank das Wasser, genas und erkannte geheilt sogleich seine Freunde.

DIE VERGIFTETEN ÄPFEL

Die Erzählung von den vergifteten Äpfeln liefert das letzte Glied in der ungeordneten und diffusen Sequenz magischer oder transformativer Symbole, die in einer Beziehung zu Merlin stehen, zur Kraft der Prophezeiung, ihrem Verhältnis zum Wahnsinn beziehungsweise Ungleichgewicht, und zu den Mustern der Polarität.

Der Wahnsinnige, der erscheint, ist einer von Merlins alten Gefährten, und der Ort, an dem er mit Wahnsinn geschlagen wurde, wird ausführlich beschrieben; es ist ein Ort der inneren Vision, die sowohl mit dem Mythos als auch mit der natürlichen Umgebung verbunden ist.

In den Bergen erhebt sich eine große Eiche über einer Quelle; dies ist der gleiche Ort, an dem Merlin zum erstenmal dem Boten mit seiner Leier begegnete – eine Urvision: der Weltenbaum über der Quelle des Lebens. In modernen mystischen Texten oder magischen Unterweisungen wurde dieser Baum mit dem kabbalistischen Baum des Lebens in Zusammenhang gebracht, doch gab es eine britische Baumsymbolik, schon lange bevor die mathematische östliche Variante hier bekannt wurde.

Auf dem duftenden Gras liegen Äpfel, reif und zum Essen einladend; die Früchte eines magischen Orts bedeuten jedoch immer mehr, als es äußerlich den Anschein hat. Merlins Gefährten lesen diese Früchte begierig auf und essen sie, woraufhin sie sofort ihren Verstand verlieren, Schaum vor dem Mund haben und sich wie tolle Hunde oder Wölfe benehmen. Dies erinnert uns daran, daß Merlins Begleiter während der Zeit seines Wahnsinns ein Wolf war, und der Zusammenhang läßt sich leicht herstellen: Wir haben es hier mit einer geänderten Fassung des Wahnsinnsthemas zu tun, wobei das Ungleichgewicht und die Tollheit einen anderen Ursprung haben; das Motiv der Schlacht und des Kummers wurde durch ein anderes und älteres Thema ersetzt.

Männer werden durch diese Äpfel mit Wahnsinn geschlagen, die das vergiftete Geschenk einer Frau sind. Hier scheinen sich auf den ersten Blick Verbindungen zu dem Bericht des

Alten Testaments über den Garten Eden zu ergeben; wir sollten unseren Blick jedoch auch auf eine überlieferte Ballade richten, in der die Unterwelt, Prophezeiungen, ein fruchttragender Baum und die Macht einer weiblichen Gestalt vorkommen.

In der schottischen Ballade *Thomas der Reimer* wird ein Mann von der Feenkönigin entführt, die mit ihm über Flüsse von Wasser und Blut oder über eine tobende See und rotes Blut fährt, die unterirdisch fließen. Sie gelangen an einen Baum, und Thomas entbietet sich, die Frucht für die Königin zu pflücken. Sie sagt ihm, diese Frucht sei mit »allen Plagen der Hölle« vergiftet und dürfe von einem Sterblichen nicht gegessen werden. Es ist in der Tat die rohe Frucht oder Macht der geheimnisvollen Unterwelt, die auf dem Baume des Lebens wächst. Die Königin bietet Thomas dann Brot und Wein an – die »transformierte« Frucht – und bringt ihn nach Elfland, wo er zum Seher wird und schließlich zur äußeren oder irdischen Welt zurückkehrt.[1]

Die Parallelen zwischen dieser Ballade, die auf eine historische Person zurückgeht, und den Elementen der Merlin-Erzählung sind augenfällig. In beiden kommen ein Seher vor, unterirdisch fließende Flüsse, ein Baum mit einer kraftgeladenen oder vergifteten Frucht und eine weibliche Transformationskraft. Beide haben auch die letztliche Rückkehr zur Menschenwelt zum Inhalt.

Geoffrey bearbeitet eine traditionelle Ballade oder Erzählung, die offensichtlich Teil einer umfassenden prophetischen und magischen Tradition ist, in der Merlin die Hauptrolle spielt. Für die vergifteten Äpfel wird zwar eine weitgehend rationale Erklärung gefunden, die jedoch ganz richtig mit den Kräften der sexuellen oder Fortpflanzungspolarität verknüpft ist: »*Nachdem ich ... mich geweigert hatte, ihr länger beizuwohnen ... legte sie die mit Gift bestrichenen Geschenke an die Quelle.*«

Diese geheimnisvolle Frau ist wahrscheinlich der dritte Aspekt der bereits erwähnten weiblichen Triplizität: Sie ist eine gefährliche und manchmal eine gewalttätige Kraft. Wenn Ganieda die Macht des geschwisterlichen Elements, der befähigenden Weisheit und Guendoloena die Macht der blumenhaften Sinnlichkeit repräsentieren, dann steht die Apfelfrau für diejenigen schrecklichen Kräfte des Wahnsinns und des Todes, die den alten keltischen Göttinnen eigen waren.

Es braucht eigentlich kaum hinzugefügt zu werden, daß diese treibende Kraft nicht ungezügelt destruktiv ist; das hat uns bereits die Verfolgung Merlins eigener Entwicklung vom wölfisch rasenden Wilden Mann zum weisen Alten gelehrt. Ohne die Triebkraft der Prophetie wäre diese Entwicklung nicht möglich gewesen.

Die Göttin ist, kurz gesagt, eine Göttin der intensiven Inspiration, verbunden mit den sexuellen Energien des menschlichen Organismus. Diese Energien, die in der Ballade von Thomas dem Reimer durch die Beziehung zwischen Thomas und der Königin von Elfland deutlich zum Ausdruck kommen, werden durch das höhere Bewußtsein transformiert oder transmutiert – ja, sie *sind* die Quelle des höheren Bewußtseins. Je nach der Art, wie man sie einsetzt, können sie zum Wahnsinn und zur Vergiftung oder aber zur prophetischen Schau und mystischen Verwirklichung führen. Die ganze Merlin-Erzählung führt uns durch diese Sequenz.

Thomas wie Merlin sind Gestalten einer diffusen, aber überdauernden Tradition eines wechselnden mystischen und magischen Bewußtseins; man kann nicht behaupten, daß der eine auf den anderen zurückgeht, auch wenn Thomas älteren Datums ist.[2] Sie sind die auf historischen Personen basierenden Leitfiguren eines Prozesses, welcher der westlichen Psyche eigentümlich ist.

Darauf sprach Merlin: »Du mußt nun fortfahren im Dienste Gottes, der dich wiederherstellte, so wie du dich jetzt siehst, der du so lange Jahre wie ein wildes Tier in der Wildnis lebtest und ohne eine Empfindung der Scham umhergingst. Da du nun deinen Verstand wiedergefunden hast, meide nicht die Büsche oder die grünen Lichtungen, die du in der Zeit deines Wahnsinns bewohntest, sondern bleibe bei mir, um im Dienste Gottes die Tage wettzumachen, welche die Gewalt des Wahnsinns dir geraubt hat. Von nun an sollen in diesem Dienste uns alle Dinge gemeinsam sein, solange wir beide leben.«
Hierauf antwortete Maeldinus – denn dies war der Name des Mannes –: »Ehrwürdiger Vater, gerne will ich dies tun, und ich will fröhlich mit dir in den Wäldern bleiben und Gott mit meiner ganzen Seele preisen, solange jener Geist, den ich deiner gütigen Hilfe verdanke, in meinen bebenden Gliedern waltet.« – »Und ich will der Dritte in eurem Bunde sein und die weltlichen Dinge verachten«, sagte Taliesin. »Ich habe genug Zeit meines Lebens eitel zugebracht, und jetzt ist die Zeit, unter deiner Führung wieder zu mir selbst zu finden. Ihr aber, ihr Herren, verlaßt uns und verteidigt eure Städte; es ziemt sich nicht, daß ihr unsere Ruhe über das rechte Maß mit eurem Gespräch stört. Ihr habt meinen Freund genug gepriesen.«
Die Stammesführer gingen hinweg, und die drei blieben zurück. Zu ihnen kam als vierte Ganieda, die Schwester des Propheten, die nach dem Tode des Königs, der bis vor kurzem noch so viele Menschen nach seinem Gesetz regiert hatte, zu einem geziemenden Lebenswandel gefunden hatte. Nun war ihr mit ihrem Bruder nichts lieber als die Wälder. Auch sie wurde zuzeiten vom Geist ergriffen, und sie prophezeite ihren Freunden viele Male das zukünftige Geschick des Königreichs. So entrangen sich eines Tages, als sie in der Halle ihres Bruders stand und die Fenster des Hauses von der Sonne er-

leuchtet waren, diese dunklen Worte ihrer verzweifelnden Brust:

»Ich sehe die Stadt Oxford voller Behelmter und die Frommen und die heiligen Bischöfe in Fesseln auf Anweisung des Rates, und die Menschen werden den auf der Höhe errichteten Turm des Hirten bewundern, und man wird ihn zwingen, ihn zu keinem Zweck und zu seinem eigenen Schaden zu öffnen. Ich sehe Lincoln, von wilden Truppen umgeben, und zwei Männer darin eingeschlossen, von denen einer entkommen kann und mit einem wilden Stamm und ihrem Anführer zu den Mauern zurückkehrt, um die grausamen Soldaten gefangenzunehmen, nachdem er ihren Führer ergriffen hat. O welche Schande, daß sich die Sterne der Sonne bemächtigen, unter der sie untergehen, weder durch Gewalt noch durch Krieg gezwungen! Ich sehe zwei Monde am Himmel bei Winchester und zwei Löwen, die sich übermäßig wild gebärden. Und einen Mann hinblicken auf zwei und einen weiteren, und sie rüsten sich zum Kampf und stehen einander gegenüber. Die anderen erheben sich und greifen den vierten heftig an, doch keiner von ihnen obsiegt, denn er steht fest und wehrt sich mit seinem Schild und schlägt mit seinen Waffen zurück, und als Sieger schlägt er sogleich seinen dreifachen Feind nieder. Zwei von ihnen treibt er über die gefrorenen Gefilde des Nordens, während er dem dritten die Schonung gewährt, um die er bittet, so daß die Sterne über alle Teile der Felder fliehen. Der Eber der Bretagne, geschützt von einer alten Eiche, raubt den Mond und schwingt Schwerter hinter dessen Rücken. Zwei Sterne sehe ich im Kampf mit wilden Tieren unterhalb des Hügels von Urien, wo das Volk von Gwent und dasjenige von Deira unter der Herrschaft des großen Coel aufeinandertreffen. O wie die Männer vor Schweiß triefen und der Boden von Blut, während den Fremden Wunden geschlagen werden. Ein Stern prallt mit dem anderen zusammen und stürzt in den Schatten, wo er sein Licht vor dem erneuerten Licht verbirgt.

O welch schreckliche Hungersnot wird kommen, so daß der Norden seine lebenswichtigen Organe entzünden und die Kraft seines Volkes daraus entleeren wird. Es beginnt mit den Walisern und geht weiter durch die Hauptteile des Königreichs und zwingt das unglückselige Volk, das Wasser zu überqueren. Die Kälber, die von der Milch der schottischen Kühe lebten, die jetzt an der Seuche zugrunde gehen, werden fliehen. Normannen, geht fort und hört auf, eure grausamen Soldaten Waffen durch unser Land tragen zu lassen. Es ist nichts mehr da, womit ihr eure Gier sättigen könntet, denn ihr habt alles aufgezehrt, was die schöpfende Natur in ihrer glücklichen Fruchtbarkeit hervorgebracht hat. Christus, hilf deinem Volk! Bändige die Löwen, und gib dem Land ruhigen Frieden und das Ende der Kriege!«

So redete sie immerzu, und ihre Gefährten wunderten sich über sie. Ihr Bruder, der bald zu ihr ging, sprach zu ihr anerkennend mit freundlichen Worten und sagte: »Schwester, will der Geist, daß du künftige Dinge vorhersagst, da er meinen Mund und mein Buch verschlossen hat? So ist diese Aufgabe also dir übertragen; freue dich darüber, und sprich in Hingabe an ihn mit meiner wohlwollenden Billigung alles aus.«

Damit beende ich mein Lied. Deshalb, ihr Briten, windet Geoffrey of Monmouth einen Kranz. Er ist in der Tat der eure, denn er sang einst von euren und eurer Anführer Schlachten, und er schrieb ein Buch mit dem Titel »Die Taten der Briten«, die in der ganzen Welt gerühmt werden.

DIE PROPHEZEIUNG GANIEDAS

Die Schlußszene der Vita zeigt Merlin, Taliesin und den einst wahnsinnig gewesenen Maeldinus, die sich in die Wälder zurückziehen, um in Abgeschiedenheit ein spirituelles Leben zu führen. Sie werden sich offenbar nicht von wilden Beeren und Quellwasser ernähren, wie es Merlin in der Zeit seines Wahnsinns tat, denn sie begeben sich in die Anlage, die Ganieda zur Beobachtung der Sterne errichten ließ.

In dieser vierfachen Beziehung könnte sich eine symbolische Struktur verbergen: Merlin ist der weise alte Mann, der das durch lange Erfahrung gereifte Bewußtsein repräsentiert; Taliesin ist der gelehrte Barde, der ein Bewußtsein symbolisiert, das durch formale Schulung, etwa in den Mysterien, reifte; Maeldinus ist die wilde Glut des Bewußtseins, die durch die Gnade eines Heilungswunders ins Gleichgewicht gebracht wurde. In vielerlei Hinsicht sind sie allerdings nur Aspekte der komplexen Gestalt Merlin, wie sie in Geoffreys Werk und in anderen entsprechenden Traditionen sowohl auf den Britischen Inseln als auch in Europa auftritt. Die drei Männer sind eine andere Variante der drei Gesichter Merlins: Wahnsinn und Glut in der Jugend, Lernen und Erfahrung in der Erwachsenenzeit und zeitloses Wissen und Weisheit im Alter.

Ganieda ist das britische Gegenstück Minervas; sie ermöglicht das transformative Geschehen, steuert Ereignisse so, daß bestimmte Ergebnisse eintreten, wirkt mit schwesterlicher Weisheit und schwesterlichem Rat und baut das komplexe Observatorium. In Geoffreys eigenartigem Schluß der Erzählung wird sie in einer Szene zur Prophetin, die auf eine sehr direkte Erfahrung einer prophetischen Trance schließen läßt, womöglich diejenige eines walisischen Sehers, mit dem Geoffrey zusammentraf. Ganieda steht im Saal und sieht, wie Licht auf die Fenster des Observatoriums fällt; dies löst ihre Trance aus.

Die Prophezeiungen haben in diesem Fall sehr zeitgenössische Bezüge, die bestimmte Hoffnungen für die kommende Gesellschaft in Geoffreys unmittelbarer Zukunft zum Ausdruck bringen. Sie haben keinerlei mystischen Gehalt, sondern sind ein gutes Beispiel für politische Prophezeiungen. Der Auftritt ist sehr sorgfältig inszeniert.[3]

Der Übergang des Geistes von Merlin auf seine Schwester schließlich steht nicht einfach im Dienste der politischen Spekulation; er ergibt einen Sinn sowohl im Hinblick auf das letzte Ziel der spirituellen Erleuchtung als auch auf den vagen Zusammenhang zwischen Ganieda und einer göttlichen Schutzherrin aus einer frühen Kultur. Merlin ist über die Phase seiner Verkündigungen hinausgewachsen und gelangt an jenes seltsame Ende aller spirituellen Erleuchtung, an dem die von den Unerleuchteten angestrebten Kräfte weitergegeben und schließlich transformiert und überwunden werden. Ganieda nimmt den Mantel der Hellsichtigkeit, und vielleicht hat dies seine Richtigkeit aufgrund ihrer früheren Aspekte als keltische Göttin, die Seher, Barden und Propheten schützte und inspirierte.

KAPITEL 15

Synthese: Merlin, Mabon und das Rätsel der Drei, Vier, Sechs

Im Norden Englands gibt es heute noch eine lebendige Schwertertanz-Tradition, den sogenannten *Rapper*. Diese Tradition wurde auch in einer Reihe kontinentaleuropäischer oder mediterraner Kulturen beibehalten; die Symbolik des Tanzdramas ist überall ähnlich und läßt an einen alten religiösen oder mystischen Ursprung denken. Eine Gruppe von Männern umkreist eine bestimmte Person und führt dabei eine Folge von Tanzmustern aus, wobei sie biegsame Klingen mit einem Griff ineinander verflechten. Während der Entwicklung des Tanzes entstehen mehrere Figuren aus den Polaritäten der möglichen Zahlenkombinationen aus den sechs Klingen oder der gewählten Anzahl von Tänzern. Sechs Tänzer sind es beim nordenglischen *Rapper*-Tanz, jedoch können es anderswo auch mehr oder weniger sein.

Das Zeremoniell führt zur scheinbaren Enthauptung einer zentralen Gestalt. Diese kann sich jedoch auch wieder erheben, und manchmal steht sie auf einer Plattform, die von den Schwertern der sechs Tänzer gebildet wird. Wenn die Ausführenden zur »Tötung« nach innen schreiten, werden die sechs Klingen zu einem sechszackigen Stern, einem Knut oder Knot genannten Hexagramm, verbunden. Im heutigen englischen Slang wird das Wort *knut (nut)*[1] noch zur Bezeichnung des Kopfes benutzt, und die keltischen Sagen wie auch die keltische Geschichte bestätigen die magische Bedeutung des Kopfes seit einer Zeit, die mindestens in das 5. Jahrhundert v. Chr. zurückreicht, als die kopfjagenden Kelten und die griechische und römische Kultur aufeinandertrafen und in

Konflikt gerieten.[2] Für den Kopf entwickelte sich ein Komplex symbolischer Attribute, die bis in die Zeit des Mittelalters mit ihren Gralssagen erhalten blieben und im traditionellen Tanzdrama bis in das 20. Jahrhundert überdauerten.

Soweit eine kurze Zusammenfassung der Tanzzeremonie, zu der inzwischen ausführliche Studien erschienen sind.[3] Wir haben damit ein sich harmonisch anschließendes Element in die Interpretation eingeführt, das in der gängigen Volkskunde keineswegs allgemein akzeptiert, aber doch ein hilfreicher Ausgangspunkt ist. Diese Zeremonien, wie auch immer sie sich erhalten oder erneuert haben, sind auf der symbolischen Ebene eindeutig mit den primärsten und doch kompliziertesten Mysterien verbunden. Das Wort Mysterium wird hier in dem spezifischen Sinne einer spirituellen, psychologischen und ausbildenden Schule oder eines selektiven Systems transpersonaler Erziehung gebraucht, wie sie im alten Ägypten oder in Griechenland auftraten. Innerhalb der Mysterien gab es ein öffentliches ritualisiertes Element, das sich später zum Theater entwickelte, und einen inneren oder esoterischen Gehalt, der stets offen dargestellt, aber häufig von den Beteiligten nicht erkannt wurde.

In dem modernen Überbleibsel der Tanzzeremonie ist die Darstellung des sechszackigen Sterns ein Augenblick des Triumphs und des Applauses, die sichtbare Kulmination der komplexen Schritte der Tänzer und der gemeinsamen Erzeugung von Figuren. Alle im Wechselspiel stehenden Elemente, die Schwerter, haben sich zu einem Knot oder Lock zusammengefunden, wie die traditionellen Bezeichnungen für dieses universelle Zeichen einer momentanen Stabilität und Harmonie lauten.

Die Bedeutung des Hexagramms wurde in einer Vielzahl von Werken kommentiert, deren Spannweite von rituellen magischen Texten in ihrer banalsten oder oberflächlichsten literarischen Form bis hin zu gelehrten mystischen Erläuterungen reicht, die auf gründlichen Recherchen wie auch innerer Erkenntnis oder Wahrnehmung basieren. Im 19. Jahrhundert herrschte vielfach die falsche Meinung, das Hexagramm sei entweder östlichen oder orthodox-jüdischen Ursprungs. Die schlichte Wahrheit ist, das Symbol fand in weiten Teilen der menschlichen Zivilisation Verbreitung, und sein Ursprung in verschiedenen Formen europäischer und keltischer Folklore muß von Fall zu Fall geklärt werden.

Nehmen wir als Ausgangspunkt den rituellen Schwertertanz Nordenglands, einen Tanz, der sich geographisch im Bereich des alten Königreichs der Brigantes lokalisieren läßt, dessen Gebiet die heutigen Grafschaften Yorkshire, Westmorland und Cumberland umfaßte. Dieses winzige Fragment eines Zusammenhangs wird uns zu einer dreifachen, vierfachen und sechsfachen Symbolik in der britisch-keltischen Tradition führen. Es enthüllt eine Reihe von Zusammenhängen, die ein tief inneres Motiv für das allgemeine Überdauern von überliefertem Wissen und Gebräuchen bis in das 20. Jahrhundert aufzeigen. Es ist hier nicht die Rede von einer bewußten Traditionspflege, und es soll auch nicht behauptet werden, die geographische Geschlossenheit »beweise« irgend etwas. Wir müssen jedoch an einer Stelle des Webmusters ansetzen, und an einer lebendigen rituellen dramatischen Tradition gibt es nichts zu deuten und zu leugnen. Es muß nachdrücklich betont werden, daß der Schwertertanz oder *Rapper*-Tanz von Menschen aus dem Volk als kleiner, aber wichtiger Aspekt ihres Lebens lebendig erhalten wurde; es handelt sich eben nicht um eine intellektuelle oder pseudokünstlerische Wiederbelebung.

Der Schwertertanz einschließlich seiner kontinentaleuropäischen und mediterranen Ausprägungen ist ein höchst bedeutsamer Hinweis auf die Dauerhaftigkeit einer rituellen Symbolik in der kollektiven Phantasie. Solche Symbole werden nicht durch Gedankenarbeit seitens der Beteiligten ins

Bild gesetzt, weshalb sie kein »Psychodrama« sind, noch sind sie Teil einer etablierten Religion, auch wenn die Zeremonien mit dem katholischen Kirchenjahr verknüpft sind, in das ja so viele heidnische Elemente eingegangen sind.

Wir können die Symbolik durch viele Ausdrucksformen hindurch zurückverfolgen, bis wir an einen Schleier hochenergetischer archetypischer Beziehungen gelangen, den wir allerdings niemals durchdringen. Das Wort »Archetypus« wird hier nicht im modernen psychologischen Sinne gebraucht, sondern zur Definition einer Reihe von Urkonzepten, die vor einer ursprünglichen Quelle kreativer Kraft stehen. Die *Gestalt* dieser Urkonzepte wird in harmonischer Weise alle späteren Ausdrucksformen bestimmen, und zwar nicht starr, sondern fließend oder in musikalischer Art. Die Quelle der kreativen Kraft kann göttlicher oder menschlicher Natur sein; wenn wir jedoch die alten Traditionen betrachten, wird diese Quelle durch einen angestammten oder kollektiven »Pool« von Erfahrungen vermittelt, die in spezifischen Symbolgruppen zusammengefaßt und tradiert werden.[4] Damit ist unsere Definition und unser metaphysischer Gebrauch des Worts »Archetypus« näher an der klassischen als an der modernen Bedeutung, denn es gibt Archetypen universeller Entstehung, die harmonisch an Bilder der kollektiven Phantasie anschließen. Eines jener überdauernden Symbole, die einen sowohl makrokosmischen als auch mikrokosmischen Archetypus repräsentieren, ist das Dreieck und seine verdoppelte oder gespiegelte Form, das Hexagramm.

In der keltischen Tradition gibt es eine reiche Dreiersymbolik in manchmal scheinbar völlig unzusammenhängenden Ausdrucksformen. Archäologie, Literatur, Ikonographie und die Überlieferung mündlicher Quellen bieten reichlich Anschauungsmaterial für Triplizitäten: dreifache Göttinnen, Gestalten mit dreifacher Kopfbedeckung, Tripelformen in der Dichtkunst; dreifache Themen, in denen die Beziehungen zwischen den Personen jeweils anders beleuchtet werden, woraus sich die Grundlage für die weitere Handlung ergibt, ob sie nun tragisch, komisch oder magisch-irrational ist.[5] Diese dreifache Symbolik wird letztlich auch durch das Motiv des Dreifachen Todes ausgedrückt, das in vielen keltischen Erzählungen auftaucht und seine Wurzeln in magischen oder religiösen Praktiken hat, die vielen frühen Kulturen gemeinsam sind. Zu den engen Zusammenhängen zwischen dem Dreifachen Tod und der christlichen Dreifaltigkeits- und Opfersymbolik gibt es viele Kommentare, die im Rahmen dieser kurzen Diskussion übergangen werden können. Bevor wir solche großen religiösen Parallelen ziehen, müssen wir uns erst über die Wurzeln der Dreiersymbolik in unseren einheimischen Traditionen klarwerden, wo sie lange vor der Ankunft des Christentums vorhanden war und in der stark abgeschwächten Form der Erzählungen und Tänze den Niedergang der christlichen Staatsreligion überlebt hat. Durch solches frühes Kulturmaterial wird kein Vorrang gegenüber einer Religion oder einem Glauben irgendeines formalen Typs begründet; beide sind harmonisch miteinander verbunden und haben ihren Ursprung im menschlichen Bewußtsein, das mit den Geheimnissen des Lebens ringt.

So wie der beim traditionellen Schwertertanz vorgeführte Knot kurzer Ausdruck einer ewigen Wahrheit oder zumindest augenfällige Demonstration der Zusammenführung getrennter Elemente in einer harmonischen Figur ist, die Erzeugung von Polarität aus Fluidität, so ist die Darstellung einer Dreiersymbolik eine momentane Zusammenführung anderer Elemente, die man nicht in einem Zusammenhang zu sehen gewohnt ist. Die Vereinheitlichung, die Zusammenführung in einen sechszackigen Stern, ist nicht bloß das Produkt unseres Intellekts, der Selbstbestätigung sucht, indem er Bedeutungen konstruiert; der Augenblick der Vorführung und des Applauses beim Tanz, die Schlüssigkeit der Darstellung in einem Buch oder in einer Abhandlung sind Aspekte der Enthüllung eines Mysteriums. Das Urkonzept ist unser dreifaches oder sechsfaches Muster; das Wechselspiel der daraus hervorgehenden Energien, das die Tänzer repräsentieren, ist das Ergebnis unseres wechselnden Bewußtseinszustandes. Wenn wir für einen Augenblick solche Energien in ihrer ureigenen Form und nicht durch Herleitungen oder Rückwirkungen erkennen können, erfahren wir sie als Offenbarung in dem sechszackigen Stern.

Im rituellen Drama, einer Zeremonie des Todes und der Auferstehung, dem Schwertertanz, erscheint im Augenblick des Triumphs ein Sechseck. Die Tänzer haben viele höchst kunstvolle, teilweise sogar schmerzhafte Bewegungen ausgeführt, um diese eigenartige Epiphanie hervorzubringen. Im diffusen Reich der frühen Erzählungen und Verse sind die »Bewegungen« nicht weniger kompliziert; sie haben viele Ausdrucksvarianten, die nicht durch die Katalyse des fortwährenden Tanzes kristallisiert oder gereinigt wurden. Trotzdem sind die Archetypen, die Urkonzepte, in unserer alten imaginativen Literatur lebendig, die sich aus einer mündlichen und überaus subtilen Weisheitstradition speist. Die Ursprünge dieser Weisheitstradition können niemals aufgefunden werden, denn sie sind organisch vorhanden, und Schulen oder Religionen wie das Druidentum, die griechischen oder römischen Mysterien oder auch das Christentum nähren sich alle aus diesen langen, starken Wurzeln, die weit in die Vergangenheit hineinreichen.

Zur Demonstration der Verwendung einer Dreier-, Vierer- und Sechsersymbolik in Weisheitserzählungen können wir kurz zwei wichtige Quellen untersuchen: *The Mabinogion*, eine Sammlung walisischer Erzählungen, die im späten Mittelalter aufgeschrieben wurden, jedoch erheblich älter sind; und die *Vita Merlini*, in der Geschichte und Traditionen über den britischen Propheten Merlin zusammengeführt sind.

Beide Sammlungen haben die Literatur späterer Jahrhunderte nachhaltig beeinflußt; beide wirken als Träger für Urkonzepte, die aus einer proteischen mündlichen Quelle (der allgemeinen Imagination und dem Archiv der poetischen Tradition) hervorgehen und in die schriftlich fixierte Form übergeführt wurden.

Die *Mabinogi*, wie es eigentlich heißen müßte, gehen auf die verlorenen Abenteuer des keltischen Kind-Gottes Mabon zurück.[6] Bei den umfangreichen und kraftvollen Erzählungen, die erhalten geblieben sind, ist der Austausch der Polaritäten oder Rollen unter den Figuren von überragender Bedeutung. Eine Wechselbeziehung zwischen Königtum, sexuellem Kräftespiel, einer Göttin des Landes und der Macht des Jenseits oder der Unterwelt hält die einzelnen Erzählungen zusammen. Eine genauere Untersuchung dieser harmonischen Themen enthüllt eine Triplizität, wobei die Charaktere auf magische Weise ineinander übergehen. Frühere Interpretationen, die mit den bequemen Etikettierungen der »Naturreligion« oder »Sonnenmythologie« arbeiteten, stellten den in den *Mabinogi* auszumachenden Zyklus in einen vagen Zusammenhang mit den vier Jahreszeiten; wie wir jedoch gleich sehen werden, ist die Jahreszeitensymbolik eine spätere Ausprägungsform des Archetypus.

Das grundlegende Muster ist dreifacher Art. In einer ausführlichen Studie der Mysterienaspekte der *Mabinogi* hat Caitlín Matthews[7] eine dreifache Beziehung zwischen männlichen Figuren aufgezeigt, eine Beziehung, die sich in anderen Erzählungen, Gedichten und Legendenthemen aus dem keltischen Kulturkreis in ganz Europa fortgesetzt hat und zu der es weitere »indoeuropäische« Parallelen und psychologische Muster in der ganzen Welt gibt.

Die Grundrollen oder -charaktere erscheinen in unterschiedlichem Gewand und unter vielerlei Namen, erfüllen jedoch stets eine genau definierbare Funktion. Diese Erkennbarkeit

DAS RÄTSEL DER DREI, VIER UND SECHS

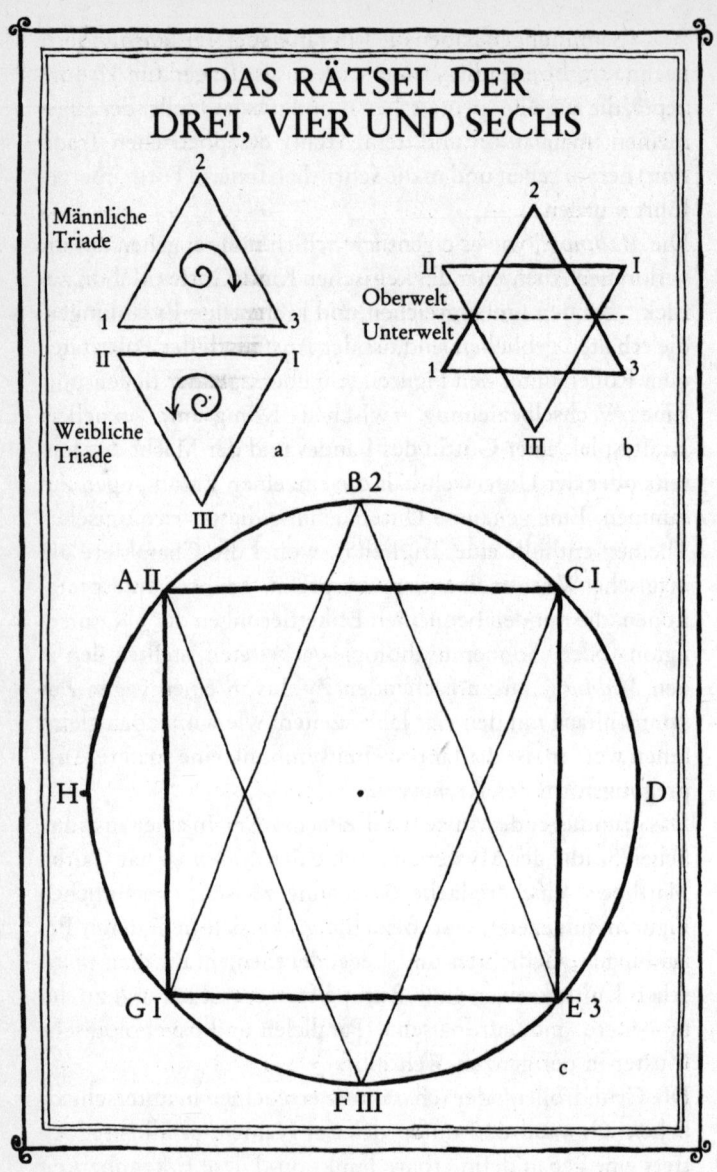

Abbildung 13. Das Rätsel der Drei, Vier und Sechs

Schlüssel zu Abbildung 13:

DAS RÄTSEL DER DREI, VIER UND SECHS

a) Männliche Triade

1. Sohn/Kind/spirituelles Bewußtsein (Mabon, Merlin in der Jugend)
2. Seher und König/menschliches Bewußtsein (Drachenanführer, Artus, Merlin als Wahnsinniger)
3. Herr der Unterwelt/Urbewußtsein (Hüter, Merlin als alter Mann)

b) Weibliche Triade

 I. Mädchen
 II. Mutter
III. Gestaltverwandlerin oder Alte

Seherkönig (2) und Alte sind Gestaltverwandler.

c) Triaden und Viereck auf dem Rad des Lebens

A. Merlin/Mutter (Seher und Göttin)
B. Gestaltverwandler (Archetypus des Sehers/Königs) Maeldinus, Bladud: Ost
C. Guendoloena/Mädchen (Blumenmädchen, Jungfrau)
D. Neuer Gatte (ursprünglich Gott der Fortpflanzung): Süd
E. König Rhydderch/Hüter der Unterwelt
F. Gestaltverwandlerin/Alte (Archetypus der Priesterin) Morgan, Apfelfrau: West
G. Ganieda/Kind (Schwester/Ziehmutter) Briggida, die befähigende Gottheit
H. Dame der Sterne/Taliesin (Barde der Weisheit und Göttin): Nord

Mittelpunkt: Gesegnetes Kind der drei Verwandlungen

Anmerkung: Diese Abbildung ist eine Synthese von Personen und Rollen aus den *Mabinogi* wie auch der *Vita Merlini.* Ihre Entstehung läßt sich anhand der Abbildungen 2, 4 und 6 verfolgen.

anhand der Funktion läßt sich in der ganzen Mythologie der Alten Welt zurückverfolgen und wirkte als verbindende intrakulturelle psychische oder magische Kraft, was für den heutigen Verstand manchmal schwierig zu begreifen ist; während die Stämme und Rassen in ihren regionalen Praktiken ausgesprochen ethnozentrisch waren, gab es einen verbindenden Strom von Symbolen, der vielleicht wirklich »international« war.[8] In den *Mabinogi* und ähnlichen Erzählungen erscheint die männliche Triplizität wie folgt:

1. *Mabon*, Sohn von *Modron* (»Sohn, Sohn der Mutter«), das Kind.
2. Verschiedene reife Männer: *Herr* oder Anführer der Unterwelt (Pen Annwm).
3. *Artus, Taliesin* und andere: *König* oder *Barde*. Wie wir gleich sehen werden, handelt es sich um eine Doppelfunktion König/Seher oder König/Prophet.

Diese drei gehen ineinander über und wirken aufeinander in einem Zyklus, bei dem drei Welten durchschritten werden:

1. Das Kind (spirituelle oder Urwelt).
2. Der König/Seher (menschliche und magische Welt).
3. Der Herr der Unterwelt (regenerative Welt oder Welt der Ahnen).

Der König/Seher manifestiert sich in der irdischen Welt entweder als Herrscher über einen Stamm oder als Verkünder poetischer und prophetischer Einsichten; das göttliche Kind kann in beide Rollen hineinwachsen, *wie es dem Bedürfnis seines Volkes entspricht.* Die Triade der Rollen (siehe Abbildung 13) dreht sich in der Weise, daß der König/Seher in die Unterwelt hinabsteigt, um seinen Nachfolger zu befreien, das Kind des Lichtes, das seinerseits als König oder Seher der

Mittler des neuen Bewußtseins für das Volk und das Land wird. Der Dreierzyklus findet sich in vielen Mythen der ganzen Welt und ist keineswegs auf die keltische Symbolik beschränkt. In ihm drücken sich große Zyklen aus, die gewaltige historische Zeiträume umspannen, jedoch repräsentiert er auch spezifische Reaktionen oder Wechselwirkungen in Geist oder Seele des Menschen.

Das Kind ist unsere primäre »Geistquelle«; der König/Seher ist unsere Persönlichkeit in der äußeren Welt; der Herr der Unterwelt ist das fundamentale Urbewußtsein unterhalb unserer angenommenen »Ichheit«.

Ein vollständiger Mensch erlebt alle drei, und eine solche Selbstbewußtheit ist das erklärte und anerkannte Ziel der alten Mysterien. Die *Mabinogi* sind daher genuiner Ausdruck der Mysterien Britanniens.

Die männliche Dreiheit ist das direkte sexuelle Pendant zu jener weiblichen Triplizität, die im 20. Jahrhundert Robert Graves erneut zu Bewußtsein gebracht hat. Graves' sehr persönliche Interpretation der Göttin hat manchmal ihre traditionelle Identität verschleiert; in seinem maßgeblichen Buch *The White Goddess* bringt Graves, gedrängt von einem persönlichen poetischen Bedürfnis nach einem vollständigen System, in die moderne Literatur eine feste Definition der Göttin in drei Aspekten ein: *Mädchen, Mutter, Alte.* Eine solche Urdreiheit erscheint in der Tat in frühen Erzählungen, Gedichten und Sagen, und sie hält auch archäologischen Befunden stand. Der dritte Aspekt aber ist (was Graves klar und deutlich sagt, während spätere Autoren hier grob vereinfacht haben) eigentlich derjenige der Gestaltverwandlerin. Sie ist jene dritte Person einer weiblichen Dreifaltigkeit, die sein kann, was immer sie will. Diese symbolische Zuordnung mag zunächst etwas trivial erscheinen; wir werden uns dieser Rolle der Gestaltverwandlung jedoch gleich wieder zuwenden, wobei wir fürs erste festhalten wollen, daß die Transformation ein zentrales Thema der Weisheitstraditionen der ganzen Menschheit ist.

Die weibliche Dreiheit ist die ideale Entsprechung der männlichen Dreiheit, wie sie in Abbildung 13 dargestellt ist. Die Beziehung beruht auf Polarität und nicht auf Deckungsgleichheit, das heißt, es handelt sich nicht um polare Gegensätze im Sinne des stereotypen Gegensatzpaars männlich/weiblich, sondern um eine subtilere Relation. Außerdem befinden sich die Beziehungen in ständigem Fluß, wobei jedoch die idealen Entsprechungen die folgenden sind (siehe »Schlüssel zu Abbildung 13«): *Mutter/Kind (II/1); Gestaltverwandlerin/königlicher Seher (III/2); Mädchen/Herr der Unterwelt (I/3).*

Wie die männliche Dreiheit entsprechend dem Gang der Sonne umläuft (von links nach rechts), so läuft die weibliche Dreiheit entsprechend dem Gang der Sterne um (von rechts nach links). Wenn wir die Dreiheiten einander überlagern, dann erhalten wir das Hexagramm, ebenjenen sechszackigen Stern, der in den rituellen Tänzen einer überdauernden Volkstradition dargestellt wird.

Die oben aufgestellten Beziehungen sind nun keine haltlosen Spekulationen; sie treten in zahlreichen Erzählungen, Balladen, Gedichten und Legenden auf. Die Mutter-Kind-Beziehung ist vielleicht die sinnfälligste, jedoch bedürfen alle drei in unserem Zusammenhang einer kurzen Erläuterung.

König und Gestaltverwandlerin: Der König repräsentiert die befruchtete oder energetisierende Wirkung der Menschen auf das Land oder der menschlichen Rasse auf die Erde. Solche Vorstellungen waren Kernpunkte des keltischen Glaubens, wobei die Könige in einem magischen oder spirituellen Sinne mit der Göttin des Landes vermählt waren. In der späteren irischen Tradition, die in Liedern und Gedichten bis weit in das 19. Jahrhundert hineingetragen wurde, erschien dieser weibliche Geist der Souveränität noch als geheimnisvolle Frau, die mit der Stimme des Landes sprach und im Volk verbreitete Träume oder geradezu mystische politische Hoffnungen ausdrückte. Das oberflächlich rationale Emblem der Britannia, das in England erfunden wurde, ist nur eine Ausprägung der Souveränitätsgestalt, das heißt der Göttin Brigidda/Minerva, die bei den alten Briten so überaus beliebt war.[9]

Es gibt eine Vielzahl von Erzählungen, in denen ein König oder Ritter mit einer abstoßend häßlichen Frau »verheiratet« wird, die sich in eine wunderschöne Jungfrau verwandelt, sobald die richtigen Antworten auf bestimmte Rätsel oder Fangfragen gegeben werden.[10] Das Land, die Erde, ist wandelbar, aber sie wird polarisiert oder schön gemacht durch die Hochzeit mit dem menschlichen Bewußtsein. Vereinfacht ausgedrückt könnte man auch sagen, daß die männlichen und weiblichen Energien in der Psyche in einer harmonischen Ehe miteinander leben müssen.

Herr der Unterwelt/Mädchen: Eine Jungfrau oder ein junges Mädchen ist mythisch mit den Kräften unter der Erde verbunden; der Anführer oder Herrscher jenes mächtigen Reichs der Unterwelt ist ihr Hüter. Ein Heldenkönig kann sie nicht allein befreien; er braucht die Hilfe einer Gesellschaft von Helden mit spezifischen Gaben und muß schließlich auch Hilfe vom Kind des Lichts in Anspruch nehmen, eine spirituelle Kraft, welche die Welten durchdringt. In dieser Weise wird der oben beschriebene dreifache Zyklus der menschlichen Dreiheit in Drehung versetzt. Wir können feststellen, daß der »Antrieb« die Verbindung zwischen Jungfräulichkeit (sowohl im Sinne einer sexuellen wie auch im Sinne einer spirituellen Gnade) und der bewahrenden oder schützenden Macht der »Unterwelt« ist, von der alle Energien und Geheimnisse enthüllt oder verborgen werden. Der Wechsel der Jungfrau vom Riesen oder Hüter zu dem ihr zugedachten königlichen Gatten hat nicht nur mit sexueller Fruchtbarkeit zu tun, sondern steht in einem harmonischen Zusammenhang mit individueller und kultureller Entwicklung, Reife, ja sogar Zivilisation.[11]

Mutter und Kind: Die Jungfrau wird nach ihrer Verbindung mit dem König Mutter, und es wird ein geheimnisvolles Kind geboren, das einen neuen Zyklus einleitet. In den *Mabinogi* wird jedoch das Kind versteckt oder gestohlen.

Da die männliche und die weibliche Dreiheit in einer umlaufenden Bewegung sind, ist die Anzahl der Beziehungen nicht auf die oben definierten Verbindungen beschränkt; der Strom der Polaritäten ist stets fließend, wobei die Darstellung der Dreiheiten den Schlüssel zu den möglichen Verknüpfungen zwischen männlich und weiblich liefert, ob es sich nun um Menschen oder archetypische Grundmuster für die kreative Kraft handelt. Es ist die Funktion der Mysterien, die Archetypen für eine zeitlose Zeit miteinander zu verknüpfen und so zu verschmelzen, daß sie in der menschlichen Psyche oder der äußeren Welt Resonanzen hervorrufen: Und so zeigen die Tänzer ihren sechszackigen Stern aus Schwertern ...
An diesem Punkt der Diskussion muß darauf hingewiesen werden, daß Schlüssel wie die oben beschriebenen Diagramme und Analysen kein Ersatz für das eigentlich Gemeinte sind; die Mythen, Legenden und das damit zusammenhängende Weisheitswissen aus der kollektiven Tradition müssen direkt erfahren werden. Es ist völlig sinnlos, die bisher und im folgenden aufgezeigten Systeme bloß intellektuell

oder oberflächlich korrelierend anzuwenden; man wird zwar die Zusammenhänge finden, man wird in den Charakteren oder mythischen Themen die Muster aufzeigen können, und man wird lange (und langweilige) Listen von Übereinstimmungen anfertigen können. All dies ist völlig wertlos ohne eine lebendige Reaktion aus unserem Innern. Ursprünglich wurden die Muster, die wir diskutieren, direkt im Alltagsleben angewandt, als Leben und rituelle Magie noch kaum getrennt waren.

Bloßer Aberglauben spielt bei solchen rituellen Verflechtungen kaum eine Rolle, und die Zusammenhänge sind organisch, nicht zufällig. Bei jeder Schicht, die sorgsam abgetragen wird, erscheint ein neues Muster, bis wir uns demjenigen nähern, das sich zuunterst verbirgt: die Ursprünge des Bewußtseins. Seien es diejenigen eines Mannes, einer Frau, eines Stammes, eines Planeten oder eines Sterns.

Wenden wir uns nun nach der Polaritätsanalyse der *Mabinogi* der Analyse der *Vita Merlini* zu, unserem zweiten Arbeitsbeispiel. Dieser Text demonstriert einen Zyklus magischer und letztlich spiritueller Entwicklung anhand der Gestalt Merlin. Viele der überlieferten oder weitverbreiteten Elemente, die Geoffrey of Monmouth aufnahm, erinnern an Themen der *Mabinogi*, die zur Zeit Geoffreys aller Wahrscheinlichkeit nach in unterschiedlichen Formen in Wales kursierten. Außerdem erscheint in der Vita Material aus nachklassischen enzyklopädischen Quellen und aus Geoffreys früherem Monumentalwerk *Historia Regum Britanniae*, das auch die *Prophetiae Merlini* enthält.[12]

In der Vita findet man Kosmologisches, magische Geographie, Naturgeschichte und eine Führung durch das keltische Jenseits. Die Handlung, eine meisterhafte Darstellung heilender Psychologie, zeigt uns Merlins Entwicklung durch eine Reihe von Transformationen (psychischer und nicht physischer Art). Er tritt zunächst als wahnsinniger Seher/König auf und wird am Ende ein erleuchteter und spirituell befreiter alter Mann, dessen Erinnerung sich über lange Zeiträume erstreckt. Dieser Entwicklungsgang folgt dem Dreiheits-Thema in den *Mabinogi* und anderen traditionellen Quellen: vom Seher/König zum uralten Hüter. In den Prophetiae, Geoffreys früherer Sammlung von Merlin-Überlieferungen, spricht Merlin die künftige Geschichte Britanniens noch als junger Mann aus, der das Kind einer Jungfrau und eines Wesens aus dem Jenseits ist.

So lassen sich bei Merlin der angenommene Mabon-Zyklus (göttliches Kind, Abenteuer, Gefangenschaft, Befreiung, hohes Alter über die Lebenserwartung hinaus) und andere Attribute nachweisen, die sorgfältig in die Erzählung eingearbeitet sind. Anders als bei den *Mabinogi* stehen in der Vita eine mitfühlende Psychologie und spirituelle Auflösungen für individuelle Probleme zentral. Merlin stellt die Fragen, die sich alle Menschen stellen: über den Tod, schmerzliche Erfahrungen, Kummer, Liebe, die Zukunft, weltliche und spirituelle Werte und so fort. Diese Fragen werden mit einer bemerkenswerten Tiefe beantwortet, wobei jeweils aus einer menschlichen Klage eine Offenbarung der Mysterien hervorgeht, denn Merlin wandelt auf dem Pfad der Initiation.

Wie die *Mabinogi* Urpolaritäten enthüllen, so behandelt die Vita jahreszeitliche und sexuelle Polaritäten, wobei die Urdreiheiten überlagert, aber niemals vollständig verdunkelt werden. In der Vita sind jahreszeitliche, menschliche und transpersonale Zyklen zusammen mit den dreifachen Urzyklen früherer Traditionen integriert. Die kürzeste Darstellung der Strukturen der Vita findet sich in Abbildung 6. Die spirituelle Entwicklung Merlins wird ermöglicht durch Interaktionen in einem Viereck sexueller oder geschwisterlicher Beziehungen, das um den Kreis der vier Jahreszeiten herum beschrieben ist. Jede Hauptperson steht an der Ecke, die ihren jahreszeitlichen Attributen oder ihrer elementaren Natur entspricht. Allein schon in diesem Sinne ist die Vita eine der frühesten Darstellungen psychologischer Typen, jedoch wird diese Definition von Personen oder Persönlichkeiten nur als ein Teil eines umfassenden und harmonischen Systems von Konzepten benutzt. Die vier Hauptgestalten lassen sich zu zwei Paaren gruppieren:

1. Merlin und seine Frau Guendoloena; Winter und Frühling.
2. König Rhydderch und seine Gemahlin Ganieda; Sommer und Herbst.

Ganieda ist die Schwester Merlins, während Guendoloena eine Art Blumenmädchen ist, die sinnliche »Schwester« Rhydderchs, der ein König des Sommers, die weltliche Macht ist. Wie wir bald sehen werden, decken sich diese Rollen mit Urgestalten aus Mythos und Legende.[13]

Merlin bewegt sich auf einer Jahreszeitenspirale; sein Weg ist gesäumt von Widrigkeiten, doch geleitet ihn seine Schwester Ganieda, die teilweise mit der Göttin Minerva (der römischen Form von Brigidda oder Brigit) gleichgesetzt werden kann.

Die persönliche Rolle der Gestalten, die für uns alle auf dem Rad des Lebens stehen, findet Spiegelung und Unterstützung durch vier weitere Charaktere, welche an die magische und spirituelle Kraft einer Kultur erinnern, die aus einer Zeit lange vor Geoffreys mittelalterlicher keltischer Biographie stammt. Diese vier werden nur vage definiert, jedoch sind ihre Funktionen klar genug, um uns erkennen zu lassen, daß sie die Ursprünge für die Widerspiegelung der Personen sind. Einer dieser vier, der Barde Taliesin, spielt die Rolle eines Vermittlers aufklärender Weisheit; und interessanterweise tritt er auch als Mittler zwischen den beiden Gruppen von Charakteren auf, zwischen den Personen der Handlung und den Archetypen, weil er beide Funktionen in sich vereint.[14]

1. *Maeldinus:* ein wilder, rasender Waldmensch, entflammt vom Saft vergifteter (magischer) Äpfel.
2. *Der neue Gatte:* eine männliche Gestalt, die im Leben Guendoloenas Merlin als »Objekt« ihrer sinnlichen Liebe ablöst, als dieser sie zugunsten eines Lebens prophetischer oder spiritueller Beschaulichkeit verstößt. Seine einzige Funktion besteht darin, in einem Turmfenster zu erscheinen und rituelles Opfer Merlins zu werden.
3. *Die Apfelfrau:* eine frühere Verehrerin Merlins, die ihn mit Äpfeln zu vergiften versucht. In Wirklichkeit vergiftet sie (das heißt, sie entzündet mit prophetischem Wahnsinn) Maeldinus, wodurch der Zusammenhang zwischen der Göttin und dem Seher oder Wahnsinnigen zutage tritt.
4. *Taliesin:* ein Barde der Weisheit, von dem es ausdrücklich heißt, daß er unter der Führung Minervas steht.[15]

Diese vier stehen hinter oder jenseits der Viertelsegmente des Rades; sie sind Rationalisierungen mythischer oder religiöser Gestalten, die in der ganzen Welt zu finden sind. Wir könnten sie wie folgt zusammenfassen:

1. *Ost:* der Herr der Tiere; wilder Geist; der Herr der Schwärme.
2. *Süd:* der Herr der Zeugung; männliche Kraft.
3. *West:* die Dame der heiligen Früchte; Königin des Elfenlands; Herrin der Welten oder Sphären.
4. *Nord:* die Herrin der Weisheit; Herrin der Sterne. Sie spricht durch Taliesin, der Merlin die Geheimnisse des Universums enthüllt und in einem langen Vortrag über Sterne, Planeten, Kräfte, Dämonen und das natürliche Leben auf dem Planeten Erde die Brücke zwischen Makrokosmos und Mikrokosmos beschreibt. Dieses Sternenwissen zieht sich wie ein roter Faden durch alle Merlin-Texte hindurch, in denen eine Art beobachtende Astrologie mit

prophetischer Vision, Jahreszeitenastronomie und Inspiration verknüpft ist.

Geoffrey arbeitet also in der Vita mit jenen traditionellen Rollen, die auch in den *Mabinogi* und anderen Weisheitserzählungen enthalten sind. König, Seher, Jungfrau oder Mutter sind genau definiert, und der Herr der Unterwelt erscheint in der Person Rhydderchs im Gewande eines weltlichen Königs. Seine Aufgabe ist jedoch klar: Er legt den Propheten in Ketten und führt ihn in Versuchung, und dieser wird nicht befreit, bevor er nicht Fragen beantwortet. Erst durch den Tod Rhydderchs schließlich wird Ganieda befreit (Rhydderchs Frau und Merlins Schwester), um sich ihrem Bruder in einem speziell für ihn gebauten spirituellen/astronomischen Observatorium anschließen zu können. In dieser Schlußszene erscheint Ganieda in Gesellschaft Merlins, Maeldinus' und Taliesins: Eine männliche Triade verbindet sich asexuell mit einer zentralen weiblichen Figur.

Die Ur-Rollen sind in der Vita vermischt; wie wir jedoch bereits festgestellt haben, durchlaufen die Dreiheiten eine Kreisbewegung und befinden sich nicht unbedingt in der idealen Konfiguration, wie sie die literarische Analyse fordert. Diese Konfiguration muß wie der Stern der Schwerter eher unter dem Gesichtspunkt der Offenbarung als demjenigen der Logik gesehen werden; wie alle Offenbarungen läßt sie sich jedoch auf eine Vielzahl logisch miteinander verknüpfter Bilder, Erzählungen, Motive, Lieder und Tänze zurückführen.

Es gibt noch weitere Charaktere in der *Vita Merlini*, die direkt für unser Thema bedeutsam sind; und man findet sie, wie es häufig mit solchen mythischen, magischen, heidnischen, religiösen Figuren der Fall ist, unter vielfältigen Ausprägungen in vielen Geschichten der ganzen britischen oder keltischen Tradition. Diese Gestalten lassen sich am einfachsten in Kürze darstellen, wenn man ihre Attribute aufzählt und nicht ihre vielfältigen Querverbindungen:[16]

1. *König Bladud:* ein sein Äußeres verwandelnder fliegender Priester-König, der heilige Brunnen und Quellen hütet und in einer besonderen Beziehung zum Tempel der Minerva in Aquae Sulis (Bath) steht. Bladud (»hell-dunkel«) fungiert als Janus oder Hüter des Eingangs für Merlin, Taliesin und den verwundeten König Artus, der in das geheimnisvolle Jenseits segelt. Mit seiner Gemahlin, Königin Alaron, spielt Bladud eine wichtige Rolle in der mystischen Kosmologie, die Taliesin Merlin in der Vita enthüllt. Bladud ist in der Tat der Archetypus des Königs/Sehers, der männliche Gestaltverwandler.

2. *Barinthus:* ein übernatürlicher Fährmann, der die Meere und Sterne kennt und das magische Boot mit Artus und den Begleitern zur Insel der Seligen steuert.

3. *Morgan:* Sie herrscht über die Insel; auch sie ist eine gestaltverwandelnde fliegende Person, die aus einem traditionellen Göttinnenbild hervorgeht. Sie ist das Gegenstück des männlichen Gestaltverwandlers auf der Seite der Innenwelt. Die Dreiersymbolik kommt wieder in dem Bild der neun (drei mal drei) Schwestern zum Ausdruck. Wie Bladud den Eingang zu den heiligen Quellen und Brunnen markiert, so herrscht Morgan über die Insel, die man zu Schiff auf dem geheimnisvollen Meer des Jenseits oder der Unterwelt erreicht. Wie Bladud verfügt auch Morgan über Heilkraft und verspricht, Artus zu kurieren, jedoch erst nach langer Zeit in ihrer Obhut. Welche Folgen es hat, daß es Artus nicht gelingt, die Einheit des Königreichs zu erhalten, wird an anderer Stelle erörtert.[17]

Die Rolle des Sehers und Königs ist eine der Gestaltverwandlung, was jedoch nicht mit »Schamanismus« identifiziert werden darf. Solche Könige verwandeln sich als Totemtiere, fliegen, haben Zukunftsvisionen, verändern rasch ihre Größe und Kraft; sie können auch über große Macht und Weisheit verfügen oder zu gegebener Zeit zum Wohle ihres Volkes, Landes oder Planeten geopfert werden. So wie man im vorigen Jahrhundert solche Themen gerne als »Sonnenmythen« etikettierte, bezeichnet man sie heute gern als »Schamanismus«. Keiner der beiden Begriffe beschreibt das Thema richtig, und keiner von beiden führt hin zu einem wirklichen Verständnis der vielen harmonischen Ebenen, um die es hier geht. Bestenfalls sind Sonnenmythos und schamanistische Praktiken zwei der oberflächlicheren oder augenfälligeren Aspekte.

Die Dreiheitsmuster bilden das Fundament einer ganzheitlichen Struktur, bei der menschliche, Umwelt-, Planeten- und Sternenmuster untrennbar und auf musikalische Art miteinander verbunden sind. Der Aspekt der Zeit spielt in dieser Gesamtschau eine zentrale Rolle, denn die Umläufe können sich als wirkliche historische Gestalt in einem kurzen Zeitraum oder aber als großer und kosmischer Wandel der Ordnungen in einem stellaren Zeitrahmen manifestieren. Die Zyklen sind immerwährend, wie auch immer der jeweilige Zeitrahmen sein mag. Bestimmte Einzelpersonen, zu denen Merlin gehörte, können zunächst aus dem winzigen menschlichen Zyklus ausbrechen und sich dann durch den ganzen zugehörigen Zyklus von Zyklen hindurcharbeiten; dies zeigt deutlich Merlin in seiner Jugend, der dennoch eine Vision hatte, die bis zum Ende des Sonnensystems reichte, dem Ende der planetarischen Zeit, soweit es den Menschen betrifft.[18]

Dieses Befreiungsthema ist ein zentrales Thema der keltischen Sagenwelt, denn es ist die Befreiung des Mabon oder Kindes des Lichts, die beim rituellen Schwertertanz durch das Emporheben der zentralen Gestalt auf eine Sternenplattform dargestellt wird, aber auch durch eine andere Gestalt, der wir gleich begegnen werden.

Die weibliche Rolle der heilenden, transformierenden Göttin symbolisiert ebenfalls eine Gestaltverwandlung. Sie ist das innere und jenseitige Gegenstück des Sehers und Königs, der in der menschlichen Welt lebt. Im keltischen Sehertum stammt die Kraft der Prophezeiung stets von dieser Göttin oder der weiblichen Kraft des Bewußtseins her; im keltischen Königtum leitet sich das Recht der Herrschaft von einer Verbindung mit der weiblichen Macht über das Land her.

Motive, die sich sowohl in den *Mabinogi* als auch der Vita finden, sind die Hochzeit eines Blumenmädchens,[19] die Macht und das Alter bestimmter Totemtiere,[20] eine niederdrückende königliche oder titanische Macht,[21] die Aufgabe von Königtum und Sehertum,[22] die Reise in die Unterwelt[23] und die heilende Kraft der spirituellen Erleuchtung.[24] Beim Schwertertanz ist der Mann, der rituell getötet, das heißt zum Schein enthauptet wird, das Gegenstück zum geheimnisvollen Haupt des Bran, der im Mittelpunkt eines der Hauptthemen der *Mabinogi*[25] steht. Es gibt Beispiele einer echten Volkstradition, in der ein ritueller Tanz in ein Schauspiel (*Mummer's Play*) eingebettet ist, wobei eine Mann-Frau in einer Doppelrolle und ein Quacksalber über den Tod und die Wiederauferstehung eines Helden oder eines Kindes verfügen. Und dies bis ins 20. Jahrhundert, das Zeitalter der Industrie, des Materialismus, der Ressourcenvergeudung, in einer Welt des Plastiks und der unumkehrbaren nuklearen Verseuchung!

Es bleibt uns die Frage, wer jene zentrale Gestalt ist, die durch Tod, Auferstehung und Erhöhung hindurchgeht? Da es uns hier nicht um religiöse Parallelen geht, werden wir uns nicht näher mit dem Tod, der Auferstehung und Himmelfahrt Christi befassen. In der keltischen Tradition, die im wesentlichen vorchristliche Tradition ist, können wir diese Person als das Opfer des Dreifachen Todes identifizieren. In der Vita, den *Mabinogi* und einer Reihe verwandter Erzählungen erleidet eine Person einen seltsamen mehrfachen Tod, häufig unter rituellen und höchst symbolträchtigen Umständen. In den *Mabinogi* ist es Lleu, der in einer höchst bizarren Haltung verwundet wird, die an die Bilderwelt eines Mysteriums oder an einen Gott erinnert. Lleu ist ein nicht zu entfernter Verwandter des Lug, des alten Gottes des Lichts. In den schottischen Lailoken-Erzählungen, deren Handlung derjenigen von Geoffreys *Vita Merlini* ähnelt, ist es der Prophet selbst (»Lailoken, den manche Merlin nennen«), der gepfählt und gesteinigt wird und gleichzeitig ertrinkt, nachdem er diesen Dreifachen Tod einem christlichen Heiligen prophezeit hatte.[26]

In der Vita begegnet uns jedoch eine eigenartige und sehr bezeichnende Variante, die häufig von literarischen Kommentatoren als bloßer Kunstgriff Geoffreys bezeichnet wird, der den Opfertod auf eine andere Gestalt überträgt, um bis zum Ende des Gedichts seine Hauptfigur Merlin beibehalten zu können. In einer dramatischen Szene, die Ganieda arrangiert hat, um Merlins Fähigkeiten als Seher in Frage zu stellen, tritt ein junger Mann auf.[27] Er erscheint zunächst mit seinem üblichen langen Haar, dann mit abgeschnittenem Haar und schließlich als Mädchen verkleidet. Die Bedeutung des Haareschneidens und des Erwachsenwerdens eines Helden kommen in den *Mabinogi* zum Ausdruck,[28] während der sexuelle Rollenwechsel an die oben erwähnten rituellen Dramen (*Mummer's Plays*) erinnert.[29] Ein zentral stehender junger Mann (oder eine junge Frau) wechselt die Rolle oder die Gestalt und repräsentiert dadurch alle Männer und Frauen. Vielleicht ist Geoffreys Variante eine gültige Darstellung eines Mysterienspiels. Der junge Mann erleidet alle drei Tode, die Merlin geweissagt hat: Er stürzt bei der Jagd von einer Anhöhe, bleibt mit einem Fuß in einem Baum hängen und ertrinkt dadurch in dem unter dem Baum vorbeifließenden Fluß.

Dieses Bild ist fast identisch mit dem Tarot-Bild des Gehenkten, das einen Menschen mit einem verklärten Lächeln, den Kopf nach unten und an einem seltsamen Baum hängend, darstellt. Tarot-Karten gab es allerdings frühestens zweihundert Jahre nach der Zeit, zu der Geoffrey seine Vita schrieb.[30]

Der Dreifache Tod ist eine Variante, ein archaischer Ausdruck des Themas des geopferten unschuldigen Gottes, das man in vielen Weltreligionen findet. Wir haben also einen dreifachen männlichen Zyklus, einen dreifachen weiblichen Zyklus, ein dreifaches Rollenspiel durch einen jungen Menschen und den Dreifachen Tod. Das Zentrum der quadratisch angeordneten, sexuellen jahreszeitlichen und elementaren Kräfte ist der junge Mann (der Mabon) und sein Dreifacher Tod: Sturz zur Erde, Aufgehängtsein am Baum des Lebens, Ertrinken in den Tiefen des Wassers der Unterwelt.

Wie wir an religiösen und mystischen Lehren, aber auch an den Zyklen der Natur selbst erkennen können, ist dieser Dreifache Tod das Vorspiel zu einer Rückkehr zum Leben.

Wir können daher den jungen Menschen im Zentrum des Lebensrades sehen, das durch die Personen der *Vita Merlini* (Abbildung 6) zu einem Viereck geformt wird, und im Zentrum des Hexagramms, das die in den *Mabinogi* auftretenden Dreiheiten bilden. Als junger Mensch ist er weder Kind, Seher/König noch Herr der Unterwelt, weder Mutter, Jungfrau noch Alte; er ist, kurz gesagt, weder männlich noch weiblich, hat jedoch an beidem gleichermaßen teil und löst die sexuelle Polarität durch eine dritte, spirituelle und transzendente Funktion auf.

In den Urtriaden der Beziehungen zwischen männlich und weiblich klingt das traditionelle Thema der Manifestation des Geistes in der Materie an (die bei klassischen Religionen als der Sündenfall bezeichnet wird und am Baum des Lebens der Kabbala als eine Gruppe von Dreiheiten dargestellt wird). Die zweite Gruppe von Matrizen, zu denen das Rad des Lebens, die vier Jahreszeiten und die menschlichen Beziehungen im Zusammenklang mit archetypischen jenseitigen Wesen gehören, ist ein wirksamer Schlüssel zur Wiederherstellung der

Materie durch die Wirkung des Geistes. In diesen Sequenzen ist nichts von Sünde, Schuld, Verdammnis oder Strafe zu finden, da sie älteren Datums sind als die christliche Lehre.

Die Synthese der verschiedenen Elemente der Vita zeigt Abbildung 4; der Zusammenhang zwischen dem Viereck der Polaritäten und den Urtriaden ist in Abbildung 13 (c) dargestellt. Der Mabon-Zyklus zeigt Urkräfte in einer triadischen Beziehung, während der Merlin-Zyklus (hauptsächlich in der Vita, aber auch in den Prophetiae und durch deren Einbindung in die Historia) zeigt, wie solche Kräfte die Seele bei unserem Weg zur spirituellen Erleuchtung transformieren und letztlich reifen lassen.

Wenn der Tanz zu Ende ist, nach der Enthauptung, der Wiederauferstehung, der Erhöhung auf einem sechszackigen Stern – wie geht es weiter? Wird das Opfer in einen Kreislauf zurückgestoßen, in dem es unaufhörlich getötet und wiedergeboren wird? Nein, denn nach der Darstellung des Hexagramms und unserem Applaus werden die Schwerter voneinander getrennt, das Rad aufgelöst, das Universum ungeschehen gemacht. Solche kosmischen Lehren sind in den Prophetiae[31] häufiger als in der Vita, jedoch ist in Geoffreys mystischer Psychologie ein wichtiger Schlüssel verborgen und gleichzeitig offen dargestellt, wie er auch im Volkstanz aus dem Gebiet der Brigantes, der Kinder der Göttin Brigidda, verborgen und offen dargestellt wird.

In einer Szene des Tanzes schreitet die Truppe in höchst eigenartiger Weise über die Schwerter. Man fürchtet, daß sich die Gliedmaßen der Tänzer, wenn diese zu einem unmöglich erscheinenden Schritt ansetzen, unentwirrbar ineinander verknäueln müßten, denn dieser Schritt geht wider den gesunden Menschenverstand, aber auch gegen die Kreisbewegung des Tanzes selbst, die Runde der Jahreszeiten, das Rad des Lebens. Sie führen jedoch diesen Schritt aus – und stehen anschließend völlig unbehindert da; dies ist der geheime Schritt, der durch den Dreifachen Tod, durch den Gehenkten, repräsentiert wird.

Es weist nichts darauf hin, daß die Volkstänzer einen bewußten Plan hätten oder über ein »geheimes Wissen« hinsichtlich der von ihnen dargestellten Symbolik verfügten, die ja durch die überdauernde Kraft der Gestalt, des Tanzes, der Tradition selbst und nicht durch irgendeinen Kommentar oder durch Interpretation von Generation zu Generation weitergegeben wird. Und doch waren solche mystischen und magischen Schritte der frühen Kirche definitiv bekannt. Der Kirche war dieses Wissen allerdings *bewußt*, wenn es auch bald unterdrückt werden sollte, denn sie hatte es von den ersten Patres, die vor ihrer Konversion an den Mysterienkulten teilnahmen. Außerdem löste sich dieses Wissen nicht einfach mit der Ankunft der römischen Staatskirche in nichts auf, sondern überdauerte in Formen, die sich nach und nach mehr durch die mündlichen Urtraditionen als durch planvolle Initiationen oder Zeremonien im Volk festigten. Um zum Schluß unserer Erörterungen zu kommen, sollten wir den heiligen Thomas von Aquin hören:

> Nun haben bei der Bewegung von Körpern [das heißt Entitäten jeglicher Art] die vollkommeneren und ursprünglicheren eine Position. Deshalb können die grundsätzlichen geistigen Operationen unter diesem Gesichtspunkt als drei verschiedene Bewegungen beschrieben werden: kreisförmig, wobei sich alles gleichmäßig um seinen Mittelpunkt dreht; gerade, wobei ein Ding direkt von einem Punkt zum anderen fortschreitet. Das dritte ist die Schlangenlinie, die aus dem Kreisförmigen und dem Geraden zusammengesetzt ist.[32]

Diese Aussage Thomas von Aquins nimmt eine alte metaphysische Lehre wieder auf, die auch auf dem Baum des Lebens der Kabbala erscheint. In der scheinbar geraden Linie, durch den scheinbar geschlossenen Kreis fließt ein Element unvorhersagbarer Bewegung. Dies ist die Kraft, die in den höheren Wirkungen der rituellen Magie gesucht wird; in der Mystik und Religion entspricht sie dem »Geist, der weht, wo er will«. Sie lebt auch in jedem von uns. Wenn diese Macht aktiviert oder aus ihrer eigenen Welt oder Dimension in eine andere übertragen wird, geht sie über alle regelmäßigen Linien, Operationsarten oder -zyklen hinweg und ist nicht durch die Norm der Gesetze gebunden, die für die manifeste Schöpfung gelten. Traditionell wird die gerade Linie mit Gottvater gleichgesetzt, der Kreis mit der Jungfrau oder Mutter, die Schlangenbewegung mit dem Sohn des Lichts, der aus ihrer aktiven Vereinigung hervorgeht. Diese ursprüngliche oder gnostisch-christliche Deutung wurde später durch die orthodoxe Dreifaltigkeit von Vater, Sohn und Heiligem Geist ersetzt. Der Geist war jedoch ursprünglich der erste Punkt oder der Odem des Ursprungs, der Same im Zentrum des Kreises.

Dieses Empfängnismodell, das demjenigen in den *Mabinogi* und den Merlin-Gedichten sehr ähnlich ist, finden wir auch in dem anonymen Lied *Cum Sint Difficilia* aus dem 13. Jahrhundert:

> Cum sint difficilia Salomoni tria
> quartum nescit penitus quod est viri via
> in adolescentula quod est Christi transitus
> in Virgine Maria.

(Drei sind der Schwierigkeiten Salomons, das vierte weiß er überhaupt nicht, nämlich wie ein Mann in ein junges Mädchen gelangt, wie Christus in den Schoß der Jungfrau Maria kam.)

Hec est adolescentula que soli Verbo patula
quod fuit ab initio. Sic patet quod non patitur
cum intrat aut egreditur,
quia Verbi conceptio sine contagio
partus sine vestigio.

(Sie ist ein junges Mädchen, das allein das Wort empfing, das
von Anbeginn war. So ist es klar, daß sie nichts fühlt, wenn
das Wort sich in sie senkt oder sie verläßt, denn die Empfäng-
nis des Wortes ist ohne Befleckung und die Geburt ohne Ma-
kel.)

Ipsa nihilominus terra coelum mare
ipse quoniam Dominus serpens avis est et navis
cuius non difficile sed impossibile vias investigare.

(Sie ist ja die Erde, der Himmel, das Meer. Er aber, weil er der
Herr ist, ist eine Schlange, ein Vogel und ein Schiff, dessen
Wegen nachzuspüren nicht nur schwierig, sondern unmög-
lich ist.)

Dieses eigenartige Andachtslied ist französischen Ursprungs,
jedoch könnte es wegen seines Symbolgehalts ohne weiteres
auch keltischer Herkunft sein, so wie in vielen Gedichten und
Romanzen der französischen Kultur keltische Motive, vermischt mit christlich-esoterischem Wissen, erhalten geblieben sind. Das Lied bedarf eigentlich einer eigenen Erörterung, die hier jedoch zu weit führen würde. Jedenfalls enthält
es wie die weiter oben beschriebenen Dreiecksbilder ein dreifaches weibliches und ein dreifaches männliches Muster, die
zu einer sexuellen, jedoch nicht nur sinnlichen Einheit zu-
sammengeflossen sind. Die Schlange in der Erde, der Vogel
am Himmel und das Schiff auf dem Meer spielen sämtlich

wichtige symbolische Rollen sowohl in den *Mabinogi* als auch in der *Vita Merlini*. Man beachte das Wortspiel mit *vestigio* und *investigare*, das auf ein uraltes Vogelmysterium zurückgeht, welches in den *Mabinogi* auftaucht, während es bei der Geburt Merlins nur angedeutet wird und in der Symbolik des Hosenbandordens erneut erscheint.[33]

Der Dreifache Tod der *Vita Merlini* und andere mehrfache Tode, die in Mythen und Legenden vorkommen, sind stets an ein ungewöhnliches Zusammentreffen der vier Elemente Luft, Feuer, Wasser und Erde gekoppelt. Dahinter verbirgt sich als gemeinsame Idee, daß die Rotation oder Kombination der Elemente zu einem magischen »Tod« mit spiritueller Zielrichtung führt. Dieser Gedanke findet sichtbaren Ausdruck in alchimistischen Emblemen und Texten, in denen der ganze Schatz an Symbolweisheit überliefert wurde, den die etablierte Kirche über Bord warf. Auf göttlich-religiöser Ebene geht es um die Kreuzigung und den darauf folgenden Tod, den Abstieg in die Hölle und schließlich die spirituelle Erhebung Jesu. Beim einzelnen Menschen manifestiert sich dies als machtvolle Transformation des Leib-Seele-Komplexes, jener Gesamtheit, die den ganzen Menschen ausmacht. Dies ist der traditionelle »lebende Tod« des in die Mysterien Eingeweihten, eine Transformation, bei der es zu einer spirituellen Wiedergeburt in der physischen oder sinnlichen Welt und nicht erst nach dem physischen Tod kommt.

Im Rahmen einer kurzen Zusammenfassung wie dieser führt es zu weit, die verschiedenen Arten von mehrfachen Toden, die überliefert sind, zu katalogisieren und zu vergleichen oder die Verbindungen zur christlichen Symbolik genauer zu analysieren. Wenden wir uns deshalb wieder speziell jenem Dreifachen Tod zu, den Geoffrey in der *Vita Merlini* beschrieben hat.[34]

Ein junger Mann erscheint in drei Rollen oder Verkleidungen und erleidet später den Dreifachen Tod durch Stürzen, Hängen und Ertrinken. Bei diesem Tod sind die vier Elemente wie folgt miteinander verbunden: Sturz aus großer Höhe: *Luft;* Hängen mit dem Kopf nach unten an einem Baum: *Feuer* zu *Erde;* Überschreiten des Abgrundes zwischen Licht und Dunkelheit auf dem direktesten Wege, Ertrinken: *Wasser.* Wenn wir diesen Dreifachen Tod oder diese dreifache Bewegung auf das Rad des Lebens übertragen, werden nacheinander die Positionen Ost, Süd, Nord und West durchlaufen. Diese schlangenförmige Bewegung verläuft quer durch das Rad und stellt einen Weg der Befreiung vom Zyklus des Lebens, Sterbens und Wiedergeborenwerdens dar (siehe Abbildung 12). Die übergeschlagenen Beine auf dem Tarot-Bild des Gehenkten erinnern an diesen geheimen Weg; jener ist die Gestalt des spirituellen Friedens, nicht des materiellen Leidens.

In östlichen Traditionen ist der geheime Weg derjenige, den die Samen-Silbe *Aum* beschreitet, die durch die physischen und metaphysischen Welten hindurchklingt. Im Christentum ist es der Weg, auf dem sich Christus in die Menschenwelt begab, ein esoterisches Thema, das in den gnostischen Lehren eine bedeutende Rolle spielte und heute noch in der kabbalistischen Mystik auftritt. Im keltischen Wissen ist es, wie wir gesehen haben, der Pfad des Dreifachen Todes, durch den der Seher/König den Sohn des Lichts anruft, die dreifachen Zyklen aufhebt und den Frieden erklärt. Operationen dieser Art gibt es in meditativen, religiösen und magischen Praktiken in der ganzen Welt; sie mögen unterschiedliche Formen haben und unterschiedlichen Traditionen entspringen, doch enthüllen sie eine tiefe und bedeutende Verbundenheit des menschlichen Bewußtseins mit seiner Heimat in einer Welt der Welten.

Am wichtigsten ist jedoch in unserem Zusammenhang die Tatsache, daß der Pfad derjenige des Blitzschlags der Befreiung ist; es ist der Weg in Form einer Schlangenlinie, den der

Mabon (Kind des Geistes) einschlägt, nachdem er von den Ketten der Unterwelt befreit ist und nach Westen, Norden, Süden und Osten tanzt.

Diese alten Mysterien der Richtung sind nach wie vor von größter Wichtigkeit für die physischen Transformationen, die auf die metaphysischen Transformationen folgen; sie manifestieren sich in uns als das Ergebnis unserer inneren Disziplin oder Bemühung, sie manifestieren sich im physischen Universum als das Ergebnis der gewaltigen energiegeladenen Wechselwirkung von Polaritäten, die unserer fortgeschrittenen Physik immer noch ein Geheimnis sind, und sie manifestieren sich symbolisch in den Mustern des traditionellen rituellen Tanzes. So beginnt und endet unsere Untersuchung der Mysterien der Drei, Vier, Sechs, auf der uns Merlin begleitete, mit dem tanzenden Kind.

> Doch was mich betrifft – wenn du wüßtest, was ich war;
> In einem Wort, ich bin das Wort, das alle Dinge tanzte
> Und darüber nicht die geringste Scham empfand.
> Ich war es, der sprang und tanzte.
> Du aber verstehe alles, und als Verstehender sprich:
> Ehre sei dir, Vater ... Amen.

(Und nachdem der Herr dieses mit uns getanzt hatte, Geliebte, ging er von uns. Wir aber, wie außer uns oder aus einem tiefen Schlaf erwacht, stoben auseinander, und jeder ging seiner eigenen Wege.)[35]

KAPITEL 16

Schlußfolgerungen

1. Die *Vita Merlini* ist eine Synthese exemplarischer Erzählungen und mystischer/kosmopolitischer Lehren.

2. Die einzelnen Teile der Vita (die verschiedenen Teilgedichte und die unterweisenden Abschnitte) stammen zwar aus einer großen Zahl klassischer, nachklassischer und keltischer Quellen, stehen jedoch untereinander in einem subtilen Zusammenhang.

3. .Dieser Zusammenhang erhält Dynamik durch die persönlichen Leiden, Transformationen und psychisch-geschlechtsspezifischen Interaktionen Merlins. An verschiedenen Stellen finden sich Hinweise auf das ältere Fundament eines magischen, mystischen oder heidnischen religiösen Textes, das ebenfalls das gesammelte Material zusammenhält, und zwar wiederum durch Attribute und Abenteuer Merlins und seiner unmittelbaren Verwandten oder Gefährten.

4. Viele der keltischen mythischen Themen finden sich auch in ähnlichen Weisheitserzählungen, die zeigen, daß Elemente der Vita Teil eines allgemeinen Mythos sind: der Geschichte des Ersten und Letzten Menschen. Dies belegen zum Beispiel Merlins Beziehung zu den Jahreszeiten, zu Tieren, zu anderen Menschen und die Tatsache, daß er am Ende den Zusammenhang zwischen dem Mikrokosmos oder der menschlichen Welt und dem Makrokosmos oder der übermenschlichen Welt erkennt. In dieser Hinsicht sind die Fragen nach den Jahreszeiten, das Rad des Lebens, harmonisch mit Fragen zur Sternenwelt verbunden, das Rad des Himmels.

5. Im Unterschied zu verwandten Erzählungen über keltische Seher hat die *Vita Merlini* bewußt eine spirituelle Lösung, bei der Merlin den prophetischen Kräften entwächst
   und die spirituelle Betrachtung das Ziel seines Lebens
   wird. Die Vita enthält daher eine aktive Harmonisierung
   zwischen keltisch-heidnischem Wissen und christlichem
   Glauben anstelle eines bloß passiven Wechsels, bei welchem dem Seher vor seinem Tode »vergeben« wird.
6. Viele, wenn nicht alle der vorgenannten Elemente sind für
   die heutigen mystischen, meditativen, magischen und spirituellen Disziplinen von großem Wert und in ihnen praktisch anwendbar.

Die Länge und Ausführlichkeit der Darlegungen in manchen
Teilen der Erzählung mag für den heutigen Leser anstrengend
sein. Doch sind die langen unterweisenden Abschnitte – nicht
einfach Zitate aus einschlägigen Quellen, Geoffrey nahm an
verschiedenen Stellen wohldurchdachte Veränderungen,
Hinzufügungen und Streichungen vor – im Hinblick auf
Merlins Tranformation und seine Entwicklung hin zur spirituellen Erleuchtung sehr sorgfältig plaziert. Um diese Abschnitte richtig zu würdigen, müssen wir sie im kulturellen
Zusammenhang betrachten; während sich der mittelalterliche
Autor einerseits immer wieder auf gelehrte Quellen beruft,
um seine Erläuterungen abzustützen, spiegelt sich in solchen
Passagen der Vita auch ein älteres Muster. Die epische Erzählung ist in Kulturen mit einer Tradition der mündlichen Unterhaltung und Weisheitsüberlieferung von überragender Bedeutung; Geoffreys normannisch-britisches Publikum hatte
Kontakt mit einer Kultur oder »Subkultur«, in der die epische
Erzählung einen festen Platz behauptete. Noch im 20. Jahrhundert werden auf den Hebriden uralte Sagen und Rezitationen mündlich vorgetragen, und dies zeigt eindrucksvoll
die Kraft der Tradition des Geschichtenerzählens im keltischen Raum.

Im 12. Jahrhundert besaßen die Waliser und Bretonen einen großen Schatz an Gedichten, Liedern, Erzählungen und Balladen, von denen viele Fragmente in Sammlungen erhalten sind, zu denen natürlich auch, neben vielen anderen, Geoffreys eigenes Werk zählt. Es ist wahrscheinlich, daß Geoffrey ganz bewußt den einheimischen epischen Erzähl- und Weisheitszyklus für sein gebildetes Publikum in geschliffenes Latein mit gelehrten klassischen Anspielungen umsetzte.

7. Die Vita bildet eine Schnittstelle zwischen einem fragmentarischen epischen Initiationszyklus, magischer Transformation sowie psychischer Entwicklung und literarischen Entwicklungen in späteren Texten einerseits und klassischen Mythen und Legenden, die ebenfalls ähnliche transpersonale Themen zum Inhalt haben, andererseits. Die klassischen Anspielungen dürfen wohl in erster Linie als Hinzufügungen Geoffreys betrachtet werden, obwohl wir natürlich nicht wissen können, ob seine Quellen innerhalb der bardischen Traditionen im 12. Jahrhundert nicht selbst bereits Parallelen zur griechischen und römischen Sagenwelt zogen. In der Tat spricht einiges für diese Annahme, wenn wir andere walisische Fragmente oder Gedichte betrachten, die teilweise ein recht bedeutendes gelehrtes Wissen vermitteln.

8. Die Vita enthält ein praktisches Element, das sich am besten in einer Zusammenfassung der Bilder und Menschen aufzeigen läßt (siehe Anhang 1 und 2). Die Dynamik des Textes kann bei Visualisierungen oder Meditationen genutzt werden, da sie die Dynamik der menschlichen Seele und ihrer Wechselbeziehungen ist.

9. Die Vita enthält eine ausgesprochene »Protopsychologie«, und dies Jahrhunderte bevor die modernen Theorien im späten 19. Jahrhundert erstmals entwickelt wurden. Wenn man einmal berücksichtigt, daß die »Fachterminologie«

eine andere ist und das Buch hauptsächlich in Bildern und nicht in Theorien zu uns spricht, dann ist die Vita ein höchst anschauliches »Handbuch« über die menschliche Seele. Dieser Aspekt der Vita steht außer Zweifel, selbst wenn man die tieferen mystischen und spirituellen Lehren nicht anerkennen will, die allerdings erklärte Absicht des Autors und Zusammenstellers waren.

10. Viele der spezifischen Elemente des Textes drängen im späten 20. Jahrhundert wieder kraftvoll ins allgemeine Bewußtsein. Die freie, unabhängige Frau, die dem Mann gleichberechtigt ist; Ablehnung sexueller Stereotypen; der zweifelhafte Wert des Materialismus; die Entwicklung transpersonaler oder paranormaler Kräfte im einzelnen; die Suche nach einer harmonischen oder universellen Weltsicht, die nicht bloß ein starres religiöses Dogma oder eine materialistisch-behavioristische Verkürzung auf das Absurde ist; die Betonung der weiblichen Prinzipien des Bewußtseins in der menschlichen Psyche; die Erkenntnis, daß eine Beziehung zur Natur im Sinne einer ganzheitlichen Lebensführung für die menschliche Gesundheit und Entwicklung vonnöten ist – all dies sind zentrale Aussagen der *Vita Merlini*.

11. Die Vita ist zwar ein britisches oder europäisches Buch, enthält aber alle universellen oder transzendenten Wahrheiten, die in vielen der großen religiösen Texte aller Kulturen aufscheinen; es ist ein zu Unrecht vernachlässigter spiritueller Text, der zu den bedeutendsten dieses Genres gehört.

12. Die *Vita Merlini* ist ein exemplarisches magisches und spirituelles Lebensmuster für das transpersonale Wachstum der westlichen Psyche; sie zeigt anschaulich die weiblichen und männlichen Kräfte und Polaritäten in einer systematischen Entwicklung, die zu einem beständigen Strom von Erkenntnis führt. Am Ende des Buches

stirbt Merlin nicht (wie in verwandten Erzählungen) und
wird auch nicht von einem Mädchen verführt (wie bei
späteren moralistischen Rationalisierungen), sondern befindet sich auf dem Weg zur unaufhörlichen Betrachtung
des göttlichen Seins. Außerdem ist seine Vollständigkeit
eine Einheit in der Vielfalt, denn ein harmonisches Eins-
sein ergibt sich aus einer Verschmelzung der Gestalten
Merlin, Ganieda, Taliesin und Maeldinus. Diese bilden
eine Gruppe, die persönliches Verlangen, sexuelle Verhaltensmuster und weltliche Werte nicht etwa verdrängt
hat (da alle Personen die Zyklen solcher Aktivitäten erlebt haben), sondern darüber hinausgewachsen ist. Etwas
poetisch könnten wir sagen, daß sie sich von ihrem Observatorium aus in eine neue Dimension unter den Sternen begeben, in der Himmel und Erde durch eine im In-
nersten ausgeglichene Menschheit vereinigt sind.

Es kann für uns heute kein größeres Ziel geben als dasjenige,
welches durch das mystische Leben Merlins erreicht wurde.

Bilder

Die Bilder sind in der Reihenfolge beschrieben, wie sie im Text der Vita erscheinen. Manche von ihnen kehren des öfteren wieder, und viele sind typisch magische, meditative oder religiöse Darstellungen. Zwar sind sie im Text der Vita vordergründig rational, können jedoch eine Fülle von Informationen und harmonischen Zusammenhängen enthüllen, wenn man sie als Anschauungsmaterial oder Visionen betrachtet. Die ursprünglichen Gedichte oder Lieder über Merlin wurden für ein weitgehend analphabetisches Publikum deklamiert oder gelesen. Typisch für diese Art der Unterhaltung ist – wie jeder bestätigen wird, der jemals traditionelle Balladen oder Heldensagen gehört hat –, daß in der gemeinsamen Phantasie des Publikums ständig Bilder hervorgerufen werden. Ebendiese Bilder sind auch die Grundsteine des kollektiven Bewußtseins der Kultur.

1. Merlin als reifer Mann, Herrscher über sein Volk.
2. Merlin als Zeuge einer schrecklichen Schlacht.
3. Merlin als Wilder Mann in den Wäldern mit einem Wolf als Begleiter.
4. Merlin an einer Quelle am höchsten Punkt eines Hügels... Nüsse fallen von den Bäumen um ihn. – Ein Bote spielt für den Propheten, der an der Quelle sitzt, auf der Leier.
5. Merlin steht mit dem Boten vor dem Thron von König Rhydderch, einem archetypischen Herrscher.
6. Merlin in Ketten.
7. Merlin steht vor dem König und der Königin; ein Knabe erscheint in dreierlei Verkleidungen.

8. Bild des Dreifachen Todes.

9. Merlin in Raserei, weil er durch die Tore der Stadt gehen will; zwei Frauen zu seiner Rechten und Linken, die versuchen, ihn zurückzuhalten.

10. Merlin oben auf einem Hügel, wo er die ganze Nacht die Sterne beobachtet. Ein strahlender Stern sendet zwei helle Strahlen aus.

11. Merlin reitet auf einem Hirsch und führt eine Herde wilder Tiere an. – Merlin schleudert ein Geweih in das Fenster eines hohen Turmes und tötet einen Mann, der sich aus diesem Fenster lehnt. – Merlin fällt vom Rücken eines Hirsches in einen strömenden Fluß, von einer Schar Männer verfolgt.

12. Merlin erneut gebunden am Hofe des Königs.

13. Merlin wird über einen Marktplatz mit einer Menschenmenge geführt (begegnet einem Bettler und einem jungen Mann).

14. Merlin spricht mit seiner Schwester an den Toren der Stadt.

15. Das Observatorium wird an einem abgelegenen Ort erbaut; es hat siebzig Türen, Fenster und Schreiber. Es wird geleitet von Ganieda (ein untergeordnetes Bild könnte der Bau der Anlage sein, wobei die Arbeiter ihrer Tätigkeit nachgehen und die Königin Anordnungen gibt).

16. Taliesin und Merlin legen die Schöpfung der Welt dar. Zwei Männer stehen vor einer kosmischen Vision, die dem Himmel eingeprägt ist, und zeigen die verschiedenen Sphären des Himmels, der Sterne, der Planeten, der Wolken und Meere auf.

17. Merlin, Taliesin und Artus nachts in einem Boot. Steuermann ist der geheimnisvolle Barinthus, der mit Hilfe der Sterne den Kurs hält.

18. Artus auf einem goldenen Bett, umsorgt von Morgan, die von ihren Schwestern umgeben ist.

19. Merlin als uralter Mann. Dies ist der dritte Aspekt der drei Gesichter Merlins (Jugend, Reife, Alter).

20. Merlin an der heilenden Quelle, wo er sein Haupt in das fließende Wasser taucht.

21. Merlin beobachtet einen Zug Kraniche, die am Himmel geheimnisvolle Buchstaben formen. Dies ist eine Parallele zu dem Bild, bei dem Merlin die Sterne beobachtet. Beide Male geht es um ein mystisches Alphabet, das sich der regulären Erkenntnis entzieht, aber in einer harmonischen Beziehung zur Natur steht.

22. Merlin beobachtet einen Specht in der alten Eiche.

23. Die vergifteten Äpfel: Eine gewaltige Eiche erhebt sich über einer Quelle, und Äpfel liegen im Gras. Mehrere Menschen laufen Amok, haben Schaum vor dem Mund, während ein junger Merlin davon verschont bleibt. Ursache für die Raserei ist das Werk einer Frau.

24. Merlin heilt einen Wahnsinnigen, indem er ihn zur heilenden Quelle führt.

25. Merlin, Taliesin, Maeldinus und Ganieda gemeinsam: der weise alte Mann – der gelehrte Barde – der Wilde Mann – der befähigende weibliche Geist. Das Observatorium (vielleicht ein Steinkreis) befindet sich im Hintergrund.

26. Ganieda betrachtet ein helles Licht im Fenster des Observatoriums.

    (Das erinnert an die Göttin Minerva und das ewige Licht, das ihr zu Ehren im Tempel von Aquae Sulis entfacht wurde, oder an die heilige Brigit und die ewige Flamme, die im Kloster von Kildare brannte.)

Dies sind natürlich nicht die einzigen Bilder in der Vita; es sind aber diejenigen, die als magische oder visionäre Bilder Schlüsselbedeutung haben. Jedes von ihnen könnte – beispielsweise in einer Meditation – als Quell kreativer Phantasie benutzt werden.

ÄHNLICHKEITEN ZWISCHEN BILDERN
IN MERLIN-TEXTEN
UND TAROT-KARTEN

Sowohl die Prophetiae als auch die Vita enthalten Bilder, die in vielerlei Hinsicht mit den später entwickelten Tarot-Karten der Renaissance-Theosophie und des magischen Symbolismus identisch oder diesen zumindest sehr ähnlich sind. Hier sei nur eine kurze Zusammenfassung gegeben:

Merlin-Bild	Tarot-Karte
1. Erläuterungen zu Sternen/ Sonne/Mond und allgemeine kosmische Bilder (Vita). Bezüge zu allgemeinen Bildern der Tierkreiszeichen (Prophetiae).	STERNE/SONNE/ MOND
2. Taliesin (Vita): der Herr der Mysterien.	HOHEPRIESTER
3. Merlin als alter Mann in spiritueller Zurückgezogenheit (Vita).	EINSIEDLER
4. Göttin wirbelt den Staub der Alten auf (Prophetiae).	GERICHT
5. Der Dreifache Tod (Vita).	GEHENKTER
6. Apokalyptische Vision (Prophetiae). Tod Rhydderchs (Vita).	TOD
7. König Rhydderch (Vita).	HERRSCHER

Merlin-Bild	Tarot-Karte
8. Symbolik des Zeichens der Waage (Prophetiae). Die Probe auf Merlins Seherkunst im Zusammenhang mit dem Motiv des Dreifachen Todes (Vita). Der Richter der Toten unter der Erde (Vita), harmonisch verbunden mit Punkt 4.	GERECHTIGKEIT
9. Vortigerns zerstörter Turm (Prophetiae). Der Turm des neuen Liebhabers (Vita).	TURM
10. Mit dem Löwen kämpfende Gestalt (Prophetiae).	KRAFT
11. Der unheilbringende Stern; Saturn oder Orion (Prophetiae). Merlin als Wilder Mann, der Hörner trägt oder mit gehörnten Tieren zusammen ist (Vita).	TEUFEL
12. Merlin und Guendoloena (Vita).	LIEBENDE
13. Ganieda (Vita). Gestalten von Jungfrauen oder Göttinnen, die unter verschiedenen Aspekten auftreten (Prophetiae).	HERRSCHERIN

Merlin-Bild	Tarot-Karte
14. Morgan (Vita). Gestalten verschiedener Jungfrauen usw. (Prophetiae). Die Gestalten der Punkte 13 und 14 sind in gewissem Maße austauschbar, je nachdem, welche Funktion die weibliche Gestalt im jeweiligen Textzusammenhang hat.	HOHEPRIESTERIN
15. Bilder des zyklischen Wechsels (Prophetiae). Bilder von Merlins zyklischen Veränderungen (Vita). Vierecksbeziehungen sowohl in den Prophetiae als auch in der Vita. Bild von Ariadnes Rad (implizit in den Prophetiae vorhanden).	SCHICKSALSRAD
16. Merlin als junger Mann (Prophetiae). Bild des Boten (Vita).	MAGIER
17. Erschaffung der Welt (Vita). Göttin des Landes (Prophetiae).	WELT

Merlin-Bild	Tarot-Karte
18. Merlin mit dem Wolf in den Wäldern (Vita). Ein junger Mann, der auf der Jagd mit seinen Hunden zu Tode kommt, und Jugendlicher in unterschiedlichen Verkleidungen (beides in der Vita).	NARR
19. Der Wagenlenker von York (Prophetiae).	WAGEN

Zum Tarot-Bild der *Mäßigkeit* gibt es keine Entsprechung.

Eine Reihe weiterer Bild-Entsprechungen findet man bei den Karten des Kleinen Arcanums, die für das Waite-Tarot gezeichnet wurden, jedoch sollen diese hier nicht behandelt werden, da sie erst Anfang des 20. Jahrhunderts entstanden, während die Karten des Großen Arcanums genuine Bilder aus der frühen Renaissance-Zeit sind.

Personen

Die Wechselbeziehungen zwischen den Hauptfiguren der *Vita Merlini* sind für den Handlungsablauf und für Merlins eigene Reife durch Erfahrung, Erkenntnis und Bildung von wesentlicher Bedeutung.

Die Verknüpfungen zwischen den Personen sind meist klar und eindeutig (Ehemann und Ehefrau, Bruder und Schwester), jedoch spielen auch einige scheinbar unbedeutendere Gestalten wichtige Rollen, die näher untersucht werden müssen. Darüber hinaus haben die mythischen Personen kleinere, aber bedeutende »Auftritte«.

Hauptgestalten: Merlin, Ganieda, Guendoloena, Rhydderch, Taliesin.

Nebengestalten: ein Bote, ein junger Mann, Maeldinus (ein Wahnsinniger), eine Frau (von Merlin verstoßen), König Artus.

Mythische Gestalten: Bladud (ein britischer Gottkönig), Minerva (eine Göttin), Barinthus (ein übernatürlicher Führer oder Fährmann), Morgan (eine Göttin), König Artus.

Artus ist sowohl als mythologische wie auch als Nebengestalt aufgeführt, da seine Rolle in der Vita im wesentlichen auf eine mythische Person in der Legende des verwundeten Königs auf der Insel der Seligen beschränkt ist.

Die obige Liste enthält diejenigen Personen, denen im Text

eine Schlüsselrolle zukommt und die in den mythischen, magischen, psychologischen und spirituellen Beziehungen und Symbolen des Textes von besonderer Bedeutung sind. Wir haben uns mit ihnen bereits in der Analyse befaßt, jedoch kann eine Kurzbeschreibung jeder Person dabei helfen, ihre Funktion deutlich werden zu lassen. Bei jeder Personenbeschreibung geht es vor allem um die magische oder psychologische Rolle und nicht um den historischen oder literarischen Zusammenhang, der in einer Vielzahl anderer Studien bereits umfassend dokumentiert ist.

HAUPTGESTALTEN

Merlin

Merlin ist der bedeutendste Prophet der westlichen esoterischen Tradition. Er tritt unter drei Hauptaspekten auf: als junger Mann, der von inneren Visionen inspiriert wird, als reifer Mann, der durch Schuld oder Mitleid die Erfahrung des Leidens macht, als alter und weiser Mann, der alle menschliche Erfahrung überdauert hat.

Es gibt eine Reihe eindeutiger Parallelen zwischen Merlin und Jesus, deren Wurzeln in einer heidnischen Tradition liegen, als deren christliche Transformation Menschwerdung, Tod und Wiederauferstehung anzusehen sind.

Merlin	Jesus
Von einer Jungfrau und einem Geist geboren.	Von einer Jungfrau und dem Heiligen Geist geboren.
Macht orakelartige Verkündigungen.	Macht orakelartige Verkündigungen.

| --- | --- |
König Vortigern versucht, den jungen Merlin zu opfern.	König Herodes ermordet die Kinder.
Merlin setzt sich als junger Mann mit falschen Magiern auseinander und verwirrt sie.	Jesus setzt sich als junger Mann mit den Ältesten im Tempel auseinander.
Wird durch Wahnsinn, Kummer oder Mitleid in die Waldwildnis getrieben, wo er zum Propheten wird.	Zieht sich zur Meditation in die Wüste zurück.
Wird von König Rhydderch mit den Herrlichkeiten der Welt in Versuchung geführt.	Wird vom Satan mit der Herrschaft über die Welt versucht.
Steht im Zusammenhang mit einem alten Thema der rituellen Opferung (der Dreifache Tod).	Wird gekreuzigt.

Merlin ist sowohl in den Prophetiae als auch in der Vita das westliche Urbild des tätigen prophetischen Bewußtseins. Er lehrt durch das Beispiel und durch Symbole der Einsicht, nicht durch direkte oder intellektuelle Erläuterung. Gegen Ende seines Lebens wächst Merlin über seine prophetischen Fähigkeiten hinaus und zieht sich zur spirituellen Kontemplation in die Wälder zurück.

Die älteren Elemente Merlins stehen in einem Zusammenhang mit einem uralten Jahreszeitenmythos, in dem ein Wilder Mann aus den Wäldern, Herr der Tiere, in einer Beziehung mit einer Blumenjungfrau steht, welche die fruchtbare Erde repräsentiert. Der Jahreszeitenzyklus findet teilweise seine Widerspiegelung im Fortschreiten Merlins im Entwicklungsgang der Vita.

Merlin besitzt auch die Kraft der kosmischen oder transzendenten Vision; sie ist das letzte Ziel der Prophezeiung, nicht die bloße Hellseherei oder Wahrsagung. Diesbezüglich steht er in einer engen Verbindung mit der weiblichen Gottheit, die entweder als führende oder befähigende Gestalt (Minerva) oder als zusammenwebende Kraft auftritt, die das Sonnensystem zusammenfügt und auflöst zugleich (Ariadne).

In der literarischen Analyse des Merlin-Themas wird die These vertreten, Geoffrey of Monmouth habe zwei Figuren miteinander verbunden: Merlin Ambrosius, der auf einer früheren Merlin-Gestalt der walisischen Tradition beruht, und Merlin Caledonius, der auf eine schottische Tradition zurückgeht. Ersterer ist jener der Prophetiae, während letzterer in der Vita beschrieben wird. Die beiden haben jedoch sehr viel gemeinsam; sie werden zu ihrer Einsicht getrieben durch Kampf oder polare Beziehungen (kämpfende Drachen oder kämpfende Heere oder persönliche Konflikte innerhalb des Bewußtseins); wahrscheinlicher ist daher, daß beide Gestalten einer einzigen gemeinsamen mündlichen Tradition entspringen, welche die Weisheitslieder oder Gedichte der alten keltischen und druidischen Kultur überlieferte, wie sie im Repertoire der Barden erhalten geblieben ist.

Merlin symbolisiert also die Kerntradition der westlichen Psychologie, Magie und Mystik. Diese Tradition hat eine innere Transformation und Entwicklung durch radikale Veränderungen des Bewußtseinszustandes zum Inhalt, die mit der archetypischen Gestalt einer Göttin in Verbindung stehen. In den verschiedenen Übergangsphasen manifestieren sich die prophetischen Kräfte in sehr unterschiedlicher Weise, bis sie schließlich nicht mehr benötigt und überwunden werden.

Ganieda ist die Schwester Merlins und Gemahlin König Rhydderchs. Sie hat in der Vita eine komplexe und für den Fortgang der Handlung wesentliche Funktion.

Ganieda ist eine *befähigende* Kraft; sie sendet einen Boten aus, der Merlin aus der Wildnis zurückbringen soll; sie verlangt von ihm, sich mit dem Problem seiner verlassenen Frau auseinanderzusetzen; sie erbaut sein Observatorium, in dem er Sternenwissen sammeln kann; sie folgt ihm schließlich nach dem Tod ihres Gemahls in den spirituellen Rückzug.

Ganieda ist es, die das eigenartige Ritual inszeniert, durch welches das alte Thema des Dreifachen Todes in die Erzählung eingeführt wird, und sie ist für den größten Teil der kontrollierten Handlungen und Fortschritte Merlins während seines Kontakts mit der »Zivilisation« verantwortlich. Es gibt einige bedeutsame Zusammenhänge zwischen der Gestalt Ganiedas und derjenigen Minervas: Beide dirigieren den inneren und äußeren Fortschritt einer Helden- beziehungsweise männlichen Gestalt, die sich mythische Aufgaben gestellt hat. Beide haben mit den zivilisierenden Einflüssen der kulturellen Entwicklung auf das wilde oder ungebändigte Bewußtsein zu tun; beide repräsentieren eher den Typ der Schwester als den der Geliebten; beide sind Aspekte einer vielschichtigen weiblichen Gestalt, welche die Phasen des Erscheinens einer Göttin repräsentiert. In der Vita steht Ganieda in einer Beziehung zu Guendoloena, Merlins Gemahlin, die das Urbild der sexuellen Frau ist, während gegen Ende der Erzählung eine dritte geheimnisvolle Frau durch vergiftetes Obst Wahnsinn bringt. Diese drei sind ein schwacher Widerhall einer uralten dreifachen Gottheit, welche die drei Aspekte des weiblichen Bewußtseins und die drei kosmischen Kräfte repräsentierte.

Als Merlins Gemahlin symbolisiert Guendoloena die sinnliche Frau. Sie wird von Merlin während seines prophetischen Wahnsinns und bei seinem ersten wilden Rückzug aus der Zivilisation zurückgelassen. Später erfährt ihre Zurückweisung eine rationale Begründung, die durch Ganiedas Sorge um ihre Zukunft zustande kommt; die Gemahlin eines Eremiten, eines Initiierten oder Wilden Mannes ist einer Witwe gleich.

Sie ist das Bild einer Göttin der Natur, aus Blumen gewirkt, ein Wesen von großer Fruchtbarkeit und Schönheit. Ihre Ergänzung und Erfüllung ist der männliche Partner. Merlin als Wilder Mann findet aber auch Erfüllung durch Guendoloena, und so scheint durch die Vita wiederum ein altes Thema hindurch, bei dem die beiden Liebenden die Rolle der Jahreszeiten Winter und Frühling spielen, der Herr der Tiere und die Herrin der Blumen; Tod und Leben.

Hinter der Verbindung von Guendoloena und Ganieda, der Liebenden und der Schwester, verbirgt sich vielleicht mehr als nur das menschliche Band ihrer gemeinsamen Liebe zu Merlin. Sie repräsentieren Aspekte einer Göttin, die jeweils in ihrer eigenen Weise auf das Bewußtsein wirken, das der Prophet repräsentiert. Wenn Merlin Guendoloenas neuen Gatten mit einem Hirschgeweih tötet, kann dies der Widerhall eines alten rituellen Kampfes zwischen zwei männlichen Wesen sein, die um die Liebe einer Göttin ringen. Zugleich äußert sich hierin jedoch auch eine wichtige Wahrheit: Die sinnlichen oder sexuellen Energien sind abhängig von den wilden Triebenergien der Natur, sie können nicht als »stereotyper Zweck« in sich existieren. Als der neue Gatte vom Wilden Mann erschlagen ist, löst sich die sinnliche Blumenfrau einfach in nichts auf; die mächtigen Energien werden in eine neue Richtung gelenkt, die schließlich zu Merlins spiritueller Erleuchtung und seiner Heilung führen.

König Rhydderch – der Gemahl von Merlins Schwester Ganieda – ist der vollkommene weltliche Herrscher. In gewissem Maße repräsentiert er die weltlichen oder äußeren Werte, die der Mystiker hinter sich läßt; in dieser Rolle fungiert er als Versucher Merlins, der diesem reiche Geschenke anbietet, damit er am Hofe bleibt. Er ist mit Ganieda verheiratet, ihr jedoch deutlich untergeordnet, da das Motiv ihrer Untreue nicht weiterverfolgt und nur ein Vorspiel zu der Szene mit der Weissagung des Dreifachen Todes ist. Die materielle, nach außen gerichtete Weltsicht wird letztlich von einem tieferen, weiter reichenden Bewußtsein beherrscht; wenn nötig, hintergeht dieses weibliche Prinzip des Bewußtseins die regulären Muster der Psyche oder deren Weltsicht, um tiefere Einsichten zum Vorschein zu bringen.

Wie Guendoloena, Merlins Gemahlin, scheidet auch Rhydderch aus der Erzählung aus, nachdem Merlin eine neue Ebene des inneren Wachstums erreicht hat. Rhydderchs Tod wird beklagt; er ist ein Symbol für den weltlichen Mann, sein Tod ist ein Beispiel für das unabwendbare Schicksal unseres eigenen Todes.

Taliesin

Der Barde Taliesin gibt Unterweisungen in den Mysterien des Kosmos. Der ursprüngliche Taliesin war ein magisches Kind aus dem walisischen Sagenkreis, dem viele Gedichte, Rätsel und überlieferte Wissensfragmente zugeschrieben werden. Im Rahmen der Vita ist Taliesin jedoch vor allem ein Mann hoher Gelehrsamkeit; er repräsentiert die durch Unterweisung erlangte Weisheit. Seine Lehren sind nicht rein verstandesmäßig, sondern eine Kombination aus Mystik, Vision und der »bardischen Wissenschaft« von den klassischen und kelti-

schen Kulturen, in denen Naturerscheinungen als Manifesta-
tionen übernatürlicher archetypischer Kräfte mittels einer
harmonischen oder holistischen Folge von Wechselbeziehungen betrachtet wurden. Diese Weltsicht rückt nun, da die materialistische Naturwissenschaft in Mißkredit gerät, wieder
mehr in den Blickpunkt des Interesses.

Taliesin beantwortet Merlins Schlüsselfragen, Fragen, die im
ganzen Text auf immer wieder anderen Ebenen gestellt und
beantwortet werden. Taliesin gibt einen Überblick, der es
Merlin (und dem Leser oder Zuhörer) ermöglicht, sich über
die rein jahreszeitlichen oder persönlichen Schwierigkeiten
zu erheben und sie als Teil eines Urmodells zu betrachten, in
dem das Universum, das Sonnensystem, die Erde und das geheimnisvolle Jenseits beziehungsweise die geheimnisvolle
Unterwelt miteinander verknüpft sind.

Taliesin schließt sich Merlin bei dessen endgültigem Rückzug
an; Gelehrsamkeit und auf der Erkenntnis basierender mystischer Symbolismus verbinden sich mit großer Erfahrung und
Weisheit. Taliesin ist es auch, der Artus und Merlin in das geheimnisvolle Jenseits begleitet, wo Morgan den verwundeten
König heilen will.

NEBENGESTALTEN

Der Bote

Der Bote spielt die *crwth* oder Zither, um Merlin von seinem
Wahnsinn zu heilen. Er steht für Hermes, den suchenden
Verstand, und wurde von Ganieda gesandt (in ihrer Rolle als
Minerva, die Schützerin der Helden und Erbauerin der Kul-
tur). Der Bote taucht in vielen anderen traditionellen Liedern,
Erzählungen und Legenden auf und ist stets wegen seines Ur-
sprungs von einer Gottesgestalt, die in der ganzen Alten Welt

bekannt war, mit einer magischen Macht oder Heiligkeit behaftet. Der Bote steht im Zusammenhang mit der Macht der Musik, die in frühen Kulturen in ihrer symbolischen Verwendung wiederum im Zusammenhang mit den Planeten stand. Tatsächlich wird nach der Ankunft des Boten Merlins prophetischer Wahnsinn in einer Planetensymbolik rationalisiert. Der Bote ist eine jener »Nebengestalten« der Vita, die bei Merlins Entwicklung hin zu mystischer Erkenntnis und spiritueller Reife eine außerordentlich wichtige Rolle spielen.

Der junge Mann

Die archetypische dramatische Gestalt des jungen Mannes ist das Opfer eines Rituals, bei dem er mit gebrochenem Genick ertränkt an einem Baum hängt. In Varianten dieses Dreifachen Todes kommen geringfügig geänderte Todesarten vor. Der junge Mann erscheint darüber hinaus in einem eigenartigen Motiv, bei dem er dreierlei Verkleidungen trägt, wie sie auch in traditionellen Dramen oder Volkszeremonien vorkommen. Dieses Drama geht dem Opfertod voraus. Er ist Symbol eines jeden Menschen; aus esoterischer Sicht steht er sowohl für die wiederholte Inkarnation der Seele in verschiedenem Gewand, wie er auch das Kernmysterium der spirituellen Opferung darstellt, dessen Urbild Jesus ist. Außerdem symbolisiert der junge Mann eine Variante von Merlin: In anderen Erzählungen sagt der Seher den Dreifachen Tod für sich selbst voraus, den er schließlich auch erleidet.

Maeldinus

Maeldinus ist Wahnsinniger, der an Merlins eigene Raserei in einer thematischen Wiederholung erinnert, die gegen Ende der Vita nach der Heilung Merlins eingefügt wurde. Er hat von vergifteten Äpfeln gegessen, ein magisches Thema, zu dem es viele Varianten gibt. Maeldinus zieht sich schließlich mit Merlin, Ganieda und Taliesin in die Wälder zurück, wodurch eine dreifache »Merlin-Gruppe« aus drei Männern und einer »Göttin« in Form der befähigenden Schwester entsteht. Maeldinus ist die Kraft der Wildheit, des Wahnsinns und der inneren Glut aufsteigender Energie, die auftreten kann, wenn die Seele mit mystischen oder metaphysischen Erfahrungen überlastet ist. Durch seine Heilung an der wundertätigen Quelle und seine Verbindung mit den anderen Charakteren gelangt er zur Ganzheit. Er ist zwar eine »Nebengestalt«, erinnert uns aber doch daran, daß alle Aspekte Merlins (Merlins drei Gesichter) miteinander verbunden werden müssen, damit eine im Gleichgewicht befindliche Seele oder ein spirituelles Wesen entstehen kann.

Die Apfelfrau

Von Merlin verstoßen, ist sie die Herrin der vergifteten Äpfel. Diese sehr vage Gestalt ist der Nachhall einer Göttin oder Feenkönigin, welche die mächtigen Früchte der Unterwelt in ihrem Gewahrsam hat; diese bringen Fluch oder Segen – je nach dem Stand der Gnade des Empfängers. Sie vervollständigt das Trio der Frauen, das bei allen Abenteuern Merlins eine so wichtige Rolle spielt; sie ist die Todbringerin.

MYTHISCHE GESTALTEN

König Bladud

Der zuerst in der Geschichte der Könige von Britannien erwähnte König Bladud ist eine wichtige Gestalt der britischen Mythologie. Dies sind seine Merkmale: Er fliegt durch die Luft; er praktiziert Nekromantie; er verehrt Minerva; er ist der Schirmherr heilender Quellen (in Bath). Er steht außerdem im Zusammenhang mit Apollon, und er vereint in seiner Person die Eigenschaften einer Sonnengottheit und die grundlegenden Funktionen des keltischen Königs und Priesters. Sein Name ist wahrscheinlich aus *Bel* und *dydd* abgeleitet, was »hell-dunkel« bedeutet. Durch seine zweifache Natur steht er auch in einem Zusammenhang mit der klassischen Gestalt des Janus, der in den Prophetiae als der Türhüter der Göttin Ariadne beim Ende des Sonnensystems erwähnt wird. In der Vita erscheint Bladud in der kosmologischen Unterweisung durch Taliesin, wo es um Quellen und Brunnen geht, bevor die magischen Inseln aufgezählt werden. In der keltischen Tradition liegt das magische Jenseits häufig unter der Erde oder ist durch eine Quelle oder einen Brunnen zugänglich. In anderen Traditionen, die nicht in der Vita enthalten sind, aber ebenfalls walisischen oder keltischen Ursprungs sind, ist das Totemtier Bladuds und Merlins das Schwein. Dieses Thema erscheint auch in der Legende von der dunklen Gottheit Cerridwen, deren Symbol die Sau war, und in einer Jagdszene im *Mabinogion*, wo ein riesiger Eber gehetzt wird.

Minerva

Der klassischen römischen Göttin können mehrere verwandte Gottheiten zugeordnet werden, etwa die griechische

Athene und die keltische Brigidda. Sie ist die Göttin des Lichts, der Kultur, der Erfindung, der Bildung und die Schutzherrin der Entwicklung des Geistes zur Bezähmung der Leidenschaften. Minerva hilft auch einigen Helden bei mythischen Aufgaben, etwa bei der Suche nach den Goldenen Äpfeln der Hesperiden, eine aus dem britischen Bereich stammende Tradition. Sie leitet Taliesin bei seiner ausführlichen Darlegung über die Erschaffung der Welt an und scheint auch der Archetypus hinter der Figur Ganieda zu sein, Merlins Schwester. Minerva repräsentiert die leidenden und befähigenden Kräfte des weiblichen Prinzips bei der Entwicklung der Zivilisation. Wie auch andere Göttinnen der Antike war sie zunächst die Göttin des Krieges, und in dieser Hinsicht ist sie beispielsweise mit der keltischen Morrigan verwandt, einer dreifachen Göttin der Fruchtbarkeit, des Bodens und des Kampfes.

Wir können das Wirken dieser alten Gottheit überall in der Vita spüren: Eine Schlacht treibt Merlin zum Wahnsinn; seine Gemahlin Guendoloena steht für die Fruchtbarkeit und die geheimnisvolle Apfelfrau, seine verschmähte Geliebte, für den Tod. Die vernünftigen und ausgewogenen Kräfte Minervas entdeckt man in der Heilung Merlins durch Musik, im Bau seines Observatoriums und in den verschiedenen Entscheidungen und Maßnahmen Ganiedas.

Barinthus

Barinthus ist ein mythischer Fährmann, der sich auf dem Meer und am Sternenhimmel auskennt. Er bringt Artus, Merlin und Taliesin zur Insel der Seligen. Diese Gestalt, zu der in der Vita weiter nichts gesagt wird, wie wenn Geoffreys Zuhörer ohnehin über ihn genau Bescheid gewußt hätten, ist ein weiteres befähigendes Bild. Barinthus, der auch in anderen keltischen Sagen in einem Zusammenhang mit jenen sagenhaften Inseln steht, ist eine Kraft der Beförderung, nicht nur im wörtlichen Sinne, sondern metaphysisch. Im psychologischen Sinne ist er der archetypische Fährmann, der uns über unbekannte Meere führt. Als magische oder meditative Gestalt ist er ein göttlicher Führer, der uns wohlbehalten in das Reich des Jenseits bringt.

Morgan

Sie ist mit ihren Schwestern eine weibliche Kraft des Jenseits, eine Göttin oder Druidin. Ihr Bild geht vermutlich auf den Kult der einheimischen Göttin zurück, die dreifache oder mehrfache Aspekte haben kann. Der Name verweist auf eine relativ weit verbreitete weibliche Person mit magischen Attributen. Sie fliegt durch die Luft, verändert ihre Gestalt (wie König Bladud) und kann Krankheiten und Wunden heilen. Sie kümmert sich um den verwundeten Artus, wobei sie erklärt, er müsse lange Zeit bei ihr auf ihrer magischen Insel bleiben, sie könne ihn jedoch schließlich wieder gesund machen. Dies ist eine der frühesten Erwähnungen des Themas »verwundeter König«, das in der Gralsliteratur des Mittelalters so weite Verbreitung finden sollte. Morgan ist die regenerierende Kraft des Jenseits.

König Artus

Artus tritt in der Vita sowohl als historischer wie auch als mythischer König auf, wobei die mythische Gestalt Vorrang hat und der historische oder pseudohistorische Bericht nur zur Unterstützung des Mythos dient. Durch seine Verwundung, seine Reise zu den Inseln der Seligen mit Merlin und Taliesin, sein langes Lager auf dem goldenen Bett unter der Pflege Morgans ist Artus ein machtvolles Symbol sowohl des Landes als auch der menschlichen Seele oder des menschlichen Geistes. Seine Wunde ist jener katastrophale Zustand, der sich aus der Uneinigkeit und dem Ungleichgewicht ergibt (hier bestehen gewisse Parallelen zum Sturz Luzifers), die uns alle mehr oder weniger peinigen. Auf seiner Reise über das Meer, geführt von Barinthus, begleiten ihn Merlin (wilde, prophetische Glut und Kraft) und Taliesin (gelehrte bardische Symbolik und Bildung). Artus repräsentiert daher die Seele oder den Geist, der vom unbekannten Meer des Universums getragen wird, begleitet von den beiden extremen Polaritäten seiner (ihrer) potentiellen Natur. Er ist ein König, der wegen einer in der Schlacht empfangenen Wunde vorübergehend auf seine Krone und sein Land verzichtet hat; dieses Thema wiederholt sich in der Vita im Wahnsinn und Rückzug Merlins.

Artus wird von Morgan empfangen, einer göttlichen oder magischen Kraft der Regeneration, während das Dahineilen der Zeit von Merlin in seinen Prophezeiungen über die Wiederherstellung des Landes Britannien angesprochen wird. Artus in seinem goldenen Bett auf der Insel der Seligen ist der Ursprung der mythischen Königsgestalten in den Gralssagen, wenn es nicht überhaupt so ist, daß solche Bilder vom Zustand der menschlichen Seele und die Symbole ihrer Wiederherstellung aus der Intuition hervorgehen.

Preiddeu Annwm

DIE BEUTE VON ANNWM

(Altes walisisches Gedicht)

Preis sei dem Herrn, dem höchsten Herrscher des Himmels,
Dessen Reich sich bis an das Ende der Welt erstreckt.
Voll war das Gefängnis von Gwair in Caer Sidi
Durch die Bosheit von Pwyll und Pryderi.
Niemand ging vor ihm dorthin.
Eine schwere blaue Kette hielt den jungen Mann fest,
Und für die Beute von Annwm singt er düster,
Und bis zum Jüngsten Gericht wird er sein Lied fortsetzen.
Prydwen dreifach bemannt, so gingen wir hinein,
Bis auf sieben kam keiner zurück von Caer Sidi.

Gebührt mir nicht Ruhm, daß man mich höre im Lied?
In Caer Pedryvan viermal umlaufend,
Das erste Weltenwort vom Kessel, wann wurde es gesprochen?
Vom Atem von neun Jungfrauen wird er sanft erwärmt.
Ist es nicht der Kessel des Herrn von Annwm
Mit einem Wulst um seinen Perlenkranz versehen?
Er wird nicht die Speisen des Feiglings oder des Meineidigen kochen,
Ein hell funkelndes Schwert wird zu ihm gebracht werden
Und in der Hand Lleminawgs bleiben,
Und vor den Toren des kalten Orts
Werden die Hörner des Lichts brennen.

Und als wir mit Artus in seinen glanzvollen Tagen gingen,
Kam bis auf sieben keiner zurück von Caer Vediwid.

Gebührt mir nicht Ruhm, daß man mein Lied höre?
Im Mauergeviert auf der Insel des Starken Tores,
Wo die Dämmerung und die Schwärze der Nacht zusammen-
rücken,
War funkelnder Wein das Getränk des Gastes.
Prydwen dreifach bemannt, so stachen wir in See,
Bis auf sieben kehrte keiner zurück von Caer Rigor.

Keinen Ruhm will ich denjenigen gönnen, die Herren nur in
den Büchern sind;
Jenseits von Caer Wydr wissen sie nichts von der Herrlichkeit
Artus'.
Dreimal zweitausend Mann standen auf der Mauer,
Es war schwierig, zu ihren Wächtern zu sprechen.
Prydwen dreifach bemannt, so gingen wir mit Artus,
Bis auf sieben kam keiner zurück von Caer Colur.
Keinen Ruhm will ich den Männern gönnen, die ihre Schilde
hinter sich schleppen,
Sie wissen nicht, an welchem Tag oder durch wen,
Zu welcher Stunde des glänzenden Tages Cwy geboren
wurde
Oder wer ihn hinderte, in die Täler von Devwy zu gehen.
Sie kennen nicht den scheckigen Ochsen mit seinem dicken
Stirnband
Und sieben Markierungsknöpfen auf seinem Kummet.
Und als wir mit Artus gingen, dessen wir trauernd gedenken,
Kam bis auf sieben keiner zurück von Caer Vandwy.

Keinen Ruhm gönne ich den Männern, die der Mut verließ,
Sie wissen nicht, an welchem Tag sich der Herrscher erhob
Oder zu welcher Stunde des herrlichen Tages der Eigner ge-
boren wurde

Oder welches Tier mit dem silbernen Kopf sie halten.
Als wir mit Artus gingen, dessen Kampfes wir trauernd gedenken,
Kam bis auf sieben keiner zurück von Caer Ochren.

In diesem eigentümlichen Gedicht gibt es einige Parallelen zu der Symbolik, die Geoffrey in der *Vita Merlini* gebraucht, insbesondere in der Szene, in der Artus zur Insel der Seligen gebracht wird. Gemeinsame Elemente der Vita und der Preiddeu sind unter anderen: Motiv der Gefangensetzung; Benutzung eines Schiffes (»Prydwen«), um zu einem magischen Reich zu gelangen; vierfache Elemente-Symbolik; neun Jungfrauen; Torsymbolik und Polaritätssymbolik (diese erscheinen auch in der apokalyptischen Vision Merlins in den Prophetiae).

In der Preiddeu wird beschrieben, daß Artus und seine Truppen versuchen, den magischen Kessel aus der geheimnisvollen Burg (den verschiedenen »Caers«) zu entführen und in die Menschenwelt zurückzubringen. Die Torsymbolik und die Vermischung von Nacht und Dämmerung zeigen, daß dies dasselbe Reich ist, das in den Prophetiae gemeint ist, in denen Janus das Tor Ariadnes hütet, die das Gewirk des Sonnensystems auflöst. Hätte dieses Gefäß, zweifellos eine Art Gral, erobert werden können, wäre dadurch das Paradies auf Erden entstanden. Artus' Reich bricht jedoch zusammen, und wir sehen in einer späteren Vision, wie der verwundete König an den magischen Ort (die Insel der Seligen) gebracht wird, um dort geheilt zu werden.

Es ist bezeichnend, daß in einer anderen keltischen Legende der Kessel Tote wiedererweckt (*Mabinogion*). Hier finden wir den leisen Widerhall eines Mythos, bei dem die Plünderung eines geheiligten Gefäßes zu Chaos und Instabilität führt, ein Zustand, dessen sichtbarer Ausdruck die Ruin des Landes und die »ehrwürdige Wunde« Artus' ist. Dieser Mythos taucht wiederum in einem späteren Gralstext auf, in dem ein Orden von Quelljungfrauen vergewaltigt wird und ihre Kelche zerbrochen werden, was zum Ruin des Landes führt. Um das wüste Land wieder ins Gleichgewicht zu bringen, um diese Wunde heilen zu lassen, wird Artus (in der Vita) in das geheimnisvolle Jenseits geführt, wo er von der Göttin selbst behandelt werden muß.

Die Tatsache, daß diese Themen in Gedichten und Texten über mehrere Jahrhunderte verstreut sind, tut der harmonischen mythischen Einheit, die sie verbindet, keinerlei Abbruch; sie sind verbunden durch Bilder und Ideen, aber auch durch ihre Personen.

Schöpfungsgedichte

TALIESINS SCHÖPFUNGSGEDICHT

(Auszug)

Hat nicht der große Meister wunderbar den ganzen Himmel, sein
Heiligtum,
Mit Sternen und Zeichen, Sonne und Mond besteckt?
Täglich umrundet die Sonne den Kreis der Erde,
Vom hohen Himmel spendet sie Licht
Den fünf Zonen, die der Allgütige schuf.
Sicut in caelo et in terra.
Die beiden fernsten von diesen sind schnee- und eisbedeckt,
Und wegen ihrer Kälte kann sich ihnen niemand nähern.
Zwei weitere Zonen sind unter diese gesetzt,
Voll sengender Hitze und brennendem Feuer.
Die fünfte ist die mittlere Zone, von niemandem bewohnt
Wegen der gewaltigen Hitze der Sonne bei ihrem Lauf.
Zwei, die dazwischen liegen, haben mäßige Temperatur;
Sie erhalten Wärme von jener Seite und Kälte von dieser.
Gott in seiner unendlichen Güte schuf zwei Quellen:
Eine Quelle der Wärme am Himmel, in der die Sonne umläuft,
Und eine weitere Quelle, die das Wasser des Meeres hervorbringt.
Er schuf den Himmel, und es war alles gut,
Und er schuf den heutigen Zustand für die Kinder Adams,
Und er schuf das Paradies als Wohnstätte für die Guten
Und die Hölle für die Vernichtung der Bösen.

Aus der Myvyrian Archaiology

DAS GROSSE LIED VON DER WELT

Meinen Vater will ich anbeten,
Meinen Gott, meine Stärke,
Der mir durch mein Haupt
Eine Seele eingab,
Mich zu leiten.
Der für mich in Weisheit
Meine sieben Gaben schuf.
Aus Feuer und Erde,
Wasser und Luft,
Aus Dunst und Blumen
Und südlichem Wind.

Und ich weissage:
Sieben Himmel spannen sich
Über dem Astronomen,
Und drei Meere schlagen
Ringsum an unsere Küsten.
Wie groß und wunderbar,
Und nicht von einerlei Gestalt,
Schuf Gott über uns
Die Welt der Planeten.
Er schuf Sol ...

Und den siebten Saturn.
Der gute Gott schuf
Fünf Zonen der Erde
Für die Dauer ihres Bestandes.
Eine ist kalt,
Auch die zweite ist kalt,
Und die dritte ist heiß,
Unerträglich, unfruchtbar.
Die vierte, das Paradies,
Wird die Menschen aufnehmen.
Die fünfte ist die gemäßigte
Und das Tor des Universums.

Auszug aus The Four Ancient Books of Wales, Skenex

Lailoken und Suibhne

LAILOKEN

(Aus Schottland)

Ein Mann wird durch Schuldgefühle zum Wahnsinn getrieben, weil er das Gemetzel einer großen Schlacht zu verantworten hat; sein Name ist Lailoken, jedoch behaupten manche, es sei Merlin. Er begegnet dem heiligen Kentigern und bittet schließlich um die Sakramente, als er den Tod nahen fühlt. Kentigern vergewissert sich, ob jener Christ ist, wird jedoch durch den Umstand irritiert, daß er Prophezeiungen ausstößt. Er prüft Lailokens geistige Klarheit, indem er ihn fragt, welcher Art der bevorstehende Tod sein würde; auf dreimal dieselbe Frage erhält er drei verschiedene Antworten (Steinigung, Pfählung und Ertrinken).

Kurz nachdem Lailoken die Sakramente empfangen hat, kommt er auf die geweissagten Arten um. In den schottischen Überlieferungen wird meist hinzugefügt, daß der Dreifache Tod von den Händen einiger Schäfer ein Racheakt wegen der Aufgabe des heidnischen Glaubens war, jedoch ist dies eine rationale Umdeutung der Geschichte, wenn auch in einer ungewöhnlichen Richtung.

In einer Variante der Erzählung weissagt Lailoken den Ehebruch der Gemahlin von König Meldred, und an anderer Stelle äußert er den Wunsch, dort begraben zu werden, wo sich der Fluß Tweed und der Powsail vereinigen. Hierauf zielt auch die Prophezeiung Thomas des Reimers ab (13. Jahrhundert): »Wenn sich Tweed und Powsail an Merlins Grab verei-

nigen, wird England und Schottland nur mehr einen Herrscher haben.«

In jener Gegend wird tatsächlich überliefert, daß die beiden
Flüsse über die Ufer traten und sich an dem alten Aufrecht-
stein vereinigten, der auch heute noch »Merlins Grab« heißt,
als Jakob VI. den vereinigten Thron von Schottland und England bestieg.

Die Parallelen zu der Merlin-Erzählung in Geoffreys Vita
sind offensichtlich.

DIE RASEREI SUIBHNES

(Aus Irland)

König Suibhne ist ein heidnischer Herrscher und ein Gegner
des heiligen Ronan. Ronan verflucht Suibhne, der während
einer Schlacht vom Wahnsinn befallen wird. Er durchstreift
ganz Irland und lebt von Brunnenkresse und Quellwasser,
und mehrere Versuche, ihn zu ergreifen, scheitern. Schließlich spendet ihm der heilige Moling die Sakramente, und er
stirbt durch den Speerstoß eines eifersüchtigen Ehemannes,
der ihn des Ehebruchs verdächtigte. So erfüllte sich Ronans
Fluch.

Das Blumenmädchen

Sie begaben sich daher zu Math, dem Sohn Mathonwys. »Nun«, sprach Math, »wollen wir, ich und du, versuchen, durch Zauber und Täuschung für ihn eine Frau aus Blumen zu formen.« So nahmen sie die Blüten der Eiche, die Blüten des Ginsters und die Blüten des Mädesüß und formten daraus ein Mädchen, wie es unter den Menschen noch nie ein schöneres gegeben hatte. Sie gaben ihr den Namen Blodeuwedd: das Blumenantlitz.

Math the Son of Mathonwy;
The Mabinogion

Zum ersten besaß sie eine große Fülle lockigen Haares, das sanft ihren göttlichen Nacken umspielte. Auf dem Scheitel ihres Hauptes trug sie viele aus Blumen geflochtene Girlanden, und die Mitte ihrer Stirn schmückte ein flacher Reif in Gestalt eines Spiegels, der von beiden Seiten von Schlangen getragen wurde, die aus den Schollen der Erde aufzusteigen schienen, und darüber erhoben sich Kornhalme. Ihr Kleid war aus feinstem Linnen in vielfältigen Farben, manchmal schimmernd-weiß, manchmal krokusgelb, manchmal rosarot oder flammend ... den Saum ihres göttlichen Kleides aber zierte ein fortlaufender Kranz aus allen Blumen und Früchten.

Apuleius, Metamorphosen;
Auszug aus der Beschreibung der Göttin Isis

Der Dreifache Tod und die Elemente

Das in der Vita beschriebene Bild ist unsere Abbildung 5. Es ist eine spezielle Variante eines weitverbreiteten magischen und spirituellen Schlüssels und kann in verschiedener Weise verwendet werden.

MEDITATION

1. Wir nehmen die Illustration als Ausgangspunkt und bauen das Bild in unserem eigenen Bewußtsein auf, indem wir zunächst das Bild im Buche betrachten, bis wir es mit unserer ganzen Aufmerksamkeit in uns aufgenommen haben. Diese erste Stufe, dieses Verinnerlichen des Bildes ohne intellektuelle Spekulation über seine »Bedeutung«, ist für sich genommen schon völlig ausreichend. Dies ist eine in der ganzen Welt verbreitete Standardtechnik der Meditation und nicht nur das wirkungsvollste, sondern auch das einfachste Verfahren, um mit solchen Schlüsselbildern zu arbeiten. Wenn das Bewußtsein zu wandern beginnt, lenken wir unsere Aufmerksamkeit wieder auf das Bild zurück; wenn wir über Zusammenhänge oder Bedeutungen zu spekulieren beginnen, richten wir wiederum unser Bewußtsein zurück auf das Bild, indem wir es in unserer Imagination und unserem Gesichtsfeld festhalten, bis wir eins mit ihm werden. Regelmäßiges Wiederholen dieser Übung ist sehr hilfreich.

2. Wenn uns die erste Übung einigermaßen gelingt, gehen

wir dazu über, das Bild mit geschlossenen Augen nur in unserem visuellen Bewußtsein aufzubauen. In dieser zweiten Phase der Visualisierung statten wir die Szene mit möglichst viel Leben und möglichst vielen Farben aus, bis aus dem ebenen Bild auf einem Hintergrund eine wirkliche innere Landschaft geworden ist.

In dieser Phase nun beginnt das Bild auf unsere Konzentration zu reagieren, indem Farben entstehen, bestimmte intuitive Muster, und indem vielleicht geringfügige, jedoch spezifische Veränderungen des Bildinhalts auftreten. Jede große Veränderung, Fremdeinflüsse oder Ungereimtheiten müssen unterdrückt werden, indem man zu Übung 1 zurückkehrt. In dieser Phase sind wir nicht daran interessiert, daß andere Aspekte oder Gestalten die innere Landschaft betreten, auch wenn sie zu einem späteren Zeitpunkt durchaus auftreten können.

Weder in Phase 1 noch in Phase 2 haben wir über die Bedeutung des Bildes spekuliert, jedoch können wir in Phase 2 damit beginnen, intuitive Signale aus unserem Innern aufzunehmen, denn diese sind ja die wahre Bedeutung solcher Bilder, viel wertvoller als jede verstandesmäßige Zusammenfassung. Die intuitive Beziehung zu einem meditativen Bild ist eines der wichtigsten Ergebnisse dieser Art von Arbeit und wird bekannte und spezifische Bewußtseinsarten hervorrufen, die stark von der individuellen Reaktion geprägt sind.

In den Mysterien gibt es keine Stereotypien oder Faustregeln, und man kann sie nicht nach ihrem Wert oder Unwert und nach dem Grad oder der Intensität der individuellen Reaktionen beurteilen. Dadurch erscheint gerade das esoterische Wissen dem heutigen Menschen so paradox, der in einer Leistungsgesellschaft aufgewachsen ist, denn es gibt hier keine Regeln oder Anhaltspunkte, nach denen man den »Erfolg« im materialistischen Sinne bewerten könnte.

Die Meditation bringt Verständnis und das Gespür für die rechte Beziehung zum Symbolgehalt; dies geschieht auf einer Ebene, die der verbalen Beschreibung unzugänglich, aber keineswegs obskur oder seltsam ist, denn es ist eine imaginative und manchmal traumhafte Ebene, auf der Bedeutung und Verständnis ohne Worte aufscheinen. Diesen Zustand erleben wir alle ständig in mehr oder weniger starkem Maße im Wachbewußtsein und im Schlaf. Bei der definierten Visualisierung sprechen wir diesen Zustand direkt an und lassen ihn mit Hilfe der Symbole, die wir zu unserem Ausgangspunkt genommen haben, in natürlicher Weise sich entwickeln. So gelangt man zu Ebenen der direkten Erkenntnis, die sich in verbale Äußerungen oder mathematische Größen zurückübersetzen lassen. In der Wissenschaft werden in dieser Weise große Entdeckungen gemacht, während in der Kunst der gleiche Erkenntnissprung in ein Bild, ein Musikstück, ein Gedicht umgesetzt wird und anderen mitgeteilt werden kann. In beiden Fällen manifestiert sich die tiefere Einsicht in der chronologischen Zeit in Gestalt eines »Ergebnisses«. In dem von Merlin repräsentierten System sind die »Ergebnisse«, wie bei allen echten spirituellen Schulen der Entwicklung, die Veränderungen in uns selbst.

DIE SYMBOLIK

Es wäre unsinnig, beim Bild des Dreifachen Todes jegliche intellektuelle Interpretation auszuschließen, wenn auch eine solche zergliedernde Betrachtung des Bildes in Phasen der Meditation unbedingt vermieden werden sollte.
Die nachfolgenden Korrelationen sind weder vollständig noch endgültig. Im allgemeinen werden Meditationsschüler dazu ermuntert, nach jeder Meditationsübung ihre Intuitionen niederzuschreiben, wenn auch erfahrene Lehrer dies

nicht mehr praktizieren. Wer in der Meditation in den westlichen Disziplinen nicht sehr geübt ist (die östlichen Methoden sind deutlich anders, und der Schüler muß in vielen Fällen völlig umlernen), dem ist das Aufschreiben von Notizen sehr hilfreich und läßt nicht selten Details oder Intuitionen deutlicher hervortreten, die beim Wiederauftauchen aus der Meditation oder bei der Wiederaufnahme der Alltagstätigkeiten aus dem regulären Bewußtsein verlorengehen.

Die vier Elemente des Weisen

Das Bild ist auf die vier Elemente Luft, Feuer, Wasser und Erde gegründet. Diese treten an vielen Stellen der *Vita Merlini* auf, da sie die Grundlage der klassischen und mittelalterlichen Weltsicht sind. Sie umfassen auch die Wurzeln eines sehr alten und wirksamen metaphysischen Begriffsmodells, was Merlin und Taliesin in der Vision über die Erschaffung der Welt (Kapitel 10) erläutern.

Die Elemente sind als Elemente des Bewußtseins zu betrachten; in der Schöpfung ist es das Bewußtsein der Gottheit, während die Elemente in einem allgemeineren Sinne Formen oder Phasen unseres eigenen Bewußtseins sind. Diese Bewußtseinsformen sind den physikalischen Phänomenen, wie sie die Elemente definieren (Luft, Feuer, Wasser und Erde), sehr ähnlich. Eines der grundlegenden Übungsbilder der Mysterien ist ein in vier gleiche Sektoren geteilter Kreis (siehe Abbildung 2), wobei die den Elementen zugeordneten Attribute jeweils im entsprechenden Viertel stehen.

Unter dieser Betrachtungsweise ist das Kreuz in einem Kreis ein idealisiertes Modell; dieses stellt für uns ein theoretisches Muster des Gleichgewichts und der Urbeziehungen dar, das sowohl für die äußere wie die innere Welt anwendbar ist und daher auch in der Vita als universelles Signum der Schöpfung erscheint.

Wenn dieses Rad einmal in Bewegung gesetzt wird, sind viele kraftvolle Wechselwirkungen möglich, und die alte astrologische Symbolik, die noch heute angewandt wird, beruht auf einem solchen System von Wechselbeziehungen. In der magischen Vorstellung konzentrieren wir uns jedoch auf sehr spezifische und mehrfach wirksame Schlüssel zu denjenigen Wechselbeziehungen, die einen katalytischen Effekt auf unser Bewußtsein haben.

Betrachten wir die vier Elemente auf dem Bild des Dreifachen Todes (des Gehenkten), und entdecken wir, wie sie sich zueinander verhalten:

Luft. Der junge Mann stürzt durch die Luft zu Tode. Sein Sturz ist eine Art Flug, der an die Mythen erinnert, in denen eine männliche Gestalt versucht, zur Sonne zu fliegen (Ikarus; in der britischen Mythologie König Bladud). Sein Fall hat verschiedene Ursachen: (a) Ungestüm, (b) Wahnsinn oder Übereifer bei der Jagd, (c) das Ersteigen eines hohen Berges. Dies sind typische Attribute der aktiven Wirkungen des mystischen Elements Luft. Die Luft erzeugt bestimmte Effekte in der Psyche: Inspiration, Begeisterung, Wechsel, Energie.

Feuer. In der Variante des Dreifachen Todes, wie sie in der Vita erscheint, ist das Feuer nicht konkret dargestellt, spielt aber indirekt in verschiedener Weise eine Rolle: (a) Transformation oder Läuterung des Opfers; (b) dessen anfängliche Jagdraserei, bei der das Element der Luft sein inneres Feuer entzündet (ein Prozeß, den teilweise auch Merlin in seinem Gebet darstellt, indem er die Wirkungen des heilenden Quellwassers auf seinen Organismus beschreibt (siehe Kapitel 12). Das Symbol des Reitens hat traditionell mit dem Feuer zu tun, da das Pferd für große Energie und in Bewegung befindliche Kraft steht; das

Tarot-Bild Sonne zeigt ein unschuldiges Kind, das auf einem großen Pferd reitet, wobei die Sonne die zentrale Feuerquelle unseres Lebens ist. In anderen keltischen Erzählungen erscheint das Feuer im Zusammenhang mit einem magischen Tod entweder durch Verbrennen oder durch die Verwendung des Feuers zum Anheizen eines magischen Kessels. Feuer bringt Glut, Hitze und Helle.

Wasser. Das Opfer ertrinkt; dies steht im Zusammenhang mit seinem Auftreten in Mädchenkleidern, denn das Wasser ist traditionell ein weibliches Element, auch wenn es in männlicher Personifikation auftritt.

Der Fluß ist derjenige, der ein früheres Ungleichgewicht hinwegspült; er erscheint in der äußeren Welt als Zeit, in den spirituellen Dimensionen als Gnade. Die Zeit reinigt durch Interaktion und Reinkarnation, was auch durch die rituelle Vorführung des Opfers in drei geschlechtsspezifischen Rollen angedeutet wird. Im inneren oder spirituellen Bereich zeigt sich jedoch, daß die scheinbar sehr reelle Natur der Zeit eine Illusion ist, und der Fluß ist hier die Gnade oder der Strom spirituellen Verständnisses (das wir als Segnung oder Vergebung erfahren).

Das Opfer hängt mit dem Kopf nach unten; seine reguläre Weltsicht wurde umgestülpt; sein Kopf befindet sich im strömenden Wasser. Merlin taucht in ähnlicher Weise sein Haupt in das heilende Wasser, das durch eine Gnade am Fuß des Berges entspringt (Kapitel 12), ein Wasser, das aus unbekannten Quellen strömt, um sich ihm zu zeigen, da es als Springquell in die chronologische äußere Welt eintritt. Das Haar des Opfers breitet sich im strömenden Fluß aus, womit angedeutet wird, daß sein Bewußtsein nicht mehr durch die oberflächlichen Grenzen seiner körperlichen Identität eingeengt ist. Merlin stürzt von einem Hirsch in den Fluß und wird gefangengenommen (Kapitel 7), worin man eine Umkehrung des Bildes sehen könnte, denn er wird gerade in die äußere Welt an König Rhydderchs Hof zurückgebracht. Man muß auch hier wieder auf die Zusammenhänge zwischen dem abgeschlossenen Bild des Dreifachen Todes und den Elementen von Merlins eigenem Lebensgang hinweisen; Merlins Abenteuer bilden einen Kreis oder eine Spirale, die das zentrale Symbol des Geopferten erkennen läßt, der über das Rad hinausgelangt. Wasser bringt Verständnis, Läuterung, Heilung.

Erde. Der Berg repräsentiert das Grundgerüst der Erde, jedoch findet man dieses stark transformative Element auch in dem Baum, an dem das Opfer an einem Fuß aufgehängt ist, denn der Baum wurzelt in der Erde und zieht seine Lebenskraft direkt aus der geheimen Unterwelt. In der Vita heißt es ausdrücklich, das Pferd glitt auf einem hohen Felsen aus, und ein Fuß des Opfers verfing sich in einem Baum.

Die erste Aussage repräsentiert den Träger der Energie (Feuer), der auf die zurückwerfenden Kräfte der Beschränkung (Erde) trifft. Das zweite Bild findet man beim Tarot-Bild des Gehenkten, bei dem die Gestalt an einem Fuß hängt (siehe Beschreibung in Kapitel 5). Wir könnten hier anfügen, daß der Schock des Sturzes und dessen abruptes Ende in einem Baum einen Abstieg durch die Elemente in der räumlichen Reihenfolge repräsentiert (von der hohen Luft zum niedrigen Wasser und zur Erde, eine Bahn, die derjenigen der sinkenden Sonne gleicht). Etwas differenzierter ist dieser Weg in Abbildung 12 dargestellt.

Schließlich führt der Schock des Sturzes oder des Gehängtwerdens üblicherweise zum Genickbruch, in der Allegorie die physische Übersteigerung eines spirituellen

Prozesses, bei dem unsere starren Begriffsschemata aufgebrochen werden, was häufig wie der Tod oder eine Verletzung der angenommenen Persönlichkeit erscheint. Bei magischen oder metaphysischen Praktiken werden die subtilen Energien, die zwischen Leib und Seele vermitteln, durch eine Manipulation der Halswirbel geordnet und verstärkt, wodurch eine innere oder metaphysische Veräußerung physisch ausgedrückt werden soll. Analogien hierzu findet man in den Bildern von bestimmten Wunden, gebrochenen Halswirbeln oder Schlüsselbeinen der Gralssagen, aber auch in den auf der ganzen Welt bekannten Theorien über die Kraftzentren des Menschen (in der östlichen Terminologie *Chakras* genannt).

Die Erde bewirkt die letzte Transformation.

Die Kraft des Kopfes spielte bei den alten Kelten eine ganz besondere Rolle. Die Urkelten waren Kopfjäger. In späteren Legenden wird immer wieder auf die magischen Eigenschaften des Hauptes hingewiesen. Erinnern wir uns, daß Merlin einem Hirsch das Geweih abriß und damit ein männliches Stereotyp eines falschen Gatten tötete, eine Spiegelung seines früheren Selbst. Der Kopf des Gehenkten befindet sich im Wasser, und die Halswirbel sind es, die das Haupt mit dem Körper verbinden. Die Konsequenz aus dieser eigenartigen Folge von Symbolen könnten wir in dem folgenden Paradoxon zusammenfassen: Wir glauben zwar, unser Körper hat einen Kopf, in Wirklichkeit ist es aber so, daß unser Kopf einen Körper hat.

Der Dreifache Tod zeigt daher nicht nur den Zyklus der Elemente nach dem üblichen Muster (Luft – Feuer – Wasser – Erde, Frühling – Sommer – Herbst – Winter, Geburt – Erwachsensein – Reife – Alter, Leben – Licht – Liebe – Gesetz), sondern einen Opfer- oder Transformationsweg, der diagonal durch das Rad verläuft und zu innerer Befreiung führt.

Dies zeigt Abbildung 12, wobei der Weg wie folgt verläuft: Luft – Feuer – Erde – Wasser, Ost – Süd – Nord – West. Diese Konfiguration erhält man, wenn man die Körperhaltung des Gehenkten über das eingekreiste Kreuz legt; deshalb ist es so wichtig, daß jener an einem Fuß am Baum hängt.

Zu dieser Darstellung paßt auch eine andere traditionelle Position in keltischen Überlieferungen und Glaubensvorstellungen, bei der eine Person auf einem Bein steht, eine Hand hinter dem Rücken hält und ein Auge geschlossen hat (oder Varianten hierzu). Diese Position nahm man ein, um zu verfluchen oder in das Jenseits zu blicken. Hier haben wir gewissermaßen wieder den umgekehrten Gehenkten, wobei sich ein Fuß in der materiellen Welt statt auf dem Baum der Transformation befindet. Man muß wohl kaum darauf hinweisen, daß bestimmte Körper-, Hand- und Fußhaltungen beim Yoga, bei magischen Riten und für den allgemeinen Energiestrom durch den Menschen von großer Bedeutung sind.

Wie schon in Kapitel 5 gesagt wurde, ist der Dreifache Tod ein sehr spezifischer magischer Ausdruck eines Themas, das im religiösen Symbol der Kreuzigung, aber auch in heidnischen Vorstellungen erscheint, die älter sind als die christliche Deutung des Motivs. Die Beziehung ist harmonischer und metaphysischer Natur, während die religiöse Offenbarung eine Angelegenheit der spirituellen Intuition oder, in geringerem Maße, des Glaubens ist. Man darf dies nicht so verstehen, als schließe der Dreifache Tod das Thema des Todes und der Wiederauferstehung ein oder ersetze es; vielmehr sind diese Themen Bewußtseinsinhalt aller Religionen und waren es zu allen Zeiten.

Der Herr der Tiere

Ein kleines Stück Weges in den Wald wirst du einen Pfad finden, der zur Rechten abzweigt, dem du folgen mußt, bis du an
eine große geschützte Lichtung gelangst, in deren Mitte sich
ein Hügel erhebt. Oben auf diesem Hügel wirst du einen
schwarzen Mann von gewaltiger Gestalt sehen. Er ist nicht
kleiner als zwei Männer von dieser Welt. Er hat nur einen Fuß
und ein Auge in der Mitte seiner Stirn. Er trägt eine Keule aus
Eisen ... und ist der Waldhüter jenes Waldes. Tausend wilde
Tiere wirst du in seiner Nähe weiden sehen ...
Und er nahm seine Keule zur Hand und versetzte mit ihr einem Hirsch einen gewaltigen Schlag, woraufhin er laut
röhrte, und durch sein Röhren strömten die Tiere so zahlreich
zusammen wie die Sterne am Himmel, so daß ich unter ihnen
auf der Lichtung kaum noch Platz fand. Ich sah Schlangen
und Drachen und viele Arten von Tieren. Und er richtete seinen Blick auf sie und ließ sie hingehen und weiden. Sie aber
verneigten ihre Köpfe und huldigten ihm, wie Vasallen ihrem
Herrn huldigen.

The Lady of The Fountain (The Mabinogion)

Anmerkungen

ALLGEMEINER BIBLIOGRAPHISCHER HINWEIS:
Tolstoy, Nikolai, *Auf der Suche nach Merlin: Mythos und geschichtliche Wahrheit*, Köln: Diederichs, 1987. Enthält eine bemerkenswerte historische Theorie über Merlin und ausführliche Angaben zur wissenschaftlichen Literatur.

EINLEITUNG

1. *The History of the British Kings: Historia Regum Britanniae* (enthält auch die Prophetiae), übersetzt von Giles, J. A., 1844, London; Thorpe, L., 1966, Harmondsworth, *The Life of Merlin: Vita Merlini*, übersetzt von Parry, J. J., 1925, Urbana (University of Illinois), und Clarke, B., 1973, Cardiff. Bei Thorpe, Parry und Clarke finden sich wichtige Anmerkungen und Kommentare für das Studium der Texte. *Das Leben des Zauberers Merlin. Vita Merlini*, Inge Vielhauer (Hrsg.), 1985, Amsterdam.

2. *The Prophetic Vision of Merlin*, Stewart, R. J., 1986, London.

3. Quellen für das Material der Vita sind sowohl die keltische als auch die klassische Literatur und Tradition sowie östliche Fragmente. Ausführliche Verweise siehe Parry und Clarke.

4. Gerald of Wales: *The Journey through Wales/Description of Wales*, Übersetzung von Thorpe, L., 1978, Harmondsworth.

5. *The UnderWorld Initiation*, Stewart, R. J., 1985, Wellingborough. Siehe auch Anmerkung 2.

6. Siehe Anhang 1, Bilder; und Kapitel 15, Anmerkung 30.

7. *The Quest of The Holy Grail*, übersetzt von Matarasso,

P., 1969, Harmondsworth. *The Grail, Quest for the Eternal*, Matthews, J., 1981, London. *At the Table of the Grail*, Matthews, J. (Hrsg.), 1984, London. *Der Gral. Die Suche nach dem Ewigen*, Matthews, J., Frankfurt.

8. *The Mabinogion*, übersetzt von Gantz, J., 1976, Harmondsworth. *Pagan Celtic Britain*, Ross, A., 1974, London. Siehe auch Anhang 3, Preiddeu Annwm.

9. Siehe Anmerkung 2.

10. Siehe Anhang 2, Personen.

11. Siehe Anhang 1, Bilder.

12. *Prelude to Chemistry*, Read, J., 1939/1961, London. *Psychologie und Alchemie*, Jung, C. G., 1962, Zürich.

13. *Music, Mysticism and Magic*, Godwin, J., 1986, London.

14. *The White Goddess*, Graves, R., 1961, London. *Hamlet's Mill*, Santillana, G., und von Dechend, H., 1977, Boston.

15. *The Western Way* (Bde. 1 u. 2), Matthews, J. und C., 1985/86, London.

1. DIE ÄUSSERE STRUKTUR UND DIE INNERE NATUR DER VITA MERLINI

1. *The Prophetic Vision of Merlin.*

2. Eine Auswahl verwandter Erzählungen oder Gedichte siehe Anhang; eine Synthese der Bilder siehe Kapitel 15.

3. Kapitel 5.

4. Kapitel 10.

5. *The Druids*, Piggot, S., 1974, Harmondsworth.

6. Siehe Anhang 2, Personen: Merlin.

7. *Shamanism: Archaic Techniques of Ecstacy*, Eliade, M., 1964, New York. (*Schamanismus und archaische Ekstasetechnik*, 1975, Frankfurt).

2. MERLIN UND DER WAHNSINN.
DIE SCHLACHTKLAGE

1. »Citharmque sonate«; im frühwalisischen Zusammenhang muß es sich bei diesem Instrument um das *crwth* gehandelt haben, eine Art Leier oder Urgeige. *Relics of the Welsh Bards*, Jones, E., 1784, London (Nachdruck 1985).
2. Kapitel 10. Siehe auch Anhang 4, Schöpfungsgeschichte.
3. Eine kurze Zusammenfassung der Erzählungen über Lailoken und Suibhne siehe Anhang 5.
4. Kapitel 6.
5. Kapitel 14; Das Thema entwickelt sich allmählich im Verlauf der Vita.

3. DIE WINTERKLAGE

1. Der Apfelbaum ist ein häufiges Bild in der keltischen Dichtung.
2. Das Sprechen mit Tieren ist ebenfalls ein altes keltisches Motiv. Eine Erörterung der magischen Totemtiere siehe auch *The Under World Initiation*, Stewart, R. J., 1985, Wellingborough, Kapitel 6.
3. In frühkeltischen Kunstwerken steht der Wolf häufig im Zusammenhang mit Cernunnos. Die Beziehung zwischen dem Hirschgott und dem Wolf ist in *Pagan Celtic Britain*, Ross, A., 1974, London, ausführlich dargestellt.
4. *Prelude to Chemistry*, Read, J., 1939/1961, London. *Athanasius Kircher and Robert Fludd*, Godwin, J., 1979, London. Beide Werke zeigen eindrucksvolle Beispiele für solche Landschaften und Bilder in der späteren Symbolik.
5. *Celtic Heritage*, Rees, A. und B., 1961, London.

4. DIE FRAGE DER VIER JAHRESZEITEN.
KLAGE UM GUENDOLOENA

1. Siehe Anhang 2: Personen.
2. Kapitel 10.
3. *Medieval Music, The Sixth Liberal Art*, Hughes, A., 1980, London: Eine ausführliche Untersuchung über Quellenliteratur und Musikstudien. *Music and the Elemental Psyche*, Stewart, R. J., 1986, Wellingborough.
4. *The Greek Myths*, Graves, R,. 1958, London.
5. Siehe Anhang 6, Das Blumenmädchen.
6. Kapitel 5.
7. *Foundations of Tibetan Mysticism*, Govinda, A., 1969, London. (*Grundlagen tibetischer Mystik*. Die geheime Lehre des großen Mantra, 1982, München). *The Rose Cross and The Goddess*, Knight, G., 1985, Wellingborough. *The Cult of The Black Virgin*, Begg, E., 1985, London.

5. MERLINS ERSTE RÜCKKEHR.
DER DREIFACHE TOD

1. Wayland ist der titanische Schmied der westlichen Traditionen, Schöpfer magischer Artefakte. Solche Schmiedgestalten erscheinen in der Mythologie der ganzen Welt.
2. Siehe auch die angekettete Gestalt in »*Lord Bateman*«, erörtert in *The UnderWorld Initiation*, Stewart, R. J., 1985, Wellingborough.
3. Siehe Erörterung des Türsteher-Bildes, ebenda.
4. Siehe Anhang 2, Personen: Merlin.
5. *Where ist Saint George?* (Heidnische Vorstellungen im Volkslied), Stewart, R. J., 1977, Bradford on Avon. *Folklore in the English and Scottish Ballads*, Wimberley, L. C.,

1959, New York. Balladen erörtert in Stewart, 1985, op. cit.

6. Clarke hat das Motiv auf eine weitverbreitete indoeuropäische Volkserzählung zurückgeführt. (Siehe Einleitung, Anmerkung 1.)

7. Anhang 5, Lailoken und Suibhne.

8. Kapitel 14.

9. *Padstow's Obby Oss*, Rawe, D. R., 1971, Padstow. *Sword Dance and Drama*, Alford, V., 1962, London. *A Harvest of Festivals*, Green, M., 1980, London.

10. *The Prophetic Vision of Merlin*, Stewart, R. J., 1986, London.

11. Siehe auch »*Lord Bateman*«, Stewart, 1985, op. cit.

12. Das ungefähre Entstehungsdatum der *Vita Merlini* ist das Jahr 1150. Erörtert in Parry und Clarke (siehe Einleitung, Anmerkung 1).

13. Der keltische religiöse Symbolismus ist analysiert in *Pagan Celtic Britain*, Ross, A., 1974, London; und in *Celtic Heritage*, Rees, A. und B., 1961, London.

14. Siehe Anhang 1, Bilder.

15. *Celtic Mysteries*, Sharkey, J., 1975, London (*Die keltische Welt. Religion und Gesellschaft*, 1982, Frankfurt). *Celtic Mythology*, MacCana, P., 1975, London (siehe auch Anmerkung 13).

16. *The Stars in Our Heavens*, Lum, P., London. *Star Names, Their Lore and Meaning*, Allen, R. H., New York.

17. Stewart, 1986, op. cit.

18. Kapitel 14.

6. MERLIN UND GUENDOLOENA.
ERSTES STERNENWISSEN.
DER HERR DER TIERE

1. *The Golden Bough,* Frazer, J. G., 1907/15, London; siehe auch Einleitung, Anmerkung 14.
2. *The Prophetic Vision of Merlin,* Stewart, R. J., 1986, London.
3. *»Lord Bateman«, The UnderWorld Initiation,* Stewart, R. J., 1985, Wellingborough. Desgleichen Matthäus 22, 3, 8, 10; Lukas 12, 36; Offenbarung 18, 23; 21, 2, 9; 22, 17.
4. Kapitel 9.
5. Siehe Anhang 8, Der Herr der Tiere.
6. Kapitel 12.
7. Siehe Anhang 6, Das Blumenmädchen.
8. Siehe Kapitel 5, Anmerkung. 5
9. Taliesin in der keltischen Tradition, Moses im Alten Testament. *The Mabinogion (Taliesin),* Guest, C. 1904, London.

7. MERLINS ZWEITE WIEDERKEHR

1. Kapitel 8; Beispiele siehe Matthews, 1981 (Einleitung, Anmerkung 7); Clarke (Einleitung, Anmerkung 1).
2. *The Prophetic Vision of Merlin,* Stewart, R. J., 1986, London.

8. MERLINS OBSERVATORIUM

1. Siehe Kapitel 7, Anmerkung 1.
2. *The Legendary History of Britain,* Tatlock, J. S. P., 1950, Berkeley; siehe auch Einleitung, Anmerkung 1.

3. *The Stars and the Stones*, Brennan, M., 1983, London. *The Stone Circles of The British Isles*, Burl., A., 1976, London. *Megalithic Sites in Britain*, Thom, A., 1967, Oxford.

4. Siehe Anmerkung 2.

5. *The Waters of the Gap*, Stewart, R. J., 1981, Bath.

6. *The Mystic Spiral*, Purce, J., 1974, London. *The Stars in Our Heavens*, Lum, P., London. *The Round Art*, Mann, A. T., 1979, London. *Star Names, Their Lore and Meaning*, Allen, R. H., New York.

7. Es erscheint allerdings unwahrscheinlich, daß mittelalterliche Astrologen eine so feine Einteilung vornahmen, wie sie in der Zahl Siebzig zum Ausdruck kommt. Wenn die Zahl Siebzig irgendeine Bedeutung haben soll, müßte sie durch den Zustrom arabischer Kultur aus einer östlichen Quelle stammen. Diesbezüglich wird es immer verschiedene Meinungen geben, da sich hier verschiedene Traditionen vermischt haben.

9. MERLINS GESCHICHTSPROPHETIE. KLAGE UM KÖNIG RHYDDERCH

1. Siehe Einleitung, Anmerkung 1.

2. *The Prophetic Vision of Merlin*, Stewart, R. J., 1986, London.

3. Taliesin war an der Schule Gildas' des Weisen in der Bretagne. Dieses historische Bild erinnert an eine keltische Tradition, nach der magische oder esoterische Weisheit stets in einer Schule »jenseits des Wassers« oder einer »ausländischen Schule« erlernt wird; die Schule ist eine Allegorie für die Unterweisung in den jenseitigen Dingen. Es spricht für sich, daß Taliesin (Kapitel 10) eine Mischung aus mythischer und zeitgenössischer Naturgeschichte oder Kosmologie vorträgt.

1. Klassische Quellen und mittelalterliche Sekundärliteratur, die Geoffrey verfügbar war, umfaßte unter anderem Solinus, Isidor und Beda. Ausführliche Diskussion in Clarke, B., *The Life of Merlin: Vita Merlini,* 1973, Cardiff.

2. Genaues läßt sich über die Philosophie der Druiden kaum sagen, jedoch drückt sich in der Bilderwelt der späten keltischen Gedichte und Erzählungen ein älteres System miteinander zusammenhängender Welten und Dimensionen aus, das keineswegs nur klassischen Quellen zugeschrieben werden kann. Das gleiche Argument gilt für Geoffreys Vermischung klassischen und keltischen Materials in seinem Buch.

3. Kapitel 4.

4. Siehe Kapitel 5, Anmerkung 5.

5. Siehe Parry und Clarke (Einleitung, Anmerkung 1).

6. Siehe Kapitel 8, Anmerkung 5; Einleitung, Anmerkung 5.

7. Anhang 3, Preiddeu Annwm.

8. Dies sind auch Attribute von König Bladud, dessen Existenz durch die Archäologie im Zusammenhang mit der Kultstätte Sulis-Minerva und damit zusammenhängenden Skulpturen bestätigt wurde (Kapitel 8, Anmerkung 5). Wenn es diese Bestätigung nicht gäbe, könnte es sich bei den gemeinsamen Attributen um die bloße Übernahme eines imaginativen Themas aus stilistischen Gründen handeln.

9. *The Prophetic Vision of Merlin,* Stewart, R. J., 1986, London.

10. Kapitel 11.

11. Clarke, op. cit.

12. Siehe Anhang 2, Personen.

11. MERLIN ERINNERT SICH.
DIE DREI GESICHTER MERLINS

1. *The History of the Kings of Britain*, Kapitel 6–8. Siehe Einleitung, Anmerkung 1, 2, 3. Kapitel 8, Anmerkung 2.
2. *The Prophetic Vision of Merlin*, Stewart, R. J., 1986, London.

12. DIE HEILENDE QUELLE. MERLINS GEBET.
MERLINS HOHES ALTER

1. Ross, 1974 (Einleitung, Anmerkung 8); Rees, 1961 (Kapitel 3, Anmerkung 5).
2. *Folklore of the Scottish Highlands*, Ross, A., 1976, London.
3. Sowohl das Wissen über die Alten und Zukunftsvisionen sind wichtige Elemente der Prophetiae. Siehe *The Prophetic Vision of Merlin*, Stewart, R. J., 1986, London.
4. Kapitel 14.
5. »Auf einer Seite des Flusses sah er eine Herde weißer Schafe und auf der anderen eine Herde schwarzer Schafe. Sooft eines der weißen Schafe blökte, kam eins der schwarzen Schafe herüber und wurde weiß; und sooft eines der schwarzen Schafe blökte, kam eines der weißen Schafe herüber und wurde schwarz. Und er sah einen hohen Baum am Ufer des Flusses, dessen eine Hälfte von den Wurzeln bis zum Gipfel aus Flammen bestand, während die andere grün war und in vollem Laub stand.« Peredur.
6. Stewart, op. cit.
7. In »*Kilhwch and Olwen*« (Mabinogion) führt eine Sequenz von Tieren in die Vergangenheit zurück, bis bestimmte Antworten gegeben werden, wobei jedes Tier älter ist als das vorhergehende. Eines von ihnen ist der

Hirsch von Redynvre, der älter ist als eine verwitterte alte Eiche. Merlins eigene Verbindung zu einem Hirsch und einer alten Eiche gehören eindeutig diesem Mythos des ältesten Geschöpfs an, der mit Merlin entweder durch mündliche Überlieferungen oder in Form einer magischen Sequenz verknüpft wurde, bei welcher der Seher als ein Aspekt imaginativer Kraft selbst zum Totemtier wird. Dies bedeutet nicht, daß Merlin oder die Sequenz in »Kilhwch and Olwen« in einem literarischen Zusammenhang stehen, sondern vielmehr, daß sie auf einem Urmythos aufbauen, der beiden zugrunde liegt.

13. EIN KATALOG DER VOGELARTEN

1. Graves, 1961 (Einleitung, Anmerkung 14). Enthält eine ausführliche Diskussion der magischen alphabetischen Denkbilder der klassischen und keltischen Kultur, wobei auch die Rolle des Kranichs erwähnt wird.
2. *The Prophetic Vision of Merlin*, Stewart, R. J., 1986, London.
3. Graves, 1961, op. cit. *Hamlet's Mill*, Santillana, G., und von Dechend, H., 1977, Boston. *The Golden Bough*, Frazer, J. G., 1907–1915, London.

14. DIE VERGIFTETEN ÄPFEL.
DIE PROPHEZEIUNG GANIEDAS

1. *The UnderWorld Initiation*, Stewart, R. J., 1985, Wellingborough.
2. Thomas der Reimer lebte im 13. Jahrhundert. Von ihm stammt eine Reihe spezifisch schottischer Prophezeiungen, die in vielerlei Hinsicht mit denjenigen Merlins verwandt sind.

3. *The Political Prophecy in England*, Taylor, R. T., 1911, Columbia University.

15. SYNTHESE: MERLIN, MABON UND DAS RÄTSEL DER DREI, VIER, SECHS

1. *Dictionary of Historical Slang*, Partridge, E., 1972, Harmondsworth. Die symbolische Korrelierung von »Kopf« (*head*) und »Nuß« (*nut*) ist in meditativer, psychologischer und magischer Hinsicht von einiger Bedeutung, da der Kopf in der Metaphysik traditionell der Ort gesteigerten Bewußtseins ist, während Nüsse in der keltischen Tradition der Samen der Weisheit sind. Wie so oft stellt auch hier die Volkssprache die imaginative Verbindung her, die einst Teil eines initiatorischen oder magischen Bewußtseins waren.
2. Siehe Einleitung, Anmerkung 8.
3. *Sword Dance and Drama*, Alford, V., 1962, London.
4. *The UnderWorld Initiation*, Stewart, R. J., 1985, Wellingborough.
5. *Trioedd ynys Prydein* (walisische Triaden), Bromwich, R. (Hrsg.), 1961, Cardiff. Siehe auch Einleitung, Anmerkung 8; und Kapitel 3, Anmerkung 5.
6. Siehe Einleitung, Anmerkung 8; und Kapitel 6, Anmerkung 10.
7. *Mabon and the Mysteries of Britain*, Matthews, C., London.
8. *The Waters of the Cap*, Stewart, R. J., 1981, Bath.
9. Siehe Einleitung, Anmerkung 8.
10. Stewart, 1985, op. cit.
11. *Mabinogion*, »Culhwch and Olwen«.
12. *The Prophetic Vision of Merlin*, Stewart, R. J., 1986, London.

13. Es ist bedeutsam, daß die Reihe übernatürlicher Wesen in der keltischen Sagenwelt Namen trägt, die sie mit dem Sommer identifizieren, und das Geisterreich, welches so häufig als Schattenreich apostrophiert wird, einst wohl das Land der Helligkeit war. Hier findet sich vielleicht ein leichter Widerhall der Anschauung, unsere menschliche Welt sei das Land des Schattens, das Reich der Unkenntnis und Verwirrung. Artus wird in der Vita auf die »Insel der Seligen« im Jenseits gebracht, um von einer Wunde geheilt zu werden, die vom Verlust seines Königtums in der Menschenwelt herrührt.

14. Zur Rolle Taliesins siehe Kapitel 10; Beschreibungen der einzelnen Personen siehe Anhang 2, Personen.

15. Kapitel 10.

16. Anhang 2, Personen; Kapitel 10.

17. Anhang 3, Preiddeu Annwm.

18. Stewart, 1986, op. cit.

19. Anhang 6, *Das Blumenmädchen; Mabinogion*, Blodeudd in »Math the Son of Mathonwy«.

20. »Culhwch and Olwen«, *Mabinogion*.

21. Wie Anmerkung 20; »Branwen, Daughter of Llyr«, *Mabinogion*.

22. »Pwyll Lord of Dyved«, *Mabinogion*.

23. Siehe Anmerkung 22. Das Thema erscheint auch in anderen Mabinogi.

24. Die Heilungsthematik zieht sich durch die verschiedenen Mabinogi hin.

25. »Branwen, Daughter of Llyr«, *Mabinogion*.

26. Kapitel 5; Anhang 7, *Der Dreifache Tod. Celtic Mythology*, MacCana, P., 1975, London. *Myth and Law among the Indo-Europeans*, Puhvel, J. (Hrsg.), 1970, Berkeley.

27. Kapitel 5.

28. In »Culhwch and Olwen« besteht der Held auf seinem Recht, sich das Haar von König Artus schneiden zu las-

sen, der dadurch entdeckt, daß jener ein Cousin ersten Grades von ihm ist.

29. Solche Rollentauschdramen bilden den Kern eines in der Alten Welt verbreiteten Rituals, bei dem ursprünglich Menschen geopfert wurden, an dessen Stelle später eine symbolische Handlung trat, die häufig als der Ursprung des Theaters gesehen wird. In der spätrömischen Kultur wurden Kriminelle als »Opfer« ausgewählt.

30. Ein früher Hinweis ist das Verbot der Karten im Jahre 1332 durch König Leon von Kastilien. Von Karl VI. von Frankreich 1392 in Auftrag gegebene Karten sind noch in der Bibliothèque Nationale zu sehen; sie sind der Ursprung vieler späterer Tarot-Bilder. Im 15. und 16. Jahrhundert gab es Tarrochi-Spiele mit über hundert Karten, die einerseits Bildungsfunktion hatten, andererseits aber auch zu Glücksspielen benutzt wurden. Das sogenannte »traditionelle« Marseiller Spiel entstand erst im 18. Jahrhundert.

31. Stewart, 1986, op. cit.

32. *Summa Secunda Secundae Quest;* clxxx, Art vi vid, Appendix Latine.

33. »Math the Son of Mathonwy«, *Mabinogion,* in dem Arianrhod gebiert. *History of The British Kings* (Buch V, Kapitel 17), in dem Merlin einen anklagenden Begleiter oder Zwillingsbruder hat. *The Rosicrucians, Their Rites and Mysteries,* Jennings, H., 1887, London.

34. Kapitel 5; Anhang 7. Der Dreifache Tod.

35. *The Hymn of Jesus* (aus *The Leucian Acts*), Übers. Mead, G. R. S.

Register

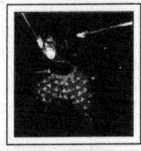

**Musashi, Miyamoto
Das Buch der fünf Ringe**
»Das Buch der fünf Ringe«
ist eine klassische Anleitung zur Strategie – ein
exzellentes Destillat der
fernöstlichen Philoso-
phien. 144 S. [4129]

**Rajneesh, Bhagwan Shree
Komm und folge mir**
Bhagwan spricht über
Jesus. Seine Gedanken
über das Leben und die
Lehren Jesu enthalten
Dimensionen, wie wir sie
weder von der Kirche
noch von westlichen Den-
kern kennen. 360 S. mit
zahlr. z.T. farb. Abb. [4120]

**Dowman, Keith
Der heilige Narr**
Das liederliche Leben und
die lästerlichen Gesänge
des tantrischen Meisters
Drugpa Künleg. 224 S. mit
1 Karte [4122]

**Brunton, Paul
Von Yogis, Magiern
und Fakiren**
Begegnungen in Indien.
Der amerikanische Journa-
list Paul Brunton bereiste
in den dreißiger Jahren
Indien. Seine Erlebnisse
eröffnen das ganze Spek-
trum indischer Spiritu-
alität. 368 S. und 12 S.
Tafeln. [4113]

**Deshimaru-Roshi, Taisen
Zen in den Kampfkünsten
Japans**
Deshimaru-Roshi demon-
striert, wie die Kampf-
künste zu Methoden geistiger Vervollkommnung
werden. 192 S. mit 19 s/w-
Abb. [4130]

**Brugger, Karl
Die Chronik von Akakor**
Erzählt von Tatunca Nara,
dem Häuptling der Ugha
Mongulala. Der Journalist
und Südamerika-Experte
Karl Brugger hat einen
ihm mündlich übermittel-
ten Bericht aufgezeichnet,
der ihm nach anfänglicher
Skepsis absolut authen-
tisch erschien: die Chronik
von Akakor.
272 S., Abb. [4161]

**Rawson, Philip
Tantra**
Der indische Kult der Ek-
stase. Diese Methode, die
zur inneren Erleuchtung
führt, erobert heute in
zunehmendem Maße die
westliche Welt.
192 S. mit 198 z.T. farb. Abb.
[3663]

**Rawson, Philip /
Legeza, Laszlo
Tao**
Die Philosophie von Sein
und Werden. Mit unge-
wöhnlicher Eindringlich-
keit und großer Sach-
kenntnis erschließt sich
hier den westlichen Men-
schen die Vorstellungswelt
des chinesischen Volkes.
192 S. mit 202 Abb. [3673]

ESOTERIK

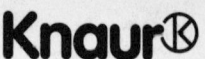

Nakamura, Takashi
Das große Buch vom richtigen Atmen
Mit Übungsanleitungen zur Entspannung und Selbstheilung für jedermann mit altbewährten Methoden der fernöstlichen Atemtherapie. 336 S., 120 s/w-Abb. [4156]

Ram Dass
Reise des Erwachens
Ein Handbuch zur Meditation.
Ram Dass nimmt uns mit auf eine Reise, die »Reise des Erwachens«, und er eröffnet uns dabei ein vielfältiges Angebot, aus dem wir wählen können: Mantra, Gebet, Singen, Visualisierung, »Sitzen«, Tanzen u. a. Er ermöglicht uns somit einen Zugang zum spirituellen Pfad. 256 S. [4147]

Faraday, Ann
Die positive Kraft der Träume
Die Psychologin und Traumforscherin Ann Faraday hat eine Methode entwickelt, die jedem die Möglichkeit gibt, die individuelle Symbolik seiner eigenen Träume zu entschlüsseln. 267 S. [4119]

Mangoldt, Ursula von
Schicksal in der Hand
Diagnosen und Prognosen. Die Deutung der Anlagen und Möglichkeiten, wie sie in den Signaturen beider Hände sichtbar werden, sind die Schwerpunkte dieses Buches.
256 S. mit 72 Abb. [4104]

Monroe, Robert A.
Der Mann mit den zwei Leben
Reisen außerhalb des Körpers.
Dieser sensationelle Bericht beruht auf 12jähriger Beobachtungszeit, in der der Autor über 500mal seinen Körper verließ. Monroe tritt damit den Beweis an, daß der Mensch einen physischen Körper besitzt und sich sogar von diesem trennen kann. 288 S. [4150]

Der Eingeweihte
Eindrücke von einer großen Seele.
Der Autor berichtet von einem »Eingeweihten«, der sein Leben entscheidend beeinflußte, ohne aber jemals seine Entscheidungsfreiheit einzuschränken. 256 S. [4133]

Jones, Marthy
In die Karten geschaut
Marthy Jones hat sich des mündlich tradierten Zigeunerwissens um das Kartenlegen angenommen und in diesem Buch zusammengefaßt. Die verschiedenen Legesysteme werden erläutert und alle 52 Spiel-Karten gründlich interpretiert.
288 S. mit Abb. [4153]

Kirchner, Georg
Pendel und Wünschelrute
Handbuch der modernen Radiästhesie. Georg Kirchner geht auf alle radiästhetischen Anwendungsbereiche ein, erklärt sie anhand zahlreicher Beispiele. 336 S. mit 50 s/w-Abb. [4127]

ESOTERIK

Pollack, Rachel
Tarot –
78 Stufen der Weisheit

Tarot kann Lebenshilfe, Entscheidungshilfe, Wegweiser durch schwierige Situationen und Schlüssel zur Selbstfindung sein – wenn wir verstehen, die Geheimnisse seiner Bilder und Symbole zu dechiffrieren.
400 S. mit 100 Abb. [4132]

Das Tarot-Übungsbuch

Während das überaus erfolgreiche erste Buch der Autorin, ›Tarot‹, eine Einführung darstellt, setzt dieses Buch gewisse Grundkenntnisse voraus. Die hier geschilderten markanten Beispiele werden dem Leser zahlreiche Anregungen für die eigene Tarot-Praxis vermitteln.
240 S. mit s/w-Abb. [4168]

Tietze, Henry G.
Entschlüsselte
Organsprache

Krankheit als SOS der Seele. Verdrängte und unterdrückte Gefühle schlagen sich in ganz bestimmten Körperregionen nieder, wo sie schließlich psychosomatische Krankheiten verursachen.

Der Psychotherapeut Henry G. Tietze gibt einen Überblick über das Wesen dieser Krankheiten, ihre Ursachen und ihre Behandlungsmöglichkeiten.
272 S. [4175]

Sasportas, Howard
Astrologische Häuser
und Aszendenten

Neben dem Tierkreiszeichen-System ist das Häuser-/Aszendenten-System die zweite, überaus bedeutsame Quelle astrologischer Interpretationsmöglichkeit. Seltsamerweise gibt es hierzu kein einziges, für die Deutungspraxis brauchbares Buch.
624 S. mit s/w-Abb. [4165]

Sakoian, Frances /
Acker, Louis S.
Das große Lehrbuch der
Astrologie

Wie man Horoskope stellt und nach neuesten wissenschaftlichen Erkenntnissen Charakter und Schicksal deutet. 551 S. mit zahlr. Zeichnungen. [7607]

Schwarz, Hildegard
Aus Träumen lernen

Mit Träumen leben. Dieses Traumseminar geleitet uns über einen Zeitraum von acht Abenden in die Welt der Träume. Ein Symbolregister ermöglicht es, diese tiefgehende Einführung auch als Nachschlagewerk zu benützen.
272 S. [4170]

Garfield, Patricia
Kreativ träumen

Die Autorin erläutert ausführlich und leicht verständlich jene Techniken, mit Hilfe derer jedermann innerhalb kurzer Zeit entscheidenden Einfluß auf seine Träume nehmen kann. 288 S. [4151]

ESOTERIK

Knaur ®
Taschenbücher

Band 1032
256 Seiten
ISBN 3-426-01032-1

White hat das Bild einer phantastischen und bizarren Welt
entworfen, zwischen Friedfertigkeit und lebensbedrohen-
der Aggressivität – sie ist unschwer als die unsere zu erkennen. Visionen und scharfsinnige Beobachtungen, die
ihn während des Zweiten Weltkriegs heimsuchten, sind
in dieses Meisterwerk der Fantasy-Literatur eingegangen.
Fantasy heißt für White: die Überwindung einer Armut an
Imagination – heißt aber auch: Ekel, Zorn und Empörung
gegen die Welt des Roboters, gegen jede totalitäre
Bedrohung. Das große Thema dieses Buches aber heißt
Krieg und wie er gestoppt werden kann.